Horst Krüger

# Zeit ohne Wiederkehr

Gesammelte Feuilletons

Hoffmann und Campe

**CIP-Kurztitelaufnahme der Deutschen Bibliothek**
**Krüger, Horst:**
Zeit ohne Wiederkehr: ges. Feuilletons/Horst Krüger. — 1. Aufl. —
Hamburg: Hoffmann und Campe 1985.
ISBN 3-455-04018-7


Schutzumschlag- und Einbandgestaltung: Werner Rebhuhn
Gesetzt aus der Bodoni
Satz: alphabeta Gerds & Kohn GmbH, Hamburg
Druck und Bindung: Ebner Ulm
Printed in Germany

# Inhalt

## Wenn die Sonne steigt



## Orte unterwegs



## Vom Geist der Zeit



## Moden

Selbstgespräche

## Vorwort

Das Feuilleton als eigenständige literarische Gattung ist heute fast ausgestorben. Seine kecke Subjektivität, sein unterhaltsam-privater Grundton, sein Versuch, das Schwere ganz leicht zu sagen, entsprechen nicht mehr dem Geist der Zeit. Frontpositionen und Parteilichkeit sind gefragt. Das Wir ist an die Stelle des Ichs getreten. Es wird mit harten Bandagen gekämpft.

Der Feuilletonist aber hält sich aus solchen Boxkämpfen der Schwergewichtler heraus. Nicht, daß er unkämpferisch wäre, er kämpft nur mit leichteren, eleganteren Waffen, dem Witz und der Ironie zum Beispiel. Nicht, daß er in den Kämpfen der Zeit ohne Standpunkt wäre, sein Standpunkt entspringt nur einer Subjektivität, die in ihrer Unberechenbarkeit für das Kollektiv etwas Ärgerliches hat. Er ist ein unsicherer Kantonist in den Grabenkämpfen der Zeit. Er will auch nicht töten, sondern offenlegen: die Schwächen, die Lächerlichkeiten, auch die Schönheiten seiner Zeit. Eleganz und spielerische Kultur von Florettkämpfen sind sein Ideal. Die Heiterkeit der Nachdenklichen ist sein Ziel.

Zugegeben: Das alles sind nicht nur unzeitgemäße, es sind vor allem sehr undeutsche Tugenden. In einem Land, das trotz aller krassen Nachholentwicklungen in den letzten vierzig Jahren noch immer eisern an der Unterscheidung zwischen E- und U-Musik festhält, gehört der Verfasser von Feuilletons, wenn er in der Kritik überhaupt Beachtung findet, ganz unverkennbar ins Unterhaltungsfach. Etwas Unseriöses haftet ihm an. Literarisch wird er frühestens nach seinem Tod ernst genommen. Ernst wird in Deutschland unverändert das Schwere, Dunkle, Unverständliche genommen. Tiefsinn wird respektiert. Verständlichkeit, Witz, Kürze gilt als Leichtsinn, dem sich schnell der Vorwurf der Oberflächlichkeit zugesellt. Tatsächlich ist die thematische Offenheit des Feuilletons im Zeitalter des Spezialisten das Ärgerlichste. Da hat doch einer den Mut, zu allem, was ihm bemerkenswert erscheint, seine privaten Randbemerkungen zu machen. Er kennt kein Fachgebiet. Das Ganze ist seine Sache.

Der Witz des Feuilletons besteht darin, daß bei ihm dieses Ganze in tausend Nebensächlichkeiten zerfällt. Der Feuilletonist kann sich mit allem befassen: Landschaften und Stadtansichten, Jahreszeiten und Wetterproblemen, Kunst, Sport, Politik. Es gibt kein Gebiet unseres Lebens, das ihm grundsätzlich unzugänglich wäre. Was ihn in allem von der Gilde seiner fachkundigen Journalistenkollegen unterscheidet, ist einzig seine Optik. Er sieht diese Welt ganz von unten. Je geringer der Anlaß, um so größer die Chance, daraus ein originelles Feuilleton zu machen. Das Nebensächliche und scheinbar Banale ist seine bevorzugte Region.

Wenn er die Tristesse eines Hausfrauenlebens schildern will, wird er keine Statistiken und Umfrageergebnisse bemühen. Er wird vom lebenslänglichen Kampf gegen Krümel oder schmutzige Teetassen handeln. Wenn er die Seelenlosigkeit der modernen Sozialmedizin beschreiben will, wird er möglicherweise nur die grotesken Riten einer morgendlichen Chefarztvisite ins Korn nehmen. Oder, um es an einem Text dieser Sammlung zu demonstrieren: Über Wert oder Unwert unserer Zeitungen und Zeitschriften kann jeder kundige Journalist schreiben. Über »Das Wegwerfen von Gedrucktem« aber nur er, der Feuilletonist. Das von allen geübte, von niemandem aber beachtete Detail »Wegwerfen« wird zur Hauptsache, in der sich das Ganze enthüllt.

Victor Auburtin, einer der letzten Großmeister dieser kleinen Form, definierte das Feuilleton als die Kunst, auf einer Glatze Locken zu drehen. Das ist es: Aus fast nichts eine kleine Welt zu zaubern, in der sich die große Welt spiegelt, ist die Raffinesse dieser Gattung. Mindestens dieser poetische Blick für die Metaphorik des Banalen weist das Feuilleton als literarische Gattung aus. Es ist der Lyrik näher als der Reportage. Sicher steckt immer auch ein Satiriker und Humorist in jedem Feuilletonisten, wie er auch etwas vom schwermütigen Gemüt des Melancholikers braucht. Etwas flirrt da heiter über Abgründen. Das Feuilleton steht nicht breit in der Welt wie der Roman etwa. Es schwebt. Es schwebt darüber zart und schön und überflüssig wie eine weiße Wolke. Es muß nicht sein. Es macht nur Licht und Schatten deutlicher.

Auch wenn das deutsche Feuilleton keine Zukunft mehr zu haben scheint, so kann es doch auf eine beachtliche Vergangenheit zurückblicken. Sein Entstehen ist mit dem Aufkommen der bürgerlichen Presse im 19. Jahrhundert verbunden. Mindestens seit Heinrich Heine, seit Ludwig Börne und den Jungdeutschen gab es in den liberalen Zeitungen jenes »Beiblättchen«, was das französische Wort ja zu deutsch meint. Daß für diese neue Gattung bis zum heutigen Tage sich nie ein gleichwertiger deutscher Begriff einbürgern konnte, mag seinen guten Grund haben. Das Feuilleton war in seiner Mischung aus Leichtigkeit, Witz und aufklärerischem Geist ganz unverkennbar ein Kind der französischen Moralisten.

Es wurde in den Kämpfen der bürgerlichen Intelligenz um eine freiheitlich-demokratische Gesellschaft zunächst zu einer progressiv-polemischen Form. Es erlebte dann in der zweiten Hälfte des 19. Jahrhunderts vor allem in der Presse eine erstaunliche Blüte. Was »unter dem Strich« stand, gab damals den großen Zeitungen Berlins und Wiens ihre persönliche Note und ironische Würze. Was Ferdinand Kürnberger in Wien darstellte, war, ungefähr, in Berlin ein Mann wie Theodor Fontane. Literatur für Zeitungsleser kann man sagen.

Die Konstellation setzte sich im ersten Drittel unseres Jahrhunderts mit Alfred Polgar in Wien und Victor Auburtin in Berlin fort. Ihr Feuilleton entzückte, verärgerte, unterhielt auf jeden Fall ein großes Publikum in geistvoller Weise. In den fünfziger Jahren übte sich Friedrich Sieburg noch einmal erfolgreich in dieser Gattung. Nachkömmlinge wie Peter Bamm und Thaddäus Troll sind aus den sechziger Jahren zu nennen. Seither ist dieses Fach so gut wie ausgestorben. »Feuilletonistisch« ist eigentlich nur als Schimpfwort geschätzt. Man sieht nur noch die Schatten, nicht das Licht der kleinen, eigenen Form.

Die Ursachen für diesen Niedergang sind offenkundig. Das klassische Feuilleton setzte nicht nur die Souveränität des bürgerlichen Ichs voraus, das sich auf eigenes Risiko mit Lust und Witz zu den Erscheinungen der Zeit äußerte. Es setzte noch mehr den stillschweigenden Konsens voraus, daß Literatur eine gesellige Funktion habe. Nur dort, wo sich Gesellschaft noch als zusammenhängendes Ganzes versteht und miteinander kommuniziert, hat das Feuilleton seine soziale Funktion als kritische Sonde und ironische Spiegelung. Es war das hochkultivierte Gesellschaftsspiel der spätbürgerlichen Epoche mit sich selbst. Es setzte auch die Zuversicht voraus, daß man dem Übel der Zeit mit Witz, Satire, das heißt: immer nur mit den Mitteln der Sprache, beikommen könne.

Tucholskys Resignationen schon Ende der zwanziger Jahre, sein frühes Verstummen, sein einsamer Selbstmord schließlich im schwedischen Exil 1935 stehen hier wie ein Menetekel. Zu Hitler fiel auch Karl Kraus nichts mehr ein. Die bürgerliche Ordnung hatte durch den europäischen Faschismus ihren entscheidenden Stoß bekommen. Was danach kam, kann man, literaturgeschichtlich gesehen, als Rückzugsgefechte bezeichnen.

Immer noch gibt es in erstaunlicher Zählebigkeit die Presserubrik »Feuilleton«. Was heute dort publiziert wird, hat aber mit dem literarischen Kunstwerk gleichen Namens nichts gemein. Im Zeitalter der Spezialisten und Experten ist das Feuilleton heute in die Hände der Kulturberichterstatter gefallen. Berichte über Musik, Theater, Filme, Kongresse. Sie sind oft von vorzüglichen Fachleuten verfaßt, oft auch von der ledernen Langeweile solcher Experten. Es sind Fachartikel. Das literarische Feuilleton, das auf wenigen Seiten eine ganze Welt zu spiegeln und ironisch in Frage zu stellen vermochte, ist tot. Es setzt die glanzvolle Feder einer originellen, unverwechselbaren Persönlichkeit voraus. Es mag sie noch geben in anderen Sparten unserer schillernden Medienwelt. Nur »unter dem Strich« gedruckt haben sie ihr Stück ausgespielt, und wenig spricht dafür, daß sie dort wiederkehren werden.

In einem solchen Augenblick »Gesammelte Feuilletons« vorzulegen, mag wunderlich erscheinen. Es steht mir auch keineswegs zu, mich auf die Großmeister dieser traditionsreichen Kleinkunst zu berufen. Jeder Schriftsteller schreibt auf eigenes Risiko. Zu meinem Risiko gehörte, daß ich mich Mitte der sechziger Jahre immer öfter dabei ertappte, wie angenehm und sinnvoll mir diese kleine Form zur Verfügung stand, um typische Augenblicke dieser Jahre festzuhalten. Ich kam damals aus geistigem Ruhestand sozusagen. Ich kam aus der Stille und kurörtlichen Abgeschiedenheit Baden-Badens in das hektische, sicher auch häßliche, aber kraftvoll-lebendige Frankfurt am Main. Es reizte mich, dieses Karussell der Zeit, das ich hier erlebte, in vielen, knappen Bildern zu beschreiben.

Der Beruf des Publizisten, der sich so ergab, brachte es mit sich, daß in diesen zwanzig Jahren eine große Zahl höchst unerschiedlicher Beiträge solcher Art entstanden. Die meisten sind mit ihrer Zeit vergangen. Aber einige, so will mir scheinen, haben auch überstanden. Sie sind hier gesammelt. Sie sollen bewahrt werden für die Leser, die diese zarten und schutzlosen Gebilde des Augenblicks zu schätzen wissen. Feinschmecker der Zeit: Sie sind zur Nachlese geladen.

Die hier gesammelten Texte sind in ihrer Mehrzahl in den sechziger und frühen siebziger Jahren geschrieben worden. Sie wurden damals vorwiegend in der Wochenzeitung *Die Zeit*, in der *Süddeutschen Zeitung* und in der *Frankfurter Allgemeinen Zeitung* veröffentlicht. Viele gingen auch in Sammelbände des Autors ein, die heute auf dem Markt vergriffen sind. Sie wurden nur dort geringfügig überarbeitet, wo aktuelle Bezüge von damals heute überholt sind. Das Jahr ihrer ersten Presseveröffentlichung ist am Ende jedes Beitrages ausgewiesen. Es wurden mit Absicht keine Texte aus dem 1981 erschienenen Band *Spötterdämmerung* übernommen, so daß heute, wer will, in diesen beiden Büchern das Feuilletonwerk im ganzen überschaubar vor Augen hat.

Frankfurt am Main, Frühling 1985 Horst Krüger

# Heimat und Herkunft

## Der Geschmack von Berlin

Es war mühsam, eure Gräber zu finden. Ich habe lange vergeblich im Regen gesucht. Sie sind ziemlich verkommen. Die Steine grau, vom Regen verwaschen. Ich weiß, das ist meine Schuld. November auf einem Friedhof. November in Berlin, ein vergessener Berliner Friedhof im November — manche Schuld wird da wach. Da liegt ihr also, abgetan unter Laub, vergessen. Seltsam: ein halbes Jahrhundert auf diesem Boden gelebt und gebaut, soviel geschafft, Häuser und Kinder hinterlassen, und nun: so gut wie nichts. Auf den schmutzigen Steinen die Jahreszahlen 1945 und 1946 — die sind hier unvergessen.

Die Luft ist faulig. Ein Gemisch aus Erde und Regen. Nirgendwo riecht moderndes Laub so seltsam süß wie in Berlin. Verwesender Grunewald, gestorbene Eltern, ein vergessener Garten in Eichkamp: Kindheit, die nicht mehr sein soll. Es soll alles vorbei und vergessen sein. Aber in der Ferne singt noch die S-Bahn in jenem hellen, hastigschlagenden Ton, der nach Wannsee zieht und der der Ton meiner Kindheit entlang der Avus war.

Ich bin also wieder in Berlin. Das Singen der S-Bahn ist Berlin und diese rauchige, neblige Luft, die feucht vom Osten hereindringt. Ich fröstele. Kabuschke und Labude lese ich auf den Grabsteinen nebenan. Fremde Namen, harte Mischrasse, die hier ausruht: wendisches Blut, vorspringende Backenknochen, Kopftuch und die blassen, verschafften Gesichter, die aus der Lausitz, aus Bunzlau, aus Breslau kamen. Kein Limes, kein Tempel. Weder Römerkastell noch die heiteren Weine der Mosel. Vorübergehend zisterziensische Mission.

Ach, Berlin ist nicht heidnisch. Heidnisch ist Rom mit seinen Brunnen, Florenz mit seinen Götterleibern, Venedig mit seinen Palazzi. Berlin ist wendisch, ist slawisch, sehr östlich — man spürt das nur, wenn man aus dem Westen kommt. Wortkarge Schwermut, aber auch der zähe Widerstand, der trockene Witz der Leute, das Rutschen und Rinnen des märkischen Sandes: Gefangenschaft. Kein Engel, kein Phönix, kein Auferstehen sucht die Stadt heim. Wer hier stirbt, wird lange tot sein. Die Mark zieht über ihn hinweg, Preußens Ende. Der Wind steht auf Osten, und auch die Steine sind feucht, wie von der Oder getauft.

Am Himmel spiegelt sich fern das nächtliche Lied der Großstadt. Rötlicher Horizont: Neonlicht, das zwei Drittel der Stadt wie in bunten Schlagadern schön durchflutet. Es ist alles etwas leerer, etwas weiter hier. Ein Drittel ist wie ein Vorort von Warschau vielleicht? In der Tauentzienstraße das feuchte Surren der Taxis und die strahlende Breitwand am Zoo, an der jetzt junge Wilde in unbeschreiblichen Lederjacken, in kunstvoll zerfetzten Niethosen vorbeiflanieren. O schöne Jugend: Kommune-Kinder, mit den verglasten Augen der Süchtigen: Gefangenschaft.

Doch, man lebt gut in der Stadt, wenn man lebt. Wenn man tot ist, ist man sehr tot. Ein schöner Sumpf, die Insel. Am Bußtag kommen Verwandte mit dem Geschmack von Milchkaffee im Mund hier heraus nach Wannsee. Ältere, fahle Gesichter, mit schwarzen Mänteln und komischen, dicken Hunden, und legen mit den steifen Gebärden des Bürgertums etwas Grünes aufs Grab. Das alles sind lange geübte, vernünftige Sitten.

Fremde, vertraute Art der Berliner. Märkisch beschränkt, etwas banal, etwas porös, mit dem sarkastischen Geist der Aufklärer. Die vielen Mauern und Zäune in dieser Stadt, ja, aber dahinter ist immer noch mehr: Brandenburg. Der schäbige Glanz von Potsdam, der Schweiß von Kasernenhöfen, die Leute aus Werder und Buckow — wer kennt sie noch? Die Brücken von Spandau und die vermodernden Spreekähne draußen in Stralau-Rummelsburg. Berlin, du bist keine schöne Stadt. Aber überall spüre ich den Geschmack des Zuhauses.

(1964)

## Mit der Reichsbahn nach Berlin

Es war schön — unvergeßlich. Ich will dieser jüngsten Reiseerfahrung ein kleines Denkmal setzen. Deutschland, ein Wintermärchen? Es waren der Schnee, das Eis, der Matsch, die mich sagen ließen: Das Auto bleibt stehen. Das Fliegen ist auch unsicher. Für Frankfurt ist Nebel angesagt. Man könnte doch eigentlich auch mit der Bahn nach Berlin fahren? Ich meine, nach dem Grundvertrag ist das doch möglich. Warum eigentlich nicht?

Auf diese Weise kam es, daß ich vorige Woche zum erstenmal auf so unglaublich gemütliche und altmodische Art nach Berlin fuhr. 1947 war ich das letztemal dagewesen. Meine Mutter war gestorben, und Alfred Döblin, der damals Kulturchef der französischen Besatzungsmacht in Baden-Baden war, hatte mir hilfreich einen Freifahrschein für den Militärzug der Alliierten besorgt, der von Baden-Baden direkt in den französichen Sektor Berlins, also nach Fronau, fuhr. Ich glaube, der Zug pendelt noch heute, doch dies nur am Rande. Ich erwähne es nur, um zu sagen: Vor 34 Jahren war ich zum letztenmal so nach Berlin gefahren.

Ob daher meine Faszination kam? Reiz alles Neuen, diese ewige Lust, etwas anderes, Fremdes zu erkunden. Ich kann es noch immer nicht lassen, einstweilen. Und ich will jetzt nur vorweg sagen: Es war fabelhaft. Ich kann die Tour allseitig empfehlen, für Feinschmecker der deutschen Szene vor allem. Es ist fast wie ein Traum vom Reich, eine Art Kyffhäusersage. Es ist beinah so, als wenn die DDR zu uns gehörte oder wir zu ihr? Das will ich offenlassen.

Man steigt jedenfalls schon in Frankfurt am Main in einen Waggon der Deutschen Reichsbahn ein, die es tatsächlich immer noch gibt, DDR-betrieben. Gleich hinter

Bebra heißt dann die erste DDR-Station Gerstungen. Den Namen hatte ich nie gehört. Da steigt zwar die Hohe Kommission des anderen Staats zu, ist aber höchst korrekt. Nichts wird gefragt, nichts wird durchsucht. Sogar die *Bildzeitung* kann liegenbleiben. Sie knallen dir in deinen Paß das Visum des Staats, blitzschnell, sehr geschäftstüchtig, und ab geht es Richtung Thüringen: Erfurt, Jena, Berlin. Es ist ein Transitzug, der also nonstop durchfährt, obwohl er dann natürlich doch manchmal auf Nebengleisen hält. Im Sozialismus geht alles ruhiger, gemütlicher zu. Die alte Reichsbahn muß sich einfach manchmal verschnaufen.

In Erfurt zum Beispiel stiegen drei oder vier DDR-Rentner aus, die eben aus der Bundesrepublik kamen. Sie trugen neben den Koffern Plastiktüten, hoch bepackt. Sie standen etwas hilflos auf dem leeren Bahnsteig herum. Sie wirkten ratlos. Naja, dachte ich, die kennen das ja. Die sind hier zu Hause. Für die ist die DDR ja die Heimat.

Die Landschaft zwischen Weimar und Jena ist schön. Sie ist sanft. Sie ist hüglig; obwohl auch hier immer wieder Fabrikschornsteine mächtig qualmen, ist immer noch Erholungsgebiet zu erkennen. Dann so ab Halle, Bitterfeld kommen riesige Industriezonen. Die Fabriken wirken geradezu monumental. Gewaltige, phantastische Eisenlandschaften, die fast auf frühkapitalistische Weise stampfend und dampfend Produktivität demonstrieren. Komisch, bei uns sieht man das kaum noch, höchstens im Ruhrgebiet.

Dann kommt die Mark Brandenburg. Man spürt Reste von Preußen. Die Reste lagen dick unter Schnee. Man hat immer das Gefühl: Wenn es in der DDR schneit, schneit es schöner, dichter, flockiger. Der Frost ist noch härter. Richtige Winter scheint es nur hier noch zu geben. Die DDR ist das deutsche Wintermärchen — für uns. In der Bundesrepublik taut doch alles immer gleich weg.

Dann diese großen Laubenkolonien kurz vor Werder. So was gibt's auch bei uns. Aber hier drüben sind sie viel schöner. Auf den winzigen Grundstücken stehen kleinste Villen, winzige Prachtbungalows, sehr liebevoll und idyllisch gezimmert. Das sind die letzten Refugien der Privatinitiative, die den Leuten hier blieben. Das Private ist einfach nicht totzukriegen. Man sieht es: Die Datschakultur blüht.

Es war dunkel geworden. Draußen war Nacht. Aber auch bei Nacht ist immer noch Bemerkenswertes auszumachen. Ein beträchtlicher Wohnungsbau ist zu erkennen. Das Land ist dünner besiedelt. Viel Dunkelheit also und Schnee. Aber dann und wann recken sich kolossale Wohnblocks empor. Nur das Licht, das aus diesen Neubaufenstern kommt, wirkt anders, monotoner, möchte ich sagen. Überall scheint dieselbe eine Birne zu brennen! Sie hängt in allen Zimmern überall auf der gleichen Höhe. Sie brennt auch in gleicher Lichtstärke. Die Einheitspartei spendet Licht, kollektiv aus dem HO.

Aber dann gab es auch Unterbrechungen. Was die Fensterbeleuchtung anlangt, so scheint jetzt in der DDR eine neue Mode im Kommen. Dann und wann war immer ein Fenster ganz in Violett oder Orange getaucht.

Da leuchten farbige Neonröhren verschwenderisch in die Nacht. Sie sagen: Auch wir werden bunter, bitte! Nur daß diese Farben etwas zu knallig und giftig leuchten — nur das ist die Differenz.

Unmittelbar vor der Einfahrt nach West-Berlin hält dann der Zug an der Behelfsstation Griebnitzsee. Die Hohe Kommission und das andere DDR-Personal steigen aus, und dann fährt man langsam an Mauern vorbei in den Westen ein, so östlich. Ach, Berlin, meine alte Kitschgeschichte! Die Häuser von Wannsee wirken doch persönlicher, gepflegter. Das Licht ist nicht grell, sondern warm. Jede Lampe strahlt etwas anders.

Und als wir dann schließlich auf dem Bahnhof Zoo standen, legte ich mit unseren Koffern zunächst eine kleine Gedenkminute ein. Nun stell dir mal vor, sagte ich, daß man früher von genau hier noch einmal 700 Kilometer östlich weiterfahren konnte, bis hoch nach Ostpreußen. Das war einmal das Reich und Berlin seine Mitte. Von Konstanz bis Königsberg — das war meine Jugend. Und dann kam so ein Österreicher und erklärte den Deutschen, daß sie ein Volk ohne Raum seien. Die Deutschen, wenn sie nicht verhungern wollten, brauchten noch Rußland, mindestens bis zum Ural.

Ich meine: Damit hat alles begonnen, woran wir noch heute würgen. Nur in Berlin ist das mit Augen zu erkennen. Nur die Deutsche Reichsbahn erzählt noch so alte, wahre Geschichten.

(1982)

## Berliner Filmtage

Am Anfang lachte ich nur. Es ist mir vergangen. Es war ein großes Gelächter, mit einem dummen Gefühl, einem leichten Druck in der Magengrube gemischt. War das Angst? Auf jeden Fall Peinlichkeit. Es war mir etwas dumm und ziemlich peinlich, als der Produzent eines Tages sein Anliegen vortrug, sehr behutsam. Er sagte tatsächlich: Anliegen.

Mit mir? fragte ich etwas erstaunt. Über mich? Welch eine absurde Idee. Ich sagte: Mein Herr, mein Filmwert ist minimal. Ich bin doch kein Stoff, kein Thema und schon gar nicht so wichtig wie deutsche Dichter. Ich wurde ernst einen Augenblick. Lieber Herr, sagte ich, meine Eitelkeit ist groß, doch nicht von der schlichten Art, daß sie sich vor der Kamera abreagieren könnte. Ich neige eher zum Stottern und Schielen im Rampenlicht. Ich bin doch subtiler. Für eine Sekunde wurde ich bitterernst, sagte: Das ist nichts als Unfug, was ihr jetzt macht — Autorenfilme. Ein Schreiber ist nur in seinen Texten da. Sucht ihn in seinen Zeilen und etwas dazwischen. Auf dem Papier ist er sichtbar. Der Rest ist Entfernung, privates Drumrum, soziale Unschärfe, also Mißverständnis.

Um es aufzuklären: Es war bei mir, wie es manchmal bei Filmen heute ist — schöne Misere. Es war Geld da, das falsche Geld, wie man weiß. Es war ein kleiner Batzen genehmigt worden von einem Amt, einem Bonner Büro, das sich die Pflege des deutschen Kulturlebens angelegen sein läßt, sehr weitsichtig, und Filmer, das habe ich inzwischen zugelernt, sind für Geld ziemlich anfällig. Die machen alles, wenn die Kohlen stimmen. Nur keine Sorge, hatte der Produzent erwidert, wir haben schon ganz andere Sachen gemacht: über Thunfische, über den Teutoburger Wald, über die Mauer, über Dralonfasern, Spikes und die Verschmutzung des Bodensees. Kultur, nicht zu vergessen. Wir haben gerade einen Bachfilm abgedreht. Im Frühjahr kommen noch Georg Büchner und Andreas Hofer dran. Ah ja, sagte ich etwas erleichtert, wenn das so ist: Zwischen den beiden liegt man so falsch ja nicht. Ich sage zu. Ich komme.

Unvergeßliche Berliner Tage, Anfang Dezember. Es fror, es war kalt, es wehte ein eisiger Wind in Berlin. Dazu war es grau und trist in der Stadt: märkisch trostlos, was ich so liebe — da wurde der Film gedreht. Es war übrigens exakt zu der Zeit, als Willy Brandt in Warschau jenen Kniefall machte, der die Nation so tief teilte. Ich konnte dazu nicht Stellung nehmen — als Darsteller.

Ich: aus dem Flugzeug steigend, freudig erregt. Ich: bei der Gepäckausgabe, an der langen Rolle stehend, den Koffer aufnehmend. Ich: durch die automatischen Türen der Flughalle schreitend, aufblickend, nachdenklich verweilend. Und dann der erste Höhepunkt. Ich, die Berliner Luft atmend, Heimatgefühle spürend: Ja, du bist wieder zu Hause. Bitte, hatte der Regisseur vorher vorsichtig gefragt, das werden Sie hinkriegen? Es kommt darauf an, daß man sieht, was in Ihnen vorgeht, innerlich. Sie müssen versonnen gehen, dann aufblikken, dann stehenbleiben, nach rechts gucken, wo die

Taxis stehen. Ja, setzen Sie nur den Koffer ab. Stecken Sie sich nur eine Pfeife an. Das wirkt sehr natürlich. Dann aber weitergehen, wenn die Pfeife brennt, nicht so ruckartig bitte, gleitender. Wir fahren dann scharf auf Sie zu, haben Sie zum Schluß groß im Bild, nur noch die Brille. Ist das klar?

Ich muß sagen: Berlin ist immer noch Berlin, kein Dorf. Es scherte niemanden auf dem großen Platz vor dem Flughafen, was wir so trieben, im Autoverkehr. Ein paar Taxifahrer schüttelten den Kopf, tippten sich an die Stirn, weil wir mitten auf der Straße standen. Ein paar Kinder grölten: Kiek mal, das Fernsehen ist da. Seit ihr vom Zweiten? Und ich zog siebenmal diese Szene ab: der große Heraustretende. Ich mußte immer an Willy Brandt denken und ließ dabei natürlich zu wünschen übrig. Einmal ging ich zu ruckartig, einmal zu schnell, einmal vergaß ich, Warschau bedenkend, den Koffer wieder aufzunehmen. Ich ließ ihn stehen, ging erleichtert weg, was Heiterkeit beim Kamerateam auslöste. Einmal kam eine Taxe etwas rüde ins Bild gefahren, dann streikte die Kamera eine Viertelstunde der Kälte wegen. Es mußten frische Batterien herangebracht werden, aber dann klappte es doch. Fertig, wunderschön, rief der Regisseur von weitem. Er rieb sich die Hände vor Vergnügen und Kälte. Wir haben's im Kasten, sagte er näherkommend. Ein ganz phantastisches Licht ist das: so diesig doppeldeutig. Man sieht richtig die Berliner Luft auf unserem neuen Filmmaterial, so hoffe ich. Sie perlt doch wie Sekt, nicht wahr?

Doch, es war schön in der Stadt: Berliner Filmtage,

einmal anders, ganz privat. Ich nützte diese nutzlose, diese leere, diese herrlich freie Zeit, um die Heimat wieder ans Herz zu drücken, nach meiner Art, und alles auf Spesen. Motivsuche nennt man das in der Sprache der Rechnungshöfe. Man kann alle Rechnungen zur Erstattung einreichen: motivsuchend. Ich sagte: Wir sollten zum Teufelssee fahren. Da ist die Stimmung manchmal so unheimlich fad, an Nachmittagen. Ich habe da immer als Kind gespielt und gebadet, schlechte Turnübungen gemacht. Einmal wollte mich da so ein Kerl, ein SA-Mann, verführen. Meinen Sie nicht, daß das etwas wäre für mich, als Motiv?

Ich sagte: Das Spandauer Gefängnis, die düstere Ritterburg, in der die Alliierten noch immer Rudolf Heß bewachen — meinen Sie nicht, daß so etwas Nazibezügliches vielleicht sinnfällig wäre für mein Geschreibe? Es gab nächtliche Fahrten nach Kreuzberg, wo ich die Filmleute, feinere Menschen aus München, etwas verdutzte mit meinem privaten Hang zum sozialen Müll: den Trinkern, den Huren, all den Verzweifelten. Das Feuchte Dreieck, Gorkis Nachtasyl, eine richtige Berliner Kaschemme, wurde besucht. Alle lallten.

Morgens sind wir immer mit der S-Bahn gefahren. Von Wannsee bis Friedrichstraße, dann umsteigen, wo doch schon DDR ist, aber man kann das ungeprüft an dieser Stelle, und dann mit der Wannseebahn im großen Bogen zurück. Wir haben viel gelacht. Ich sagte, zum Fenster hinausblickend: Bitte, diese Schuppen, diese Hauswände, dieses verrostete Eisengeschlinger auf dem Bahnkörper — das ist meine Heimat, mein grünes Tal, das war meiner Jugend Lust und Qual. Noch berlinischer geht es nicht. Da hinten ist übrigens die Mauer. Wie wär's denn damit? Beim Umsteigen haben wir immer Bier mit Korn getrunken: eine Rentnerlage.

So viel Eifer war natürlich ganz falsch. Ein Eifer von Anfängern, Dilettanten, Literaten, die sich etwas unheimlich fühlen in der neuen Rolle. So langsam lernte ich es. Film ist ganz anders — wie? Ich erinnere mich — so zum Beispiel: Sie haben am Bahnhof Grunewald ihre kolossalen Apparaturen aufgebaut, zwei Stunden lang. Es nieselte, es war wärmer geworden. Ich hielt den Regenschirm schützend hoch, um die Kamera trocken zu halten. Die Kamera ist das Wichtigste. Sie haben auf dem Asphalt einen Kreidestrich gezogen, fünfzig Meter lang. Bittschön, Sie dürfen nur auf dem Strich gehen, haargenau, sagte der Regisseur. Es kommt darauf an, daß Sie sich so langsam links aus dem Bild verlieren, während wir den großen Schwenk auf die Normaluhr machen, ja? Er rieb sich wieder vor Vergnügen die Hände.

Das wird viermal geprobt, kalt. Ich erweise mich als kein schlechter Strichgänger. Dann wird es ernst, also heiß. Ich höre die Kamera hinter mir surren, ein aufregendes Geräusch, wenn man sich einmal darauf eingelassen hat. Was das alles kostet! Ich gehe also los, balanciere haargenau auf der Linie entlang. Ich gehe nicht schlecht, wie ich finde. So muß einem Artisten auf seinem Seil zumute sein, denke ich, nur weiter, nur ruhig. Plötzlich wird abgeblasen: Halt, aus, Schluß, nicht weitergehen! rufen sie. Der Kabelträger hinter mir sagt: Der läuft uns ja in die Zone, so entschlossen läuft der. Nichts geht mehr, sagt der Kameramann müde. Warum nicht? frage ich etwas gereizt. War ich nicht gut? Er spielte an seinem Belichtungsmesser herum. Sehen Sie denn nicht diese Wolkenwand? Jetzt geht überhaupt nichts mehr — bei der Dunkelheit.

Also das zum Beispiel ist Filmen: warten, immer nur warten. In der Kälte herumstehen zu fünft, mit den Beinen stapfen, mit den Armen schlagen, zum Himmel aufsehen, stundenlang hoffen, daß besseres Wetter werde, was auch geschieht. Tatsächlich kann schlechtes Wetter gar nichts anderes tun, als schließlich wieder besser zu werden. Das habe ich auch gelernt in Berlin. Man muß nur diese Standfestigkeit, den unerschütterlichen Gleichmut, diesen fröhlichen Optimismus aller Filmleute haben. Ich lag mit meinem eingefleischten Pessimismus ganz falsch. Ich sagte immer: Ach, es wird nie mehr hell, es wird nur noch schlimmer, was objektiv falsch war. Auf Dunkelheit folgt immer wieder Licht. Hat uns das nicht schon Udo Jürgens gelehrt?

Weiter: Film ist Teamwork. Das weiß jeder. Aber wie ist das konkret? Sie gehen sehr freundlich, sehr liebevoll miteinander um, etwas ironisch, so schien es mir. Sie sind nicht so bösartig verzankt wie die Schriftsteller. Sie reden sich alle mit Vornamen an, und was für welchen: klassischen. Das Mädchen, das abends manchmal das Drehbuch sortiert, wird Ophelia gerufen. Ophelia, gib doch das Skript mal her! Der Kabelträger Sebastian. Der Fahrer des VW-Busses Hieronymus. Hieronymus, du darfst nicht den ersten Gang nehmen, sagt der Regisseur beschwörend, der stuckert so. Wir nehmen noch Immanuel dazu und schieben dann. Das gibt eine ganz sanfte Fahrt, schöne Straßensequenz, ja, Hieronymus? Wo ist übrigens Antonius geblieben, der Strick? Das war der Tonmann. Er saß in der Eckkneipe, trank Schultheiß Patzenhofer.

Es fiel mir der ungewöhnliche Appetit, diese Lust, maßlos zu essen, maßlos zu trinken, beim Team auf. Ist das Lebensfreude, die Sinnlichkeit aller Künstler? Schon nachmittags um drei ging die Frage um, wo es das beste Eisbein gäbe heute abend. Hardtke oder Zoo-Quelle? Aber das Sauerkraut, der Erbsbrei, das war auch zu bedenken. Es wurde das Bier ventiliert. Ob das in der S-Bahn-Kneipe am Bahnhof Tiergarten nicht doch besser sei, flüssiger sozusagen? Und so saßen sie denn abends fröhlich beisammen, hieben in gewaltige rosa Fleischberge hinein, eine Orgie in Schwein, legten Kartoffeln und Kraut dazu, tranken aus bayerischen Krügen in Berlin ungezügelte Mengen Bier, schütteten Schnaps hinterher und blieben doch schlank und schmal, hagere Windhunde, alle sehr drahtig. Wie machen sie das? Unsereiner neigt schon bei einem dürren Schnitzel eher zu Dicklichkeit.

Alles zuhören, hatte der Regisseur nach einem solchen Essen gesagt, morgen machen wir Märkisches Viertel, ein sehr reizvoller Kontrast zu Grunewald. Hieronymus, vergiß nicht den Schraubenzieher. Wir müssen den Vergaser kleinstellen für sehr lange, ruhige Fahrten. Ich sah also zum erstenmal mit eigenen Augen dieses Gerücht in Deutschland. Es ist schlimmer als sein

Ruf. Es gibt keine Reportage, die übertreiben könnte. Es ist, als wenn man plötzlich aus den Niederungen von Fronau in die Alpen käme. Schwindelerregende Gebirge. Bunte Betonklötze, die vom Himmel zu fallen scheinen, so hoch sind sie. Sie erdrücken, erschlagen den Menschen, der ganz unten wie ein Käfer vorbeikrabbelt. Man fühlt sich als ein Insekt in Beton.

Und in diese Monstren, diese steinernen Anfälle deutscher Brutalität sind winzige Vierecke, Tausende von Fenstern eingelassen. Dahinter müssen die Wohnungen sein. Antonius sagte: Das ist ja atemberaubend hier. Immanuel: Das erspart einem ja eine Reise in die Schweiz, Berliner Hochgebirgsluft. Ja, nickte der Kameramann nicht ohne Sinn für die reizvolle Optik der Massenkultur, und wenn man sich nun noch vorstellt, daß hinter all diesen tausend Fenstern täglich gebumst wird — das ist schon ziemlich aufregend. Ich weiß nicht, versuchte ich schüchtern einzuwenden. Ich bin nicht so sicher. So etwas erzieht doch eher zum Schlagen, zum Beißen, zum Kratzen und Schießen. Das muß doch krank, also kriminell machen. Wir fuhren dann die Hochhäuser ab, und ich ging wieder auf meinen Kreidestrich. So war es im Märkischen Viertel.

Das Schönste beim Film sind natürlich die Zahltage, wenn frisches Geld eingeflogen wird aus der Republik. Öfter kam der Produzent aus Westdeutschland. Seine dicken Taschen verhießen uns Gutes. Es war wie zu Weihnachten. Wir saßen alle glücklich zusammen und warteten auf das gute Väterchen Frost, das kam und tatsächlich viele blaue Scheine verteilte in bar. An die anderen übrigens, nicht an mich. Der Stoff ist frei. Daher der Name freier Schriftsteller. Das versteht sich bei Autorenfilmen. Man ist ein freier Darsteller seiner selbst.

(1972)

## Die Entdeckung des Müggelsees

Merkwürdig ist diese Neugier in mir. In Sachen Berlin und Mark Brandenburg kann ich nie genug bekommen. Immer suche ich dort etwas. Zeit, die ich versäumte, verträumte in Hitlers Jahren? Immer wieder komme ich aus dem Westen hierher. Immer wieder sage ich: Fahrt, wohin ihr wollt! Mich zieht's in den Osten. Der Osten ist schön. Ich hole jetzt wieder ein Stück Jugend nach. Das Stück heißt: Die Entdeckung des Müggelsees — endlich.

Im S-Bahnhof Friedrichstraße, tief unten, diese pedantisch präzisen Prozeduren des Grenzübertritts: bekannt. Ein deutscher Hades, aus dem ich schließlich emporstieg, ratlos, immer wieder voll Neugier: Wie ist das hier jetzt? Ich kaufte mir auf der Ostseite des Bahnhofs die gelbe Fahrkarte für 50 Pfennig. Ich stieg in den Zug Richtung Erkner. Odysseus, der Listenreiche, Verschlagene, kehrt heim — in die Fremde.

Ich saß dann in meinem Abteil, war erstaunt, wie vertraut alles war: das Zuschlagen der elektrischen Türen, das Aufsingen des Zuges, anfahrend, die Menschen: ältere Frauen mit Einkaufstaschen, Jeansjugend. Am Bahnhof Alexanderplatz stiegen drei Rotarmisten zu: Sowjetoffiziere. Sie nahmen nicht Platz. Sie blieben an der Tür stehen, schweigend. Sie waren deutlich im Dienst. »Unsere Freunde« nennt man sie hier.

Draußen das graue, endlose Häusermeer, Industrielandschaft, die sich dann aber langsam auflöst ins Grüne. Die alten Namen der Bahnhöfe: fremd und vertraut zugleich. Ostkreuz um Rummelsburg, Karlshorst, Wuhlheide, dann Köpenick: die alte, historisch bedeutende Stadt, sozusagen das Spandau des Ostens. Dann Hirschgarten: lauter unentdeckte Regionen, lauter Gerüchte meiner Jugend. Ich wußte: An der nächsten Station mußt du aussteigen. Vom S-Bahnhof Friedrichshagen aus, das hatte ich zuvor auf dem Stadtplan studiert, sind es kaum zehn Minuten zu Fuß. Du mußt die Bölschestraße nehmen zum Müggelsee.

Es war ein freundlicher Sommertag, nicht heiß, aber etwas schwül: Feuchtigkeit in der Luft. Das diesige, verwischte Licht Brandenburgs lag über dem See. Der Ort Friedrichshagen, immerhin eine Gründung des großen Königs und später dann um 1900 eine nicht unbedeutende Dichterkolonie, hatte ziemlich trist und DDR-schäbig gewirkt. Er liegt merkwürdig abgewendet vom See. Noch unmittelbar vor dem Ufer verwehrt ein riesiger, alter Fabrikbau den Wasserblick: »Berliner Bürger Bräu« steht da noch wie aus Kaisers Zeiten geschrieben und riecht auch so: heute volkseigen.

Hat man diese Hindernisse genommen, so öffnet sich endlich die Szene: Still und weit liegt der See. Man spürt die lange Hand sozialistischer Stadtplanung. Die ganze Region hier zwischen Köpenick und dem Kreis Fürstenwalde ist zu einem einzigen, grünen Erholungszentrum der Hauptstadt umgestaltet worden. Freizeitangebote werden kultiviert: nicht eben schick und schnittig wie am Wannsee, aber doch sauber, solide und sinnvoll für die erholungsbedürftigen Leute hier.

Am Ufer empfängt den Besucher eine Parkanlage, die man gepflegt nennen darf. Die Strandpromenade führt zu Anlegestellen, wo ein paar Motorschiffe der Weißen Flotte liegen. Kiefern, Fichten, Eichen im Hintergrund. Da und dort Ruhebänke und kleine Holzlauben zum Unterstellen beim Regen. Im übrigen Sand, Sandkuhlen und das Wurzelwerk der Föhrenwälder. Die Erde ist weder flach noch hügelig. Sie ist auf eine wunderliche Weise wellig erregt. Man könnte auch sagen: zerbeult. Wer vom gutplanierten Wanderweg abgeht, hat mit tükkischem Wurzelwerk oder Sand in den Schuhen zu rechnen. »In den Staub mit allen Feinden Brandenburgs!« Man versteht den Verwünschungsruf Heinrich von Kleists höchst konkret, ab und zu stolpernd.

Die Überraschung bleibt immer wieder der See. Seine Größe zieht den Blick an. Seine Fläche scheint endlos sich auszudehnen, obwohl seine Länge von 4,3 und seine Breite von 2,6 Kilometern nicht eben schwindelerregend sind. Auch die Tiefe von sechs bis acht Metern wird man kaum als bestürzend bezeichnen können. Gleichwohl bleibt der Müggelsee für die Landschaft der Mark das größte Gewässer, an dem sich alle anderen Seen hier messen lassen müssen. Das Beiwort »Berliner Meer« ist berlinerisch, also ironisch gemeint.

Sehr bald spürt man dann auch seine Eigenarten und Unterschiede. Die Havel im Westen, das natürliche Ge-

genstück, ist irgendwie feingliedriger, heller, auch freundlicher. Sie ist auch viel belebter von all den Wassersportlern der eingemauerten Inselstadt. Der Müggelsee ist, daran gemessen, dunkler, verschlossener. Man spürt schon den Osten, also den Spreewald und seine alten Sagen und Mythen aus der Wendenzeit. Der Osten ist immer stumm und ärmer gewesen. Etwas von dieser Kargheit gibt dem Müggelsee noch heute eine bescheidene Würde, einen unvergleichlichen Ernst, der Respekt erzwingt. Menschen, die es zum Wassertod drängt, liegen hier richtig. »Der Müggel ist bös«, hat Fontane einmal geschrieben. Er hat bedeutungsvoll hinzugefügt: »Die alten Mächte sind besiegt, aber nicht tot, und in der Dämmerstunde steigen sie herauf und denken, ihre Zeit sei wieder da.«

Nachmittags 14.15 Uhr: Große Kaffeefahrt mit einem Motorschiff der Weißen Flotte. Es geht ohne Anlegepause drei Stunden durch das stille, weitverzweigte System von Wasserstraßen. Es geht erst auf der Spree Richtung Köpenick, dann scharf südlich, die Dahme hinunter, dann in den Langen See, dann über Schmöckwitz den Seddinsee hoch, um schließlich über den Großen Kanal endlich wieder in die Müggelspree und von dort in den Müggelsee einzulaufen. Hier ist der Kleine Müggelsee zu unterscheiden. Er empfängt, um dann die Einfahrt in den Großen freizugeben.

Geruhsam und schön sind solche Flußfahrten. Mehr noch: Sie sind lehrreich. Sie geben nämlich den Blick auf eine Innenseite dieser Gesellschaft frei, die sich dem Fremden sonst verbirgt. Da haben sich all die Glücksvögel, denen es gelang, so ein Wassergrundstück zu ergattern, prächtige Wochenendhäuschen gebaut. Sie sind mit einer Liebe und Fürsorglichkeit gerichtet, die vom immerwährenden Vergnügen der Menschen am Privatbesitz zeugen. Deutscher Handwerkerfleiß, der sich fast überschlägt mit Zierrasen, Putten und Butzenscheiben. Die Datschakultur der DDR-Bürger zeigt, was auch in dieser Gesellschaft alles möglich wäre, wenn, ja wenn eben ...

Man saß im Unterdeck jeweils an einem Tisch für sechs Fahrgäste. Auf jedem Tisch waren vorsorglich sechs Kaffeetassen der Mitropa deponiert. Als dann später die Kellnerin kam, den Kaffee austeilte, jedem, ungefragt, ein Stück Erdbeertorte auf den Teller schob, breitete sich im Salon eine kollektive Dankbarkeit für so viel volkseigene Labung aus, die mich verblüffte. Die Mehrzahl war nicht aus Berlin. Es waren DDR-Bürger aus Sachsen, aus der Lausitz, aus dem Bezirk Potsdam, die hier Urlaub machten, rund um den Müggelsee. Alle Gäste waren hochzufrieden. Sie lobten den Kaffee, die Torte. Sie priesen überhaupt die Gastronomie rund um den See. Ob ich schon das Restaurant »Rübezahl« besucht hätte? Auch die »Müggelperle« sei lohnenswert. Der Gipfel aber sei im Augenblick doch die »Müggelbaude«. »Warum?« fragte ich. »Privat!« riefen sie beglückt. Die »Müggelbaude« werde ganz privat von einem Ehepaar betrieben. Privatunternehmen erregen in der Tat hier ganz ähnliche Hoffnungen wie bei uns die sozialistischen Ideen. Zweimal Berlin, dachte ich. Draußen zog eben der Oder-Spree-Kanal lautlos vorbei.

Am nächsten Tag habe ich dann die andere, die östliche, Seite des Sees observiert. Auch das kann mit der S-Bahn geschehen. Man fährt einfach über Friedrichshagen eine Station weiter. Am S-Bahnhof Rahnsdorf steigt man aus. Man geht durch den Berliner Stadtforst, nimmt dann am Rande von Rahnsdorf die Seestraße. Märkische Vergangenheit empfängt. Alte Bürgerhäuser, Villen aus der Jahrhundertwende, Siedlungshäuser aus den zwanziger Jahren. Stille Straßen, manche noch mit Kopfsteinpflaster. Ein Trabant oder ein Wartburg vor der Tür. Zurückgezogene Bürgerlichkeit. Die Nähe des Sees erkennt man daran, daß in den Gärten da und dort ein Ruderboot oder ein Segler auf Trockendock liegt.

Die neue Entdeckung hieß jetzt für mich »Müggelwerder«. Die Straße wurde enger, immer grüner. Sie ging dann plötzlich in einen Garten über, in dem ein Landhäuschen stand, schmuck. Darüber ein Schild: »Müggelwerder — Fähre — von 9—18 Uhr stündlich — Rauchen verboten — Betreten der Steganlagen verboten« — immerhin. Ich nahm auf der Holzbank Platz. Es gesellten sich später noch ein paar Leute hinzu. Pünktlich zur vollen Stunde erschien der Fährmann, ein richtiger, bärtiger Seebär. Und dann tuckerten wir mit seinem Motorschiff langsam nach Müggelhort rüber: reines Vergnügen. Es war wie in meiner Jugend. Alles heute etwas altmodisch, aber von schönster Idyllik. Erholsam sind solche Oasen. Nur Wasser und Wind. Am Himmel war eine Wolkenwand aufgezogen. Ob es Regen geben würde?

Man kann dann, vom Anlegeplatz Müggelhort aus,

den Uferweg am See nehmen. Wanderwege im Wald: Kiefern, Fichten, Eichenbäume, manchmal zum Wasser hin auch Birken. Vogelgezwitscher: Rotkehlchen und Buchfinken, vermute ich. Auch hier spürt man wieder den leichten Unterschied zur Havel. Nicht der trockene Sand der Mark, Sumpfböden und feuchte Moore begleiten. Der Boden scheint nachzugeben unter dem eigenen Schritt. Es ist kein Schritt vom gebahnten Weg zu empfehlen. Bei aller Kultur bleibt immer ein Schatten des Unheimlichen. Ob es hier Moorleichen gibt, unterirdisch? Die Märchen und Sagen erzählen davon. Sie erzählen von versunkenen Prinzessinnen und von ihrer Wiederkehr manchmal des Nachts. Na, bitte: Ich vermute, bei Anbruch des Tages werden sie sich im real existierenden Sozialismus schon von selbst wieder zurückziehen. Geister sind ja nicht so. Oder täusche ich mich?

Nach drei Kilometern westwärts erreicht man dann die »Müggelperle«, jene Gaststätte, von der ich tags zuvor Rühmendes gehört hatte. Die Perle ist tatsächlich ein Glanzstück. Ein bißchen zu kahl und kalt steht der Neubau, leicht erhöht am Fuß der Müggelberge, wie ein modernes Kongreßzentrum im Wald und strahlt den zweifelhaften Charme aller Betonklötze aus. Es geht vorwärts. Es wird immer besser mit unserer Versorgungslage, sagen solche steinernen Frischzellen der Republik. So war es. Ich nahm hier ein Mittagsmahl ein, das lobenswert schmeckte. Kultivierte Gastlichkeit wurde nicht nur als Selbstverpflichtung in Aussicht gestellt. Sie wurde vom Kellnerkollektiv tatsächlich zelebriert.

Danach galt es, die Müggelberge zu nehmen: mein

letzter Pfad der Entdeckung. Immerhin liegen sie stolze 115 Meter über dem Meeresspiegel, und wenn man dazu noch die 30 Meter des Müggelturms, der weiß und merkwürdig viereckig oben steht, dazurechnet, erreicht man Höhen, die jedenfalls für Berliner schon erhebend sind. Wunderlich ruhelos ist hier die Erde. Manchmal geht es steil hoch, dann fällt das Terrain wieder ab ins Bodenlose. Plötzlich stößt man auf tiefe Verwunschenheit. Ein pechschwarzer Tümpel liegt wie ein Märchenteich mitten im Wald. Das ist der Teufelssee, der in der DDR bitte, nicht der im Grunewald. Alles ist in Berlin ja zweifach zu haben. Selbst die Krumme Lanke im Westen kann man hier als Krumme Lake noch einmal haben. Eine Stadt, wie von Gott zur Teilung vorbedacht, könnte man sagen. Ich sage es nicht. Ich denke es nur, manchmal.

Der Große Müggelberg war erstaunlich. Er allein ist die Tour wert. Man stapft und klettert und gerät dabei in die merkwürdigsten Erdformationen: Mulden und Kuppen, steile Hügel, die dann wieder abfallen, dahinter sich plötzlich noch höher türmen. Keiner hat diese Verwerfungen besser beschrieben als Theodor Fontane. Ich zitiere ihn jetzt, auch um den Leser zu ermuntern, des Dichters »Wanderungen durch die Mark Brandenburg« wieder einmal zur Hand zu nehmen. Immer noch sind sie, obwohl über hundertjährig, das Beste und Genaueste zum Thema:

»Diese Müggelberge repräsentieren ein höchst eigentümliches Stück Natur, abweichend von dem, was wir sonst wohl in unserem Sand- und Flachlande zu sehen gewohnt sind. Unsere märkischen Berge (wenn man uns die stolze Bezeichnung gestatten will) sind entweder einfache Kegel oder Plateauabhänge. Nicht so die Müggelberge. Diese machen den Eindruck eines Gebirgsmodells, etwa als hab' es die Natur in heiterer Laune versuchen wollen, ob nicht auch eine Urgebirgsform aus märkischem Sande herzustellen sei. Alles en miniature, aber doch nichts vergessen. Ein Stock des Gebirges, ein langgestreckter Grat, Ausläufer, Schluchten, Kulme, Kuppen, alles ist nach Art einer Reliefkarte vor die Tore Berlins gelegt, um die flachländische Residenzjugend hinauszuführen und ihr über Gebirgsformationen einiges ad oculos demonstrieren zu können.«

Die flachländische Residenzjugend von heute, Kinder der DDR also, standen dann in Jeans und Turnschuhen mit mir oben auf dem Aussichtspunkt des Turms. Der Blick über Wälder und Wasser war faszinierend. Und war es nun Zufall oder eine höhere, himmlische Inszenierung? Es ging plötzlich ein Gewitter nieder. Elektrizität lag in der Luft. Es blitzte und donnerte weit über dem See. Es goß in Strömen. Es war, als wenn diese karge, stumme Landschaft für Sekunden in Aufruhr und wilde Ekstasen geriet. Ein Ausbruch der Elemente. Ich spürte die Kraft, die die Erde, verschwiegen, hier birgt.

(1983)

## Mein Grunewald-Gymnasium

Kurz vor acht klingelte es. Es klingelte laut, sehr schrill. Es klingelte, wie es damals nur in Preußens Schulhäusern klingeln konnte: unerbittlich. Es war Montagmorgen. Damals, als ich als Sextaner hier begann, wurde jeder Wochenanfang noch mit einer geistlichen Morgenandacht eingeleitet, die es in sich hatte: preußisch und protestantisch — präzis zehn Minuten lang.

Unsere Aula: Sie atmete jenen spröden, freudlos-festlichen Geist, den man von evangelischen Kirchen kennt. Man fröstelt da immer etwas. Es roch frisch nach Bohnerwachs. Luthers Wort stand im Raum. Ein kahles Kreuz an der Wand. Eine Bibel auf dem Vortragspult. Sogar über eine kleine Orgel verfügte die Aula. Wir waren etwa fünfhundert Schüler. Wir hockten auf hartem Gestühl. Eine Bibellesung begann. Wir hatten dann einen Choral zu singen. Wir bekamen einige bedenkenswerte Worte von Aristoteles oder Seneca mit auf den Weg; unser Griechischlehrer zitierte. Dann stand der Chef auf: Oberstudiendirektor Wilhelm Vilmar. Steif, streng, gravitätisch ging er zum Pult, wo die Bibel lag. Es wurde ganz still. Er faltete die Hände und sprach uns das Vaterunser vor. An jedem Montagmorgen um acht wurde gebetet.

Mit diesem Mann will ich beginnen, denn er war der letzte gute Geist dieser Schule — vor Hitler. Wilhelm Vilmar war ein strenger, fast asketischer Herr Anfang Sechzig, der aus einer alten Marburger Gelehrtenfamilie stammte. Generationen von Superintendenten und Germanisten hatten diesen klassischen Schulmann geprägt. Es ist mir in Erinnerung: sein schmales, scharf geschnittenes Gesicht mit den dunklen Augen hinter dem blitzenden Kneifer, sein hoher Vatermörder. Im Grunde ein liberaler, ja gütiger Mann, dessen überwältigende humanistische Bildung uns Schülern aber eher Schrecken einjagte. Jeder Blick, jedes Wort waren eine Zurechtweisung. Ich habe ihn immer gefürchtet, doch war in diese Furcht auch Ehrfurcht gemischt.

Das alles ist vor fünfzig Jahren gewesen. Es war in Berlin, als ich im Jahr 1930 als Zehnjähriger in jenes Grunewald-Gymnasium eintrat, das noch heute unter dem Namen »Walther-Rathenau-Oberschule« ziemlich unverändert in der Grunewalder Herbertstraße liegt. Es ist ein langgestreckter, grauer Bau, das Vorderteil wilhelminisch, der hintere Anbau schon Neue Sachlichkeit: 1928. Immer noch erfüllt mich so etwas wie sentimentales Schaudern, wenn ich gelegentlich dort vorbeikomme. Schulzeit in Preußen war damals kein Zuckerschlecken. Es war eine ernste, strenge Sache. Eine elitär-liberale Kadettenanstalt für Humanisten, könnte man sagen.

Die Villenkolonie Grunewald galt seit ihrer Gründung um die Jahrhundertwende als ein vornehmes Quartier. Alter Adel, die Beamten und Diplomaten der Weimarer Republik, nach dem Ersten Weltkrieg rasch zu Geld gekommenes Unternehmertum wohnte in den prächtigen Villen. Auch jüdisches Großbürgertum dazwischen. Walther Rathenau, der Außenminister der jungen Republik, war hier, wenige Schritte von unserer

Schule entfernt, 1922 in der Königsallee von Rechtsterroristen ermordet worden. Liberal-deutschnational möchte ich den Geist von Grunewald vor Hitler nennen. So ganz paßte ich da nicht hin. Ich kam aus dem viel bescheideneren Eichkamp, das gleich hinter der Avus begann: Kleinbürgertum siedelte dort.

Damals wußte ich es natürlich nicht, aber heute ist mir bekannt: Viele der Männer, die dann am 20. Juli 1944 gegen Hitler putschten, kamen aus Grunewald. Einige sind in den zwanziger Jahren Schüler des Grunewald-Gymnasiums gewesen. Justus Delbrück, der Sohn des bekannten Historikers, Dietrich Bonhoeffer, Hans von Dohnanyi, Reichsgerichtsrat a. D., der Oberstleutnant Bernhard Klamroth zum Beispiel.

Hitlers Einbruch in diese feste Burg des preußischen Großbürgertums vollzog sich merkwürdig lautlos. Es war im Sommer 1933. Eines Tages war Dr. Vilmar, unser Direktor, einfach verschwunden. Man hatte diesen unbestechlichen Mann im Rausch der nationalen Erhebung vorzeitig in Pension geschickt. Wir Schüler wußten davon nichts. Ich war nun Tertianer, lernte Lateinisch, lernte Griechisch, büffelte auch an trockenen mittelhochdeutschen Texten herum. Da kam eines Tages der neue Direktor. Er hieß Wilhelm Waldvogel. Offenbar war er von höchster Parteistelle in diese Brutstätte des protestantischen Humanismus abkommandiert worden. Ist nicht das Klischee oft die Wahrheit?

Er war ein Nazi, wie er im Buche steht: dümmlich, aber sehr stramm; etwas gewöhnlich, aber treu, ein kurzgeschorener Quadratschädel, Anfang Vierzig. Er trug keinen Kneifer mehr, keinen Vatermörder. Irgendwie wirkte er in diesem feudalen Gymnasium komisch. Jedenfalls spürten wir Schüler vor ihm keine Furcht wie früher vor Dr. Vilmar. Wir grinsten. Der Mann roch nach Schweiß.

Montagmorgen: Ich besinne mich genau, daß wir uns jetzt statt in der Aula draußen vor dem Schulhaus um den weißen Fahnenmast zu versammeln hatten. Plötzlich ging es nicht mehr evangelisch, sondern militärisch zu. Beim Morgenappell wurden kernige Sprüche von Schlageter oder Alfred Rosenberg zitiert. Waldvogel erklärte einmal programmatisch, daß es nun vorbei sei mit jener humanistischen Gefühlsduselei, die diese Schule lange genug der nationalen Revolution entfremdet habe.

Jetzt, da die neue Zeit gesiegt habe, werde hier soldatischer Geist einziehen. Und das erlebten wir auch: Es wurde die schwarzweißrote, dann die Hakenkreuzfahne gehißt. Wir grüßten mit dem rechten Arm. Dann sangen wir das Deutschlandlied. Danach das Horst-Wessel-Lied. Kommandos ertönten: Rührt euch! So begann die neue Zeit: Zackig, sagten wir damals.

Das Komische ist: Wir Dreizehnjährigen empfanden diesen Einbruch der Barbarei damals keineswegs als bedrückend. Im Gegenteil: Vieles wurde leichter. Der Lehrplan wurde einfacher. Wir brauchten nun nicht mehr zu Hause so unerbittlich lateinische Grammatik oder griechische Hexameter zu büffeln.

Turnen und Sport waren jetzt wichtig. Die komplizierten Wurzeln unserer roten Logarithmentafeln sanken im Bildungspreis. Luthers Choräle verstummten, anheimelnde Volkslieder wurden geübt. Statt Mittelhochdeutsch mußten wir Gedichte von Agnes Miegel oder Hanns Johst aufsagen. Statt Seneca genügte es, mit wenigen Sätzen aus der *Germania* des Tacitus zu prunken, die die hohe Tugend, vor allem des germanischen Weibes, schon damals priesen. Später wurde uns sogar ein Schuljahr geschenkt: Die Unter- und Oberprima wurden zu einem Jahr vereint. Wie sollte uns Pennäler so etwas bedrücken?

Es war eine merkwürdige Zeit. In meinem Buch *Das zerbrochene Haus* habe ich das Phänomen zu beschreiben versucht. Die »völkische Erhebung« war ja vorwiegend ein musischer Rausch, der durch Deutschland lief. Alles erhob sich immer höher und höher. Man kann sich durchaus wenigstens den Beginn der Nazizeit als ein immerwährendes Turnfest mit sehr vielen Marschliedern vorstellen. »Unsere Fahne flattert uns voran! Unsere Fahne ist die neue Zeit!« So übel sang sich das nicht einmal, wenn wir zum Sport durch die Kolonie Grunewald marschierten. Keiner nahm die Worte ernst. Niemand glaubte daran, aber schön klang es schon, musikalisch.

Ob das heute einer, der es nicht miterlebte, überhaupt noch versteht? Die blutigste Epoche deutscher Geschichte, Hitlers Totentanz, fing, jedenfalls für die Mehrzahl der Bürgersöhne damals, harmlos an. Wir machten uns keine Sorgen. Keine Spur von politischer Angst. Es ist natürlich leicht, heute zu sagen: Aber die Rassengesetze, der Exodus all der jüdischen Klassenkameraden, der dann einsetzte — war das kein Menetekel, kein Signal für das große Morden, das später begann? Natürlich war es das, objektiv und vom Ende her gesehen. Die Ehrlichkeit aber zwingt mich zu sagen: Von uns Unbetroffenen wurde das so dramatisch gar nicht erfahren. Geschichte, wenn sie geschieht, ist eher trivial. Nur selten ist das Leben heroisch; meist ist es banal.

Kurt Simon, Fritz Goldstrom, Hans Leiser, Gerhard Dreyfus: Das waren jüdische Schüler, zu denen es mich zog. Sie waren intellektueller, witziger, kesser. Das zog mich an. Sie verschwanden in den Jahren 1933 und '34 langsam, wie auch Dr. Vilmar verschwunden war. Nicht unbemerkt von mir. Ich spürte Verluste. Sie wurden von ihren Eltern gelegentlich abgemeldet: der eine in eine jüdische Schule in Charlottenburg, der andere in ein Internat bei Lausanne. Fritz Goldstrom, so hieß es, würde mit seinen Eltern nach Palästina auswandern. Wir kannten das Land nur vom Religionsunterricht. Da konnte man tatsächlich hinfahren, wo Jesus gelebt hatte? Wir fanden das komisch, vergaßen es schließlich.

Eine Weile war ich glücklich, Dr. Gerstenberg als Englischlehrer zu haben. Dr. Gerstenberg war offenbar Oberstudienrat am Französischen Gymnasium gewesen, dann aber, weil er als »Dreivierteljude« galt, zunächst zu uns zurückversetzt worden. Ich habe diesen noblen Mann, der mit seinen eleganten Schneideranzügen und mit seinen vollen, silbergrauen Haaren auf mich immer wie ein Lord wirkte, verehrt. Aber als er dann weg war, man sagte, er sei nach London gegangen, habe ich ihn auch langsam vergessen. Es waren alles Einzelfälle. Der große Zusammenhang wurde nicht klar.

Ich weiß, das schmeckt heute nicht. So will man's nicht hören. Hinterher will man immer Helden oder blutige Opfer. Aber so großartige Szenen kann ich nicht erinnern. Der Alltag in dieser Schule ist unglaublich banal gewesen, für mich. Es mag hinzukommen, daß meine Klasse bis zu ihrem Abitur 1939 nie vom Ungeist des Nazismus wirklich erfaßt wurde. Dazu waren die Söhne der großbürgerlichen Konservativen nun doch zu liberal. Es mag weiter hinzukommen, daß wir Lehrer von provozierendem Nazigeist nie hatten, außer Waldvogel, der uns aber nicht unterrichtete. Man meckerte manchmal, man rümpfte die Nase. Wir grinsten etwas höhnisch, wenn im Biologieunterricht Rassenkunde erteilt wurde. Wir gingen zu zweit oder zu dritt abends ins »Kabarett der Komiker«, wo Werner Finck seine geistvoll zersetzenden Witze riß. Ironie als Waffe: Das gab es, mehr nicht.

Es muß auch gesagt sein: Viele Fächer liefen fast unverändert weiter. Physik und Chemie, aber auch Musik, Zeichnen, der Religionsunterricht wurde nicht anders als früher erteilt. In Geschichte sind wir nie über Bismarck hinausgekommen. Der Sport, das dauernde Turnen vergrämte mich. Ich entzog mich der »Leibesertüchtigung« durch ein ärztliches Attest. Man mogelte sich eben so durch, irgendwie. Ich bin nie in der HJ gewesen, gehörte nie einer Naziorganisation an. Auch das gab es.

Im Abitur allerdings mußte ich einen deutschen Aufsatz zum Thema »Hans Grimm — Volk ohne Raum« schreiben. Ich erinnere mich an dieses Frühwerk nicht mehr. Bin ich ein Verdränger? Ein Meisterwerk kann es jedenfalls nicht gewesen sein. Meine Deutschnote im Abiturzeugnis ist ein kümmerliches »Ausreichend«. War das ein Omen? Nicht für die Schule — für das Leben lernen wir.

Es muß noch drei Jahre vorher, es muß im Herbst 1936 bald nach den Olympischen Spielen gewesen sein, da begann diese Geschichte mit Wanja. Auch sie paßte nicht ins Klischee der Epoche. Auch so etwas gab es damals, als Einzelfall. Eines Tages kam nämlich ein Neuer in unsere Untersekunda. Er hieß Lothar Killmer. Er war ganz anders als all diese glatten Großbürgersöhne, mit denen ich die Schulbank drückte: jetzt sechzehnjährig. Der Neue war klein und stämmig; er wirkte ungepflegt, fast etwas ordinär. Die Haare hingen ihm wirr im Gesicht und wuchsen ihm zottig im Nacken, und er besaß so ziemlich alle Fehler, die man damals in Berlin-Grunewald unter Adolf Hitler haben konnte: Er kam aus dunklen, offenbar proletarischen Kreisen. Er war unehelicher Geburt. Seine Mutter war Arbeiterin, ein »Fräulein Arbeiterin«, wie die anderen feixend registrierten. Es ging weiter das Gerücht, daß er eigentlich Halbrusse, möglicherweise auch noch »Vierteljude« sei.

Klar war nur, daß ich dieser Inkarnation des Außenseiters verfiel. Er war so ganz anders. Das zog mich an. Er wurde mein Freund. Ich nannte ihn Wanja. Wanja war wild, kraftvoll, primitiv und von herrlicher Einfachheit. All meine Zweifel und Fragen lösten sich bei ihm in einem breiten Grinsen auf, in seinen Grimassen von vitaler Komik. Er liebte sein Außenseitertum. Er ging zum Schwimmen und Boxen und besaß schon mit siebzehn eine Freundin, mit der er am Wochenende schlief. Halb russischer Anarchist, halb freideutscher Wandervogel, gehörte er genau zu jenem Typus der dreißiger Jahre in Berlin, aus dem Ernst Niekisch, der Herausgeber des *Widerstand*, damals seinen skurrilen Trutzbund der Nationalbolschewisten rekrutierte. Und so kam es dann auch mit uns. Ich machte da mit, bei Wanjas geheimen Treffen in Halensee. Und im Dezember 1939, ein halbes Jahr nach unserem Abitur, wurden wir alle wegen »Vorbereitung zum Hochverrat« von der Gestapo verhaftet. 103 Oppositionelle wurden in Berlin-Moabit hinter Schloß und Riegel gebracht.

Schön und skurril ist diese Schülerfreundschaft mit Wanja gewesen. Ihr zeittypischer Teil begann dann erst später. Obwohl das im strengen Sinn nicht mehr zu meiner Schulzeit gehört, gehört es hierher, denn hier im Grunewald-Gymnasium unter Adolf Hitler hatte das alles begonnen. Wanja wurde 1942 vom Volksgerichtshof in der Bellevuestraße zu fünf Jahren Zuchthaus verurteilt, was damals nicht so schlimm war, wie es heute klingt. Zuchthaus schloß nämlich KZ-Folter aus. Man hatte Überlebenschancen in Preußens Zuchthäusern. Wanja wurde 1945 von der Roten Armee befreit. Er wurde ihr Freund und Bewunderer: ein glühender Kommunist. Er trat später in die neugegründete SED ein, studierte in Ost-Berlin Marxismus-Leninismus und trat Ende der vierziger Jahre in die Redaktion Außenpolitik von *Neues Deutschland* ein. Dort wurde er Korrespondent für Afrika. Wer will, kann noch heute dann und wann Lothar Killmer mit kleineren Beiträgen in Sachen

Afrika in diesem maßgeblichen Blatt lesen. Es lohnt aber nicht. Sein Stil ist sehr schlecht.

Der triviale Rest? Er wird erst hinterher offenbar. Mein Gott — das also blieb? Zwei sechzigjährige Männer, die einmal auf der Schule in tiefer Freundschaft vereint waren, vereint als Außenseiter und gegen Hitler: Es blieb nichts. Nichts als Verlegenheit, Schweigen, Sich-aus-dem-Weg-Gehen. Der eine sitzt in Frankfurt am Main und schreibt für den Westen. Der andere sitzt in der Leninallee, Hauptstadt der DDR, und schreibt für den Osten. Das könnte eine wunderbare Kitschgeschichte zur deutschen Teilung abgeben, aber nur im Fernsehen, nicht im Leben. In Wirklichkeit ist alles ganz banal. Wir haben uns einmal gesprochen. Wir hatten uns nichts mehr zu sagen. Aus Wanja, dem stolzen Außenseiter, dem Wunder der Wildheit, ist ein strammer, knarrender SED-Funktionär geworden. Was aus mir wurde, ist hinreichend bekannt: auch nicht gerade ein romantischer Revolutionär.

Es liegt ein Foto vor mir: unsere Obertertia 1935, übrigens schon rein arisch. Auf rätselhafte Weise hat das Bild den großen Brand von Berlin überstanden. Das kahle Klassenzimmer, die hohe, gußeiserne Zentralheizung im Hintergrund, lauter schäbige, häßliche Schulbänke mit Klappult und verkleckten Tintenfässern oben. Es sitzen einundzwanzig Pennäler auf diesen hölzernen Marterbänken, sehr leger, einige schon wie kleine Herrchen. Ganz hinten steht unser Griechischlehrer: Dr. Focken. Immer noch trägt er diesen schäbigen Sportanzug, der uns lachen machte. Immer noch hält er beide Hände über dem Unterleib fromm gefaltet. Immer noch schielt er mit seinem rechten Auge steil nach oben. Er hat kein Parteiabzeichen. Er blickt verinnerlicht, als wenn er Homer zitiere.

Ich sehe mit meiner schwarzen Hornbrille, der hohen Stirn, der schwarzen Haarmähne exakt wie ein Berliner Judenjunge aus, aber der Schein täuscht, wie man weiß. Neben mir Karlpeter Rahts, mein Freund damals aus Dahlem. Er starb 1947 an Lungentuberkulose. Neben Dr. Focken Wolfgang Bostell. Ein treues, dümmliches Kindergesicht. Er war der einzige aus dieser Klasse, der ein begeisterter Hitlerjunge wurde. Er glaubte an die neue Zeit und ist gleich im Polenfeldzug gefallen. Vor mir Werner Wölber. Er hat die Knickerbocker an, hält beide Beine elegant übereinandergeschlagen. Er soll heute als Arzt in Amerika leben. Davor sitzen die Brüder von Kleist-Retzow, der eine noch in kurzen, der andere in langen Hosen. Werner und Hasso Wrede, gefallen. Ganz links außen Hans Jürgen Thieme — ich glaube, ihn gibt es noch. Er soll irgendwo beim Fernsehen als Kameramann wirken.

Aber was soll's? Warum zähle ich Namen auf, die keiner mehr kennt? Ich will nur sagen: Von einundzwanzig, die damals hier saßen, lernten, grinsten, manchmal sich mokierten, sich eben so durchmogelten, sind heute noch vier am Leben. Nicht für die Schule, für das Leben damals nenne ich sie hier. Eine von Hitler verbrauchte, zerstörte Generation. Was so harmlos, so sorglos begann, endete als stummer Totentanz. Wer will es wissen? Erinnerungen kommen immer zum Schluß, also zu spät.

Und auch dieser Epilog gehört wohl noch zu meiner Variation über die Banalität des Bösen? Nämlicher Wilhelm Waldvogel, der uns den Nationalsozialismus lehrte, ist nicht für seinen Führer gestorben wie die anderen. Er siedelte nach dem Krieg in die Bundesrepublik über. Ab 1948 war er wieder als Lehrer am Mädchen-Gymnasium in Bad Homburg tätig. Bis zu seinem Ruhestand 1955 war er sogar Direktor dieser hessischen Schule. Er ist 1973 in Bad Homburg in allen Ehren zu Grabe getragen worden.

Geschichte, hautnah erlebt, ist eben unglaublich banal. Es bleibt nichts als ein schlechter Geschmack. Man möchte beinah ausspucken — hinterher.

(1981)

# Standort Frankfurt am Main

## Mainzer Landstraße

Ich bin wieder dagewesen. Es war wieder wie immer, oder war es doch etwas anders? Trüber, diesiger, noch etwas verrotteter? Natürlich haben auch Straßen ihre Zeiten, ihre Zustände und Launen. Diesmal lag eine Ahnung von schrecklichem Ende über der langen Straße. Sie wirkte wie eine ältere Witwe, die, alleinstehend und ziemlich verbittert, an alleinstehende Herren möblierte Zimmer vermietet: so grau, so vergrämt, so steif ungefähr. Ich war sicher, daß die Straße auf einem Friedhof enden würde, irgendwo draußen im Nebel.

Es regnete, doch ist das ungenau. Anderswo mag es regnen. Auf dieser Straße fällt immer ein Nebelnaß, das alles schön rutschig und glasig macht. Es ist jenes gleichmäßige Industrienaß, das man auch aus dem Hamburger Hafen kennt. Doch dort hat es einen salzigen Beigeschmack von Weite und Welt, es kommt von der See. Hier nur aus Höchst. Faßt man irgendwohin, an ein Geländer, eine Klinke, einen Mauervorsprung, kriegt man die Hände von Schornsteinfegern — innen.

Ich sah wieder die Mainzer Landstraße, ein Abenteuer, ein düsterer Traum für mich, ziemlich verrostet. Asphalt, Beton, Garagen, Schuppen, Blechschilder, heruntergelassene Jalousien und blinde Fenster; es ragt da soviel Eisengestänge in die Luft. Es schmeckt nach Eisen und Öl. Ich sah eine winzige, verwachsene Frau, die vielleicht Ende Vierzig war, oder mehr? Sie versuchte sich mit vielen Körben und ihrem kolossalen Buckel die Stufen des Straßenbahnwagens hochzuschwingen, doch sie schaffte es nicht. Sie kam nicht hoch, blieb immer auf halber Höhe hängen, fiel immer wieder auf ihre kurzen, krummen Beine zurück und stand dann auf dem Asphalt wie ein Dackel. Dann schlossen sich die Türen mit der sanften Gewalt der Automatik. Die Frau blieb eigensinnig vor den Schienen stehen. Sie hatte die Hartnäckigkeit aller Buckligen. Im Rückspiegel sah ich, wie sie bei der folgenden Straßenbahn ähnliche mutige Klimmzüge versuchte. Sie war so entschlossen, doch sie schaffte es nicht. Sie war der einzige Mensch, den ich hier sah: via dolorosa, ging es mir durch den Kopf, als ich sie so im Rückspiegel verschwinden sah, unter ihrer Last zusammenbrechend, eine Straße für Todesfälle besonderer Art. Man riecht so etwas. Man kommt vom Bahnhof, sucht ein Quartier, kennt sich nicht aus, findet eine Pension hier im vierten Stock. Im dritten Stock ein Judo-Salon, im fünften eine Heiratsvermittlung. Im vierten Stock kann man dann eigentlich nur Hand an sich legen. Die Zimmer sind einfach so: kalte, hohe Sterbekapellen, Kreuzwegstationen. Das Ganze: via dolorosa — hessisch. Hier wird man heimgesucht.

Seit ich in Frankfurt lebe, hat mich diese Straße immer wieder fasziniert, bewegt, erschreckt, entzückt. Es liegt für mich soviel Vergangenheit auf ihr: Berliner Milieu. Solche Straßen gab es für mich einmal nach Spandau, nach Charlottenburg, nach Kreuzberg hinaus. So etwas geht langsam verloren: deutsche Verrottetheit, Kindheit, Vergangenheit. Von Zeit zu Zeit gehe ich zur Mainzer Landstraße, um mich an ihr zu laben: Man sollte ihre kolossale Unaufgeräumtheit unter Denkmalschutz stellen. So etwas kommt nie wieder. Was vollkommen häßlich ist, ist eben in seiner Weise vollkommen und damit beinah schon wieder schön. Es befriedigt den Sinn für das Außerordentliche und Exorbitante; die Identität der Strukturen fesselt. Ein schrottreifes Auto ist nichts, aber zehntausend Autowracks, schön übereinandergeschichtet, sind reine Poesie, sind Träume von Kurzfilmern. So ungefähr muß man sich die Mainzer Landstraße vorstellen. Ein Traum, fast sieben Kilometer lang. Fast sieben Kilometer lang wiederholt sich diese eine Sequenz, die Motorisierung heißt: Gebrauchtwagen, Ersatzteile, Batterieläden, Tankstellen, Auslieferungslager, Spezialwerkstätten für Lastkraftwagen und andere Nutzfahrzeuge. Es riecht nach Benzin, nach Öl und dem schwarzen Rest aller Abschmierfette.

Stell dich vor dein Auto, irgendwo. Öffne die Motorhaube, sieh in dieses graue, dreckige Gewirr hinein, das man Motor nennt: der Anlasser, der Zündverteiler, die Kerzen, die Kühlung, der Zylinderblock, und was so herumhängt, staubverschmiert: Du siehst direkt in die

Mainzer Landstraße hinein. Der traumhafte Effekt wird durch die unendliche Wiederholung des gleichen bewirkt: die ewige Wiederkehr. Es ist natürlich langweilig, ein Gebrauchtwagengeschäft zu sehen, aber wenn es zum Beispiel dort dreihundert Gebrauchtwagengeschäfte sind, nebeneinander gereiht wie Zinnsoldaten: so beginnen die Karosserien, die Stoßstangen, die Preise schon langsam zu tanzen, machen einen taumelig, schläfrig in ihrer ewigen Wiederkehr. Geh doch nur eine Stunde geradeaus, immer an solchen Fenstern, Zäunen, Schildern vorbei. Sie wirken wie Hypnotiseure. Sie legen einem allmählich die Hand auf die Stirn, sie sagen: Gleich wirst du versinken, schlafen, träumen. Erzähle uns, was du siehst.

Ich sage: Ich sah eine Straße, die anders ist als die anderen Straßen in Deutschland. So eine Mischung zwischen Höchst und Los Angeles, wenn ihr mich versteht. Könnt ihr mich hören? Spreche ich laut genug? Ich sah eine Straße: altmodisch, verrückt, bizarr, von einer verwirrenden Monotonie der Gegensätze, ach, unbeschreiblich. Soll ich es trotzdem versuchen? Es ist eigentlich gar keine Großstadtstraße, obwohl man es immer meint. Es riecht eher nach Provinz, nach Vorstadt, beinah noch nach Erde. Es riecht nach dieser vermurksten Rechtwinkligkeit kleiner Leute, die in der Bahnhofstraße wohnen, die früher einmal Adolf-Hitler-Straße hieß. Vor allem nach Höchst zu ist sie ganz kleinkariert. Hier könnte noch Kopfsteinpflaster liegen, Schaftstiefel könnten hier marschieren, die ganze Erbitterung deutscher Provinz könnte hier an jeder Kreuzung knirschen, doch das ist es nicht. Ich sah eine Einladung, ein Schild: »Hotel Stadt Griesheim«. Das ist fast zum Lachen. Hier sollte man einkehren. Hier wird man sicher Deutschland finden, versammelt um steife, hohe Holztische. Wahrscheinlich auch ein Haus zum Handanlegen?

Das Besondere ist dies: wie sich, gleich hinter Höchst beginnend, über diese graue Vergrämtheit allmählich die Blechhaut der Motorisierung zieht. Was zunächst noch normal wie anderswo erscheint, wird mehr und immer mehr, schwillt dann zwischen Nied und Griesheim unheimlich an und wird dann von der Galluswarte ab zu einem Anfall, zu einem Krampf, der deutlich zweiter Klasse ist. Nennt man das nicht ein Ballungszentrum? Es ballt sich der Autohandel: Billig, billig, billig steht überall an den Fenstern geschrieben, hier noch billiger: Occasionen, Chancen, Gelegenheiten. Nein, das hat gar nichts mit den blinkenden Autosalons rund um die Kaiserstraße gemein, diesen hochglanzpolierten Salons, die Direktoren und Zuhälter betreten. Das Feine und Diskrete der ersten Hand fehlt. Es ist alles aus zweiter, aus dritter, aus letzter Hand für kleine Leute, für Türken und andere Fremdarbeiter, etwas matt schon im Glanz, etwas abgenützt, wieder aufpoliert, wieder flott gemacht, wieder hochgetrimmt: Straßenverkauf, Liebe zur Straße, Straßenliebe, liebe Straße, eine Art von Prostitution. Ein Rest von Schäbigkeit bleibt.

Spreche ich laut genug? Könnt ihr mich hören? Ich sagte: Los Angeles, das ist natürlich auch lächerlich, hier in Frankfurt. Ich meinte die vollkommene Abwesenheit des Menschen, nur das. So soll doch die Welt einmal werden: perfekt menschenfrei. Versteht ihr mich? Ich sah keine Menschen hier außer der buckligen Zwergin, die ihr Kreuz trug, die sich so entschlossen die Straßenbahn hochschwingen wollte. Sie schaffte es nicht. Das ist keine Straße zum Laufen, Herumgucken, Flanieren, trotz aller Angebote. Man wird nur müde, traurig, taumelig dabei, oder man müßte schon über den perversen Geschmack von Ästheten verfügen, ihren besonderen Hang zum Schmutz.

Es ist einfach nichts los auf den Bürgersteigen: Autowracks, Mülleimer, zerbeulte Wohnwagen, Reste, eine immerwährende Orgie in Blech. Man kann hier nur Auto fahren: Gas geben, sich einordnen, rechts rüber, kuppeln, bremsen, vor Rotampeln stehen, wieder Gas geben, sich wieder neu einordnen, das Linksabbiegen ist meistens verboten, auch ist die Vorfahrt der Straßenbahn streng zu beachten. Wer hier zu Fuß geht, macht sich natürlich verdächtig: wahrscheinlich ein Sittenstrolch? Hinter vergessenen Blechwracks weit draußen soll ja so manches passieren, hört man. Man wird immer von hinten geschoben und von vorne so mitgenommen: Dreiräder, Busse, die Impertinenz der Frankfurter Taxifahrer, die sich hier zu Hause fühlen, noch mehr Gas geben, sich durchdrängen, vorschieben, mit blitzschneller Fahrtechnik sich an die Spitze legen und losziehen. Man bleibt da lieber zurück. Sie neigen so schnell zur Selbstjustiz. Dann die gewaltigen Bullen der Landstraße, die ganze Eisenbahnwagen, nein, halbe Güterzüge abfahren und donnernd und stinkend vorbeiziehen wie Elefantenherden. Auch da bleibt man besser zurück. Man fährt eingeklemmt, schimpfend, stöhnend einhundert Meter, dann wieder bremsen. Bremsen ist wichtig in dieser Gesellschaft.

Nun stellt euch das bitte nicht zu kolossal vor. Übertreibe ich nicht etwas, wie man im Traum alles übertreibt? So großartig ist das nun auch wieder nicht, was ich sehe: Banalität. Großartig ist nur die Montage, wie das Enge und Mickrige einer Landstraße, die eben so langsam aus Mainz hier hereinläuft, verschnitten ist in diese Orgien aufbrandender Industrialisierung, die, ziemlich verbraucht und überaltert, immer nur sagt: du und dein Auto, dein Auto und du. Zum Schluß steht man immer in Tankstellen, Garagen, Werkstätten, wie beim Arzt im Sprechzimmer. Man wird inspiziert: Der Wagen ist ein Patient. Man kommt auch an vielen Autofriedhöfen vorbei — das ist es.

Am Platz der Republik, eigentlich schon vorher, verläuft und verliert sich dann dieser Krampf. Normalität kehrt zurück, Proportion, Augenmaß für die Bedürfnisse der Stadt. Es gibt plötzlich Textilgeschäfte, Drogerien, Radiogeschäfte. Man sieht Eckkneipen, sogar ein Kino. Die Straße wird breiter, sauberer, freundlicher. Sie heißt immer noch Mainzer Landstraße. In ihrem Licht zerfällt mein Traum. Es ist keine Spur mehr von schrecklichem Ende — hier.

(1968)

## Im Apartmenthaus

Das Wort allein, man spürt es, kündigt eine neue Epoche deutscher Wohnkultur an. Es verweigert das Vertraute, Heimelige, Gieblige. Es läßt Modernität, kühle, strenge Cityluft erwarten. Ein Hauch von Vornehmheit, von nobler Verworfenheit, von außerordentlichem Schicksal schwingt mit. In Apartmenthäusern wohnen nicht die soliden und verläßlichen Stützen unseres breiten Mittelstands: Amtsgerichtsräte, Fabrikanten, Pastorenwitwen. In Apartmenthäusern wohnen die individuellen und feineren Verformungen dieser Schicht: der jugendliche Held von den Städtischen Bühnen, die Chefsekretärin eines großen Konzerns, der adlige Vertreter einer Lebensversicherung, das Fotomodell. Manchmal eine Dame, die anschaffen geht. Was sagen will: Das Apartment ist der Wohnstil des etablierten Outcasts.

Apartments hat man wie Verhältnisse und wechselt sie auch so. Unabhängigkeit, Freizügigkeit und eine gewisse monetäre Flüssigkeit gehören dazu. Playboys, Bundestagsabgeordnete, Direktoren, so hört man, unterhalten in den wichtigsten Städten der Republik ein Apartment als zweiten Wohnsitz, sozusagen als Lebenshilfe. Auch Berlin ist ein guter Standort für solche Häuslichkeit. Manchmal geht eine Schlagzeile durch die Presse: Tod im Apartment. Ein immerwährendes Thema für Boulevardblätter. Dann weiß man, daß Außerordentliches im Spiel war. Der Mensch hätte zu Hause am Herd der Familie erst Ende Siebzig am Schlagfluß dahinzusiechen brauchen. Lebt man in Apartments so gefährlich?

Phantasien, Aufschneidereien, Träume der Asozialen — was ist an diesem beliebten und weit verbreiteten Klischee eigentlich wahr? Wie lebt man wirklich in solchen Maschinen? In Frankfurt, vor gut zehn Jahren, als ich das erste Apartment in der City mietete, ging es ganz amerikanisch zu. Das Haus stand noch im Rohbau, ein paar grelle, präzise Preisschilder an den Außenwänden. Unten, wo später einmal eine Cafeteria einziehen würde, hatte der Makler mit ein paar Brettern und Kisten sein Büro eröffnet und vermietete Ein-Zimmer-Apartments, wie man auch Bananen verkauft: von der Straße weg. Siebzig Mietverträge lagen vorgefertigt auf seinem Brettertisch. Wer kam, sah und zahlte, konnte in den Rohbau morgen einziehen: bitte. Das Haus ging weg wie die berühmten warmen Semmeln, die doch nur noch ein Gerücht sind. Der Block war nach drei Wochen ausverkauft. Ein Kellner aus einer Nachtbar, ein Farbiger aus New York, ein junger Lehrer, der eben geheiratet hatte, ein Kaufmann aus Berlin, der in der Bundesrepublik einen zweiten Wohnsitz suchte — das waren damals meine Nachbarn. Das Haus hat seitdem beständig seine Mieter gewechselt. Es ist eine Art Taubenschlag für Frankfurt-Anfänger, aber es steht niemals leer. Warum? Es liegt ganz zentral, wirkt modern und apart. Es ist ein Apartmenthaus.

Woran erkennt man solche Häuser? Zunächst, will mir scheinen, an ihrem überraschenden Aufwand im Entree. Von unten gesehen wollen sich die Besitzer nicht lumpen lassen. Statt der knarrenden Holztür und den knarrenden Holztreppen, die in Deutschland immer so stark nach Bohnerwachs riechen, haben sie sich im Entree zu einem bescheidenen Maß von Luxus durchgerungen. Es empfangen einen schwere Glastüren, marmorverkleidete Fassaden, helle, sauber glänzende Steintreppen, Sprechanlagen: beinah Büroluft. Die Sprechanlage hat sozusagen mythologischen Wert, das Statussymbol der künftigen Freiheit. Siebzig Privattelefone führen auf die Straße, enden in einem großen Messinglautsprecher. Daß die Dinger im Ernstfall nie funktionieren, steht auf einem anderen Blatt. Es ist auf jeden Fall ein Instrument ausgewiesen, das die sozialen Kommunikationen modern und anonym regulieren könnte. Niemand braucht mehr die Schlüssel zum Fenster hinunterzuwerfen.

Was weiter? Ein gewisser Komfort ist zugesichert. Es gibt Fahrstühle, die auf sanfte Weise, lautlos, kommen und gehen. Man braucht also, kreislauflabil, die fünf Treppen zum Fotomodell nicht mehr emporzuächzen. Es gibt in allen Etagen ausreichend Müllschlucker. Der Gedanke, daß siebzig Parteien mit ihren Mülleimerchen durch die Fahrstuhlschächte sausen würden, war dem Hausbesitzer denn doch zu unheimlich. Flaschen sind immer einzuwickeln. Ab zehn Uhr abends bitte keine Flaschen mehr in den Schacht werfen. Das ist genau die Zeit, zu der man früher »Damenbesuche« entlassen mußte. Es gibt überall vorfabrizierte Anschlüsse für das Telefon, die Radio-, die Fernsehantenne. Das Haus ist total elektrifiziert. Es gibt kein gutes deutsches Gas mehr — bedenkliche Konstellation für Suizidkandidaten. Kaltes und heißes Wasser springt überall aus den

Wänden. Niemand braucht mehr Asche zu tragen, Kohlen zu schüren, Holz aufzulegen. Der schönste Ritus altdeutscher Wohnkultur ist außer Kraft gesetzt: den Ofen zu heizen. Die Wärme kriecht irgendwo am Fußboden aus diskreten Ritzen. Mit einem Wort: Das Wohnen ist bequem geworden.

Beschreibe ich mit solchen schönen Banalitäten nicht einfach einen modernen Neubau? Ein frisches Mietshaus wie überall? Wo ist denn der Unterschied? Das Apartment vereinigt Paradoxe: Es ist ärmer und reicher zugleich. Es ist kleiner als gewöhnliche Mietwohnungen und doch komfortabler — hier liegt der Haken. Es ist auf eine raffinierte und hinterhältige Weise durchdacht und ausgetüftelt. Das Problem war: Wie bekommt man auf 31 Quadratmeter den gesamten Wohnvorgang vom Kochen bis zum Schlafen, von der Garderobe bis zum WC so unter, daß auf demselben Flur noch sechs andere Apartments genauso raumsparend untergebracht werden können? Es ist also mit Gedränge zu rechnen: Individualität im Massenzeitalter, höchste Privatheit im Kollektiv, das ist die Signatur dieser Häuser.

Deutscher Architektenfleiß hat sich hier Außerordentliches einfallen lassen, um ein Individuum mit dem Gefühl totaler Versorgtheit auf engstem Raum zu befriedigen. Die Küche, dieses Statussymbol bürgerlicher Generationen, ist auf eine winzige Kochnische zusammengeschrumpft, die technisch allerlei Raffinessen bietet, aber meistens so etwas Schlichtes wie ein Fenster zum Öffnen vermissen läßt. Dafür wird an Abzugsschächten und Warmluftsaugern mit Thermostat nicht gespart.

Das Bad ist aufwendig gekachelt, aber auch so winzig, daß eigentlich nur der Pudel in der Wanne bequem Platz nehmen kann. Man ist immer erstaunt, wie viele Räumlichkeiten im Mietvertrag zu ratifizieren sind. Da wird ein Balkon mitvermietet. Das Ding aber besteht, am Ort betrachtet, nur aus einem knappen Quadratmeter; es ist ein lächerlicher und absurder Vorbau, hinein in das Citygewühl. Kein Liegestuhl, kein Frühstückstisch hat darauf Platz. Der Immobilienmarkt hat, um solche Symptome krasser Armut zu verschleiern, eine ganz neue Wohlstandssprache kreiert, die die drangvolle Enge modisch verputzt. Das winzige Toilettchen zum Beispiel heißt Douche-Corner.

Warum sind diese Häuser trotzdem so beliebt? Sind es die Wohlstandsgefängnisse im Massenzeitalter, die ausschweifenden Klöster der sozial arrivierten Einzelgänger? Erinnern ihre Etagenflure: kahlweiß, fensterlos und in sieben Zellen führend, nicht an Genickschußgänge? Was sie begehrt macht trotz allem, ist die Anonymität, die Neutralität, die vollkommene Sachlichkeit im Stil des Wohnens. In solchen Häusern gibt es keine Hauswirte, keine Nachbarschaft, keine Nestwärme, keinen Klatsch fürs Hausmütterchen mehr. Schade, Gott sei Dank. Hausfrauen, die sich gern nach getanem Abwasch für eine Stunde das Kissen auf die Fensterbank rücken, um die Leute zu betrachten, werden solcher menschlichen Lust nicht mehr frönen können. Denn die Fenster sind großflächige Glaswände zum Kippen und Schieben. Sie gleichen den Fenstern in Bürohäusern. Manchmal kommen im Auftrag irgendwelcher Gesellschaften junge, verwahrloste Fensterputzer, die von außen das Geschäft der Reinigung betreiben. Sie stehen in kleinen Gondeln, die vom Dach her kranartig gefahren werden. Sie putzen, grinsend, machen manchmal obszöne Gesten.

Mitmenschliche Nähe? Manchmal trifft man sich im Lift, wechselt zwei oder drei Worte. Mehr wäre eine Überschreitung der Grenze, die klar gezogen ist. Man wohnt hier nicht, um sich kennenzulernen, miteinander, gemeinsam. Man wohnt kapitalistisch privat, ganz isoliert. Man zieht rasch ein, rasch aus. Die Apartments sind zu klein, zu vorfabriziert, als daß man großartig Möbel mitbringen könnte. Das meiste ist eingebaut. Mit Roten Radlern kann man seinen Hausrat rasch transportieren lassen. Kommt man nach einer Reise ins Haus zurück, so hat sich an der Nebentür das Namensschild geändert. Da ist also ein Neuer? Meistens dauert es Monate, bis man das diagnostiziert hat. Der Kontakt ist flüchtig, höflich, gleichgültig. Nur keine Verpflichtung, Reibung, Wärme. Jeder will seine Welt für sich sein, sein Kosmos im kleinen. Da wohnt die Abteilungsleiterin aus dem Warenhaus neben dem Jüngling, der als seinen Beruf Dressman angibt. Der Vertreter eines Nachrichtenbüros neben der Klarinettistin vom Symphonie-Orchester. Die Klarinettistin, das hört man, spielt aber immer Radio.

Das Apartmenthaus ist die moderne Übergangsform vom möblierten Zimmer zur großen und ausgeruhten Wohnung. Es wäre ohne das selbstgerechte Doppelkinn, die bösartige und verkniffene Miene deutscher Zimmervermieterinnen wohl nie so lukrativ in Gang gekommen. Ungebundenes Wohnen auf Zeit — das ist es. Die Chefsekretärin wird eines Tages heiraten, sieh da. Sie wohnt noch ein halbes Jahr mit ihrem netten Mann in der kleinen Klause. Das geht ganz gut, besser, als man dachte, aber dann meldet sich plötzlich ein Baby an. Man möchte jetzt ins Grüne, in die freundliche Vorstadt. Man hat den Lärm in der City satt. Die meisten gründen eben Familien, und schon ist es aus mit der kleinen und komfortablen Gefangenschaft.

Es gibt selten Familien in solchen Häusern. Es gibt Ausländer, Mediterrane, Griechen, Türken, Italiener, Perser, die es eine Weile mit Frau und zwei Kindern in der gehobenen Zwei-Zimmer-Klasse versuchen. Mittags hört man Schreien, Schimpfen, Türen werden wütend geschlagen. Es kracht, dann Stille, dann neues Schreien. Man fürchtet um Frauenehre, um Muttergefühle, um stilles Familienglück — ist dort Carmens Tragödie im Gang? Man möchte schlichten, helfen, vielleicht sollte man die Polizei rufen? Aber es war nur eine andere, fremdländische Art von Liebe und Eheglück. Das muß man lernen. Des Abends sieht man die Familie friedlich vereint im Fahrstuhl. Die bedrängte Mutter strahlt jetzt vor Glück und Fett, sie schmust mit den Kindern, die große, braune Schokoladenplätzchen-Augen haben, die strahlen. Sie gehen ins Kino. Eines Tages sind sie ausgezogen. Der Hausmeister sagt: Ach, die? Die sind doch nach Teheran zurückgegangen, Gott sei Dank. Die Wohnung muß total renoviert werden: Perser, bitte!

Einige finden den Absprung nicht, bleiben hängen,

gehen kaputt — das ist überall so. Für einige wird dieser Bau der Freiheit zur Gefangenschaft. Wie schnell schlägt eigentlich Freiheit um in Gefangenschaft? Ich sehe wieder den kleinen, greisen Rechtsanwalt a. D., der sich hier als Rentner niederließ in zwei hellen, freundlichen Zimmern mit allem Komfort. Irgendwie hatte er sich hier »eingekauft«, dachte, seinen Lebensabend in der City lebendig verbringen zu können. Er wollte nicht zum alten Eisen, zum sozialen Müll draußen in den ländlichen Altersheimen gehören. Er blieb in der Innenstadt: nahe und fern zugleich.

Ich sehe ihn vor seinem Briefkasten, den er immer sehr umständlich und erwartungsvoll öffnete: nichts — nichts als Drucksachen. Er stand immer mit großen, verängstigten Kinderaugen in dem aufwendig ausgestatteten Entree und versuchte Gespräche mit allen. Die Leute huschten vorbei, hatten es eilig, sahen weg. Ich sah in seinem Wohnzimmer, »Living-room« annonciert, ab fünf Uhr nachmittags immer den bläulichen Widerschein seines Fernsehgeräts. Der Alte sah sich die Kinderstunde an, wartete auf den Frauen- und Jugendfunk und hoffte dann beim Werbefernsehen auf die Tagesschau abends. Zweimal am Tag ging er aus. Klein, einsam, steif tapste er durch das Gewühl der Großstadt. Manchmal klagte er, die Leute seien heute ganz anders als früher. Ich wehrte ab, ich lächelte, ich sagte: Sie sollten sich eine Haushälterin nehmen. Und er: nach vierzig Jahren Ehe, mein Herr? Das geht nicht mehr. Dann begann er über seine verstorbene Frau zu sprechen. Er holte liebevoll aus. Mir war das lästig.

Eines Tages war er tot. Tod im Apartment? So sieht das aus: Man merkt das nicht. Manche liegen wochenlang, verwesen, bis ein süßlicher Geruch im Etagenflur die Nachbarn mißtrauisch macht. Ich merkte es eigentlich erst nach Monaten, als mir auffiel, daß sein Fenster nicht mehr den bläulichen Widerschein seines Fernsehers bot. Der Hausmeister sagte: Der alte Doktor aus 305, meinen Sie den? Der ist doch schon im Dezember gestorben, ganz plötzlich. Nu ja, einmal trifft es uns alle, nicht wahr?

Häuser sind verschlossene Bühnen, kleine Theater. Da werden Tragödien und Komödien gespielt. Meistens sind es, wie im Theater, nur schlechte und langweilige Geschichten. Sie lohnen nicht. Die Szene ist zu banal. Apartmenthäuser sind Sonderfälle, moderne Kammerstücke. Sie sind eine skurrile Mischung aus Hühnerfarm und Luxushotel. Wohnen auf Zeit und im Übergang. Das setzt Individualität, Freiheit, Mut zum eigenen Stil voraus. Sind das die Illusionen des Liberalismus? Ja, man lebt schon gefährlicher in solchen Waben monumentaler Privatheit. Man ist nicht so behaust wie in Villen, Bungalows, Landsitzen. Freiheit und Gefangenschaft nisten beisammen. Man wird das in Deutschland erst lernen müssen.

(1968)

## Frankfurter Hochhaus

Zunächst waren sie nur entzückt und erschöpft gewesen. Damals war nämlich der Fahrstuhl im Rohbau noch nicht installiert. Sie hatten also die einundzwanzig Stockwerke zu Fuß gehen müssen, um die Wohnung, die zur Wahl stand, zu besichtigen. Im elften Stock sagte er dann pustend, schwitzend, ganz außer Atem: Ich kann nicht mehr. Es ist sinnlos. Wir schaffen es nicht. Ach, mein Herz. Er setzte sich eine Weile auf die Treppenstufen, keuchte, prustete, dachte für sich: Das kann schön werden, wenn hier einmal die Fahrstühle ausfallen. Dann waren sie weitergegangen. Es ging immer höher, immer besser. Es war wie bei einer Bergwanderung: Je höher man kommt, um so luftiger, leichter, beschwingter wird es. Im zwanzigsten Stockwerk sagte er: Sind wir wirklich gleich da? Also, jetzt könnte ich auch noch zehn Stockwerke weiter laufen. Ich bin jetzt in Fahrt.

Oben, wie gesagt, kam dann dieser Augenblick des Entzückens. Phantastisch, fuhr es ihm durch den Kopf. Sein Herz klopfte, jetzt aber auch vor Begeisterung. Mein Gott, man weiß eigentlich gar nicht, wo man lebt! Frankfurt sieht von hier oben wie New York aus. Wußtest du eigentlich, daß es so viele Wolkenkratzer gibt in dieser Stadt? Das ist ja eine amerikanische Skyline. Wir werden in Manhattan Downtown leben. Nicht Downtown, korrigierte er sich, Uptown natürlich.

Sie standen beide am Fenster dieser neuen Wohnung und staunten nur immer. Die Stadt, die er früher gern als etwas vermurkst, als etwas größenwahnsinnig kleinkariert, eben richtig deutsch bezeichnet hatte, ganz aus der Nähe, sie lag jetzt wie ein steinernes Märchen aus Tausendundeiner Nacht vor ihnen. Es war eine Weltstadt. Es sah wie ein gewaltiges, weißes Felsgebirge aus. Er erinnerte sich, auf Korsika solche monumentalen und bizarren Gebirgsstrukturen gesehen zu haben. Hieß das nicht die Corniche? Frankfurt lag halb wie ein imponierendes Gebirgsmassiv, halb wie eine amerikanische Wolkenkratzerstadt vor ihnen. Ein Riesenspielzeug, ein kolossaler Steinbaukasten für sehr große Kinder. Und alles ganz tief gestaffelt.

Ja, diese schönen Kindergefühle in solcher Höhe, diese luftigen Freudensprünge. Siehst du da hinten den Taunus? Das muß Falkenstein sein, oder? Und Bergen-Enkheim, wußtest du, daß das so hoch im Grünen liegt? Es sieht ja aus wie ein Kurort. Manchmal kam ein Brodeln, ein Schwall von Verkehrslärm wie eine Wolke empor, verbrandete dann wieder, sackte ab. Sie waren vollkommen vernarrt in diese Aussichten. Siehst du da hinten die gelben Lichter, die auch am Tag brennen? Das muß der Flughafen sein. Und das, rechts daneben? Wiesbaden oder Mainz?

Also, das nehmen wir, sagten sie schließlich beide mit großer Entschlossenheit. Das ist einmalig. Das hat Perspektive für uns. Wir sind raus aus der Drecklinie: kein Smog, keine Umweltverschmutzung mehr. Wir werden wie Lynkeus, der Türmer, wohnen, sozusagen dem Himmel verwandt. Es sei, wie es wolle — mit dem Mietpreis. Und dann hatte er, abwärts die Treppen sehr behend springend, hinzugefügt: Es war doch so schön, da oben.

Merkwürdig, wie das Leben spielt mit uns. Sind das Kinderspiele, Zauberspiele, Teufelsspiele? Sie wohnten jetzt schon eine ganze Weile hier. Sie waren kurz entschlossen umgezogen. Irgendwie waren sie gedämpfter, stiller geworden, nach einiger Zeit. Ich will nicht sagen bedrückt, aber doch wortkarger. Sie hatten sich etwas entfremdet. Sie sagten wenig zueinander. Sie musterten sich manchmal gegenseitig wortlos, aber schwiegen dann.

Eines Tages durchbrach er das Schweigen. Er war aus der Stadt gekommen und hatte, noch im Flur stehend, plötzlich sehr hart gefragt: Na, wie fühlst du dich denn nun hier oben? Wie ist das denn im Himmel? Ach, ich weiß nicht, kam die Antwort, schön schon, der Ausblick ist ja phantastisch, aber irgendwie ist es doch merkwürdig hier; ich weiß nicht das Wort dafür. Vielleicht unheimlich? Man fühlt sich so abgeschnitten: Waldeinsamkeit. Sonderbar ist das hier. Weißt du, wenn ich nachmittags manchmal allein bin, und die Dämmerung fällt ein, so ein schräges Licht, grünviolett, und die Vögel fliegen ganz unten, dann fühle ich mich wie auf den Mond geschossen. Man lebt eben wahnsinnig einsam in solchen Hochhäusern. Ich bin wie ein Kosmonaut, der unten die schöne, bunte Erde sieht — schwer dahinzukommen. Der Fahrstuhl, du weißt ja, kommt nur gelegentlich. Man lebt wie ein Eremit im Weltstadtgetriebe. Es hat den ganzen Tag kein Mensch geklingelt.

Und die Sprechanlage, hatte er gefragt, geht die jetzt wenigstens? Sie ging. Sie drückten auf die Taste, auf der »Hören« stand. Sie hörten plötzlich die Straße unten in ihrem Flur oben sehr deutlich. Heutzutage sind doch die Mikrofone sehr gut. Sie hörten die Autos anfahren, Menschen vorbeigehen, Gesprächsfetzen. Man konnte das wie ein Spion von den Passanten, die unten ahnungslos an der Haustür vorbeigingen, miteinfangen. Das ist doch nicht wahr, hörten sie eine Frauenstimme sagen, und mußten beinah lachen. Also, sagte er, wenn es dir hier zu still ist, stell doch die Sprechanlage auf »Hören«. Da hast du die Welt.

Manches hatten sie zugelernt inzwischen. Beim Umzug hatten sie zugelernt, daß das Wichtigste in einem Hochhaus ist, zuvor den Umfang der Fahrstühle auszumessen. Was nicht reingeht in den Lift, trägt niemand hoch. Die Möbelträger lachten nur höhnisch: Einundzwanzigster Stock? Sie tippten sich an die Stirn: Ne, danke, ohne uns. Das kann man mit uns nicht machen. Tatsächlich sind die neuzeitlichen Treppenhäuser auch viel zu schmal gebaut für sperrige, größere Schränke. Man kriegt sie nicht um die vielen Ecken, selbst wenn man es eigenhändig versucht, das Tragen.

Sie hatten also diverse Sachen verramscht oder einfach stehenlassen. Sie hatten sich deutlich erleichtert im Mobiliar. Schön ist das, Ballast abwerfen, hatte er gedacht, als sie in der alten Wohnung den großen Eckschrank zusammenschlugen. Laß doch den alten Kram. Besitz ist belastend. Es ist so befreiend wegzuwerfen. Spürst du das nicht? Man wird jünger, leichter, sich von etwas trennend. Ja, schmeiß das auch weg. Wir fangen oben neu an.

Fatal war das Müllproblem. Wie kann man das vorher wissen, wenn freundliche Immobilienfirmen das Luxusapartment »natürlich mit Müllschlucker« annoncieren? Es hatte ihn schon beim Einzug etwas mißtrauisch gemacht, daß tatsächlich alles fertig war, nur der Müllschlucker gähnte leer. Der Schacht war da, aber nichts eingebaut zum tiefen Verschlucken. Es hatte sich also eine Weile der Müll in stattlichen Bergen auf den langen Etagenfluren gestapelt. Schlimm sah das aus. Hausdreck türmte sich meterhoch auf dem zartroten Teppichboden, der dem Flur eine warme, wohnliche Note geben sollte. Es roch etwas süßlich im Flur nach ein paar Tagen.

Später war die Wahrheit herausgekommen. Es gab keine Müllschlucker. Die Baupolizei war dagewesen, hatte alles von Spezialisten sehr gründlich inspizieren lassen. Sie hatte dann ein striktes Bauverbot für den Müllschlucker ausgesprochen. Aus feuerpolizeilichen Gründen, hieß es, wegen Brandgefahr. In solchen Hochhäusern gelten verschäfte Sicherheitsbestimmungen der Baupolizei, wenigstens in Frankfurt. Stellen Sie sich einmal vor, hatte der Spezialist zu ihm entrüstet gesagt, einer wirft hier seinen Zigarettenstummel herunter — wie das aufglüht und wie Sie dann hier brennen, nach einer halben Stunde! Haben Sie nicht neulich im Fernsehen diesen Hotelbrand gesehen, wie da die Leute vom vierundzwanzigsten Stock mit Matratzen heruntersprangen? Wollen Sie das? Das war doch in Korea, hatte er schüchtern einwenden wollen. Eben, eben, sagte der Spezialist, bei uns in Frankfurt ist das nicht drin! Na gut, hatte er zuversichtlich erwidert. Dann fahren wir unsere

Eimerchen immer runter mit dem Lift. Nur, bei hundertsiebzig Wohnungen — ist das nicht doch etwas unpraktisch?

Unpraktisch war manches in solchen Höhen. Das hatten sie inzwischen zugelernt. Hochhäuser dieser rabiaten Art sind in massivem Eisenbeton gebaut, natürlich. Man kriegt also als Wohnungsinhaber keine Nägel mehr mit dem Hammer in die Wände. Für jedes Bild, jeden Kalender mußte ein Handwerker bestellt werden, der mit einem Preßluftbohrer zarte, weiße Staubwölkchen entfachte. An den ohrenbetäubenden Lärm hatte man sich rasch gewöhnt. Es war wie beim Zahnarzt, wenn er auf den Nerv kam.

Sinnlos waren eigentlich auch die beiden Balkone, auf die sie sich so gefreut hatten. Man wird hier schöne Sonnenbäder nehmen können, splitternackt, hatte er damals gesagt, es gibt ja kein Gegenüber. War das die Höhe, die Luftströmung? Es zog verdammt. Es war eigentlich immer Wind, manchmal Sturm hier oben. Nach drei begeisterten Ausblicksminuten schlossen sie immer die Balkontüren. Mach fest zu, sagte er, es zieht sonst. Tatsächlich mußte man schon beim Öffnen der Wohnungstür höllisch aufpassen. Obwohl nirgends Fenster im Hausflur zu sehen waren, entstand beim Öffnen der Tür immer ein mächtiger Sog, der in der Wohnung seine Papiere durcheinanderwirbelte. Man lebt eben hier wie in einem Panzer, der auf der Zugspitze steht, hatte er in einem Anfall militärischer Strenge konstatiert. War er sich schon so sehr entfremdet?

Erwägenswert, also würdig tieferer Nachdenklichkeit, war auch die Akustik. Wie sonderbar. Eigentlich war es sehr still in der Wohnung: Waldeinsamkeit mit Astronautenblick, wenn die Fenster geschlossen waren. Man baut ja heute so gut, so modern, also mit sehr raffinierten Fenstergläsern, doppelt und luftentzogen. Kein Laut dringt da durch. Das ist der Fortschritt. Verblüfft war er nur immer, welch ein Lärm bei offenen Fenstern hochkam. Es war kein Straßenlärm mehr, wie er ihn kannte: Tramgebimmel, Autohupen, Mopedgeknatter, menschlicher Lärm im technischen Zeitalter, Individualstörungen, immerhin einzeln lokalisierbar. Es war ein allgemeines Rauschen und Aufbranden, ein immerwährendes Brausen und Dröhnen. Es lag ein dunkler Rauschton in der Luft. Alles, was eine Stadt hergibt an Lärm, war zu einer stetigen Tonsuppe zusammengekocht, die es unten auf der Straße nicht gab. Unten war es viel stiller. Er erprobte das manchmal bei offenem Fenster mit Sprechanlage. Er drückte auf »Hören«.

Das sind Strömungs- und Schallreflexe, hatte der Architekt, in dieser Sache befragt, schulterzuckend geantwortet. So etwas kann man nicht im voraus berechnen. Das bricht sich hier alles vor Ihren Fenstern, natürlich. Eben, hatte er erwidert, man kann ja bei geschlossenen Fenstern schlafen. Wir werden uns ein paar Air-condition-Maschinen zulegen. Man kann auch so Frischluft kriegen. Wir haben uns ohnehin schon zwei Wasserzerstäuber, stattliche Luftbefeuchtungsmaschinen, gekauft, die dauernd laufen. Gut, gut, sagte der Architekt, solche Betonbauten ziehen viel Feuchtigkeit ab. Die Luft hier ist viel zu trocken. Ja, hatte er spaßig erwidert, ich habe es gleich gesagt: New York und Manhattan. Man lebt hier schon amerikanisch. Das Leben wird einfach komplizierter — mit dem Fortschritt.

Im Hochhaus ist eben alles anders. Man lebt gefährlicher, umständlicher, komplizierter. Es dauerte eben manchmal fünf Minuten, bis ein Fahrstuhl kam. Immerhin, er kam. Sie gingen jetzt viel weniger aus als früher. Sie bekamen nur noch selten Besuch. Warum eigentlich? Es war alles so schön neu und praktisch. Sie wurden jetzt sehr viel häuslicher. Sie sahen viel fern, mit dem Fernseher, meine ich, abends. Sie badeten viel in der neuen Wohnung. Sie badeten viel heißer als früher, beinah kochend. Man braucht das in Hochhäusern: Hitze. Wir werden uns noch eine Katze zulegen, beschlossen sie. So ein stilles, weiches Haustier hier oben. Das wäre doch schön, nicht wahr?

Immerhin, der Ausblick vom Fenster entschädigte sie. Er hatte nicht getrogen, obwohl man sich auch an so etwas gewöhnt, vor allem wenn einmal Gardinen davorhängen. Man sieht dann fast nichts. Und wenn sie manchmal dieses merkwürdige Gefühl der Isolierung, tiefer Abgeschnittenheit von der Welt überfallen wollte, vor allem an Wochenenden, dann traten sie einfach an das Fenster, rissen die Gardinen weg, rissen das Fenster sperrangelweit auf, traten vor das Bild, das sie einmal bezaubert hatte: halb New York, halb Korsika. Es war immer noch da, unverändert. Schön ist das schon, sagten sie wie im Chor. Das ist schon sehr schön — unser Frankfurt.

Nebel, Wolken, Rauch lagen jetzt über der Stadt.

Oder war das nur Smog? Sieh mal, wie die anderen da unten leben müssen, das ist schon schlimm, heutzutage. Sieh nur diesen Dreck. Da sind wir fein raus, sagte er. Es fuhr ihm aber, sich begeistert zum Fenster rauslehnend, zugleich noch etwas anderes durch den Kopf. Mein Gott, war das tief. Ich bin gespannt, dachte er, wann sich der erste Mieter hier runterstürzt. Das wird kommen. Es ist unausweichlich. Das sind alles Selbstmordsilos — Hochhäuser.

(1972)

## Bootshaus Fritz

Seefahrt tut not, pflegte mein Vater manchmal zu Hause zu sagen und blickte dabei nachdenklich zum Fenster hinaus. Wir Heutigen sind da doch bescheidener, moderner, sicher auch eleganter geworden. Wassersport ist mein Hobby, könnte ich in einer solchen Stunde der Nachdenklichkeit nur erwidern. Am Wasser hängt's, zum Wasser drängt's — der Mensch soll da entstanden sein.

Es geht nichts über Wassersport. Und nichts geht beim Wassersport über Wasserski — selbst auf dem Main. Der Fluß ist besser als sein Ruf. Oben ist manches braun und ölig, und innen soll's ziemlich tot sein, aber bei Fünfzig merkt man das eigentlich nicht. Bei Fünfzig fliegt man über allen Schmutz elegant wie ein Delphin hinweg: schön. Das glitscht und schäumt weiß auf, das sprüht und spritzt bei Fünfzig wie auf einem Prospekt, der Florida nahelegt. Ein Gefühl von Triumph ist dabei. Es ist wunderbar, so zwischen Frankfurt und Offenbach aufrecht dahinzugleiten: Fabriken am Rande, Coca-Cola und Pepsi und den kräftigen Geruch eines Volvo, eines Scott, eines Mercury oder Westbend steif in der Nase — viel Wasser, viel Schaum, viel Öl zwischen den Beinen, manchmal ein Stück Holz, das hart aufschlägt. Erst ein Motor mit 75 PS gibt das Gefühl vollkommener Sicherheit.

Hinterher Siegergefühle, Ermattung, Ruhe und Rast und des Abends gemütlicher Plausch am Biertisch. Alle Wassersportler sind eine verschworene Gemeinde. Sie hängt fest und klebt aneinander, hilft sich, gibt Bohrer dahin und Zangen dorthin und sitzt lange im Rumpf zusammen, zählt Schrauben im Holz, betrachtet mißtrauisch die Latten oder rührt besinnlich eine Leimfarbe ein. Erfahrungsaustausch und gute Ratschläge: die Glasscheibe nur in Bremen bei Wasserlos bestellen — ist fünfzig Mark billiger als hier. Nein, keinen Teer nehmen, sondern Polyester, wird hart wie Stein. Kann einfach nicht brechen. Die machen jetzt ganze Wohnhäuser aus Polyester. Man spricht über Abscherbolzen, Rutschkuppelung und Fragen der Ankervertäuung — im Wassersport gibt es immer etwas zu reden. An etwas fummelt man immer herum. Das ist zu machen und jenes zu holen, der Nachbar kann vielleicht helfen? Und später dann hocken sie alle zusammen, hocken plötzlich alle bei mir im Boot, uneingeladen, zufällig, wissend, daß es hier etwas zu trinken gibt. Sie blinzeln manchmal zum Himmel und beginnen Geschichten zu erzählen, wie es war auf der letzten Urlaubsfahrt auf dem Rhein. Das ist meistens so kurz nach sieben. Abenddämmerung fällt über den Taunus ein.

Auf solche Weise bin ich mit dem Volk verbunden, bin volksverbunden jeden Sommer, und jeden Sommer ist's immer das gleiche. Ist Volkes Stimme Gottes Stimme, wie wir in der Schule lernten? Es muß ein sonderbarer Gott sein, der Gott der Deutschen im Bootshaus Fritz. Die Nachbarn wechseln von Saison zu Saison. Einer ist umgezogen, einer hat seinen Kahn verkauft, aus Berlin sind diesmal zwei Neue gekommen mit einem enormen Schlachtschiff, viel zu groß für den Main. Des Abends hocken sie wieder zusammen und erzählen Geschichten. Es sind immer dieselben Geschichten, nur die Erzähler wechseln. Sie suchen Nähe, Wärme, Zusammenhalt — das ist nur natürlich. Man ist eine verschworene Gemeinde. Wir müssen zusammenhalten, sagen sie, das ist doch klar. Wo drei Deutsche sind, ist allemal ein Verein, sagen sie. Und lachen dazu etwas verschmitzt.

Nein, sie singen eigentlich kaum Lieder. Auch wenn sie angeheitert sind, grölen sie nicht, und ehrlich: Niemand trauert dem Hitler mehr nach. Das ist jetzt weg und vorbei — eine Handbewegung: Nu laß das schon, passé. Die Sache ist viel komplizierter. Wir sind allemal unpolitisch, das ist unsere erste Regel. Von Politik wird nicht gesprochen, sagen sie, heben beschwörend die Hände, und jemand fegt mit dem Ärmel Brotkrumen vom Tisch. »Wir wollen uns hier erholen«, sagt einer. »Die da oben machen ja doch, was sie wollen«, ein anderer. Der neben mir nickt stumm mit dem Kopf, schiebt sich die Pfeife mit großer Ruhe zwischen die Zähne. Also gut, nichts über Politik — vielleicht über Sex? Man lacht, warum nicht, das versteht sich, das liegt bei Männern ja nahe. Sex macht uns allen Spaß, natürlich. Für manche gibt schon die Blonde vom Campingplatz oder die Kellnerin beim Servieren des Biers etwas her. Das Gespräch flammt eine Weile auf, einer beginnt toll zu flunkern, will genau beschreiben, wie es war in der Nacht, aber dann fällt es ab, verrutscht, versickert so langsam im Allgemeinen. Lust wird nicht wach bei den anderen. So recht kommt das mit dem Sex nie in Gang, Bootsfahrer sind keine faunischen Naturen. Sie sind wohl zu kühl. Nicht dem Fleisch, dem Wasser gehört ihre Leidenschaft.

Geflunker, Gelächter und etwas Verlegenheit. Zwei Doornkaat bitte, Prost, Kätzchen, dann Schweigen, Ratlosigkeit, und jemand wischt sich mit dem gebräunten Unterarm den weißen Bierschaum kräftig vom Mund. Und plötzlich kippt das Gespräch um und ist mitten drin. Merkwürdig, alle Stammtischgespräche in Deutschland beginnen so harmlos und nett mit Skat, mit Bier, mit Sex oder Motorschaden: Zum Schluß werden sie immer politisch. Das fällt nach drei oder vier Bier wie ein Meteor heimtückisch vom Himmel, liegt plötzlich da auf dem Tisch, man weiß nicht, woher und wohin. Keine Tagespolitik, das ist schon wahr. Ob der Barzel oder der Strauß, das nicht. Das interessiert niemanden hier, die machen mit uns ja doch, was sie wollen: verschaukeln. Wir Bootsfahrer haben mehr den

Blick für das Allgemeine und sprechen gern weltpolitisch. An Stammtischen rundet sich's immer zum Ganzen. Weltgeist geht da im Doornkaat mit um. Man hat ja so seine Erfahrungen und späten Einsichten. Die werden nun wach, drängen hoch. Im Bootshaus Fritz bricht das alles plötzlich aus.

Sie haben so ein besonderes Verhältnis zur Natur — das ist es. »Demokratie«, sagt der eine von der Bundesbahn (mittlerer, gehobener Dienst), »schön und gut, gar nicht schlecht — für die anderen. Aber geben Sie zu: Uns Deutschen ist das einfach nicht angeboren!« Sie halten es immer mit der Geburt, der Abstammung und der Rasse, jetzt anders herum. Sie sehnen sich so nach dem Gesunden. Das Blut steckt tief in ihnen. »Es gibt eben starke und schwache Völker«, sagt einer, »das ist doch wie auf dem Sportplatz: die Weltgeschichte.« Und ein anderer plötzlich: »Wissen Sie, warum wir den Krieg verloren haben?« Nein, ich weiß es nicht, ich schüttle ratlos den Kopf. »Na, weil wir schon viel zu dekadent sind, wir Deutschen.« Er spricht das Wort dekadent richtig fremdländisch aus, mit welschem Akzent. »Ah, ja«, sage ich, »ist das so eingesickert bei uns?« — »Na ja«, erwidert er, »viel zu dekadent; ich weiß das doch aus dem Krieg.« Ich bitte um Erläuterung, schenke Schnaps nach, möchte das doch geklärt wissen, ein geistlich Thema, nicht ganz ohne Folgen bis heute, und der andere sagt: »Na, denken Sie doch nur an die Russen. Ich kenne die von damals: Orel und Witebsk. Die sind so stark, so gesund, so unverschämt gesund. Und auch die Amis sind unverschämt gesund, alles Boxer und Cowboynaturen.

In der Geschichte siegt immer der Stärkere. Das ist doch nur natürlich.«

Es muß ein sonderbarer Gott sein, der Gott der Deutschen im Bootshaus Fritz. Sie haben so einen stillen Hang zur Biologie, die Deutschen, eine unglückliche Liebe zur Natur, zum Dschungel, zur blonden Bestie — jetzt bei den anderen. Der Nietzsche sitzt ungelesen tief in allen. Sie sehnen sich so nach der Kraft, nach kräftigen Schenkeln und Armen und Männerbeinen. Sie wären so gern wie die Wilden und beginnen unversehens von den Russen zu schwärmen, wie merkwürdig. Ganz unpolitisch natürlich. »Haben Sie bei denen mal ein Gebiß gesehen? Was die für Zähne haben und der Unterkiefer: Die können beißen. Da können wir Deutsche doch alle einpacken. Die fressen nur Schwarzbrot und brauchen rein nichts, die Iwans. Die laufen doch noch mit gebrochenem Rückgrat weiter.« Besinnung, Erinnerung, Zustimmung im Kreise. »Unverschämt kräftiges Volk, die Russen«, bestätigt die Runde nach einer Weile. Und ein anderer fügt knapp, beinah wegwerfend hinzu: »Da war nichts zu machen.«

»Und Gesellschaft?« frage ich vorsichtig zurück. Ich meine, haben Politik und Krieg nicht auch etwas mit Gesellschaft zu tun, mit Technik, Industrie und Produktionsgesetzen?

Sie sehen mich etwas erstaunt und ratlos an. Das paßt irgendwie nicht. Das ist nicht Natur, das paßte auch Nietzsche schon nicht. Dann lächelt einer, lächelt so warmherzig und treu, wie nur Deutsche lächeln können: einfach lieb, gar nicht dekadent, und sagt ganz vertraulich: »Gesellschaft? Ne, Bester — das sind doch bloß die da oben. Man muß es hier in den Schenkeln haben.« Und schlägt sich lustig darauf.

(1967)

## Das Fernsehen war da

Zunächst fängt es ganz harmlos an, dialogisch. Zunächst ist nur mit winzigen Fatalitäten beim Telefonieren zu rechnen, Kommunikationsschwierigkeiten, die man gern hinnimmt als Heimarbeiter. Es schrillte um neun Uhr früh das Telefon, eine unglaubliche Zeit. Bitte, warten Sie, bleiben Sie am Apparat, ich verbinde, hatte das Mädchen gesagt. Aber dann klappt das nie, das Verbinden, Durchstellen genannt. Man kann mich nicht durchstellen. Nur dieses stumpfe, traurige Knacken im Apparat. Der mächtige Mann, der mich wünschte, hat sich plötzlich verlaufen, er hat noch drei andere Gespräche laufen, dazu einen Film im Studio. Hat er sich aus dem Staub gemacht? Wir rufen zurück, sagt das Mädchen, wir suchen noch.

Nach einer Stunde neuer Anruf. Der mächtige Man ist jetzt da, es wird durchgestellt, er will eben »Schönen guten Morgen« sagen, da kommt eine Stimme aus der Zentrale dazwischen: Wir haben Moskau in der Leitung, Doktor, sagt jemand sehr breit. Wir rufen wieder zurück, sagt das Mädchen, und einen Augenblick hört man den Redakteur sich mit Moskau warmplaudern: Wie ist denn das Wetter bei Ihnen, Kraske? Dann Knacksen,

Schweigen, Funkstille: Keine Wetterdurchsage Ost für mich.

Aber dann klappt es doch im Laufe des späteren Vormittags, und der mächtige Mann setzt einen präzis ins Bild: nein, keine große Sache. Wo denken Sie hin. Die Sendung ist doch schon Montag. Nur ein ganz kurzes Statement. Sie kennen das? Was sagen Sie? Nein, Sie brauchen nicht ins Studio zu kommen. Wir machen das bei Ihnen in der Wohnung. Die Atmosphäre ist viel intimer, lockerer, für Sie doch bequem. Was? Ja, natürlich farbig. Ich bitte Sie. Nur nichts ablesen, frei sprechen, ja? Worüber? Ach, darüber? frage ich. Das war doch eine große Sache, über dreißig Seiten lang? Es genügen uns drei Minuten, sagt der mächtige Mann mit Bescheidenheit. Also morgen um elf? Um elf kommt das Team, sind Sie einverstanden? Danke, danke sehr, Ende der Durchsage.

Ja, und dann kommen sie tatsächlich am nächsten Tag. Ich habe es oft durchgemacht, leidgeprüft, welterfahren, etwa ein dutzendmal. Ich kenne die Szene. Sie ist bühnenreif, aber niemand beschreibt sie. Wenn das Fernsehen ein dutzendmal bei dir in der Wohnung war, sagen alle Erfahrenen, ist sie hin, kaputt, muß total renoviert werden. Es ist alles locker und brüchig geworden. Kalk rinnt von den Wänden. Es ist, als wenn eine Naturgewalt durchs Haus raste, ein Hurrikan, der deine Wohnung mürbe und windschief macht. Dabei, wie gesagt, fängt alles so harmlos an; auch wenn sie dann kommen, am nächsten Tag.

Daß sie sich verspäten, verstehe ich. Um elf war das

Dating. So kurz vor eins trifft meistens eine Dame ein, die nicht mehr ganz jung, aber burschikos ist und sich mit dem Wort »Buch« vorstellt. Es ist nicht das Skriptgirl, sondern die Autorin des Drehbuchs, das sie fest in der Hand hält. Das Buch ist sehr groß. Die Dame ist immer erstaunt, daß noch niemand da ist vom Team. Sie sieht sich forschend um: Wo bleiben die bloß? Ich darf doch mal telefonieren? fragt sie, nervös nach der Uhr blickend. Jetzt beginnt bei ihr die Schwierigkeit, durchgestellt zu werden. Aber während das noch versucht wird, tauchen sie auf, tropfenweise. Es tauchen diese jungen, sehr markanten, ungemein sensiblen Gestalten auf, die man sofort als Künstler erkennt: der schnittige Bart, die langen Haare, das bleiche, sehr magere Gesicht, die Cordhose, der grobe Pulli, ein roter Schal um den Hals — Naturgenies, also Künstler. So sehen heute die Beleuchter, die Kabelträger, die Tonleute aus. Sie sind sehr nett und hilfreich, das ist einzuräumen. Sie bringen dieses Flair der großen Kultur mit in die Wohnung, das mir immer fehlt. Sie fassen sich doch kürzer als Mitscherlich heute früh? fragen sie besorgt. Ich verspreche das, während sie ihre Kabel, Lampen, Kisten und Kameras unten im Fahrstuhl verstauen.

Das Fernsehen ist da, so verbreitet es sich im Haus wie ein stolzes Gerücht. Was? Wo denn? Ach, da? Die übrigen Fahrstuhlbenützer treten ehrerbietig zurück. Sie laufen fünf Treppen zu Fuß. Platz für das Fernsehen, sagt jemand gebieterisch. Platz da. Welches? forscht ein Kundiger mißtrauisch? Das Erste oder das Zweite? Ach, diese schiefen, betrübten Gesichter immer, wenn ich dann ironisch sage: das Dritte. Einmal sagte ich auch: Haben Sie denn nicht die knallroten Schals gesehen, diese Sozialistengesichter? Die kommen von Adlershof, vom Fernsehfunk Ost.

Nach etwa zwei Stunden sieht die Sache für unsereinen schon fortgeschritten, fast imponierend aus. Das Mobiliar ist abgeräumt. Es hat sich alles in ein kleines Studio verwandelt, so meint man als Laie. Am Anfang stolpert man noch etwas über Strippen und Kisten. Man stößt sich an vielen Scheinwerfern, die wie Giraffen dastehen, so hochbeinig. Licht an! ruft jemand aus der Küche. Eine Lichtflut, grellweiß und weißblau, flammt auf, aber dann gibt es einen Knacks. Es wird stockduster. Die Sicherungen sind durch! ruft der aus der Küche; es klingt beinah fröhlich. Fernsehleute sind hoffnungsfroh. Sie glauben stets an das Gute der Technik. Die Operation wird also viermal wiederholt. Es werden die Anschlüsse im Schlafzimmer, im Flur, im Bad durchgeprobt — ob die nicht stärker sind? Als sie dann beim fünftenmal wieder durchbrennen, sagt einer: Jo, wir müssen die Drei A holen. Geh doch mal runter, Jo.

Am Anfang mache ich den Fehler, das Team in solchen kritischen Pausen durch kleine Erfrischungen aufzumuntern. Ich meine, ich sei ihnen als Gastgeber das schuldig: bei Laune halten. Ich würde heute abraten. Sie trinken alles weg, im Laufe der Zeit. Erst den Whisky, dann den Cognac, dann den Wodka, natürlich in kleinen Schlückchen nur. Währenddessen wird telefoniert. Es stellt sich nämlich immer in vorgerückter Stunde heraus, daß etwas fehlt, eine Birne, eine Schaltung, ein

Filter. Etwas fehlt immer. Einmal stellte ein Team nach dreistündigen Vorbereitungen bei mir fest, daß es doch nur Schwarzweißmaterial im Kasten habe, nichts Farbiges. Ein rasendes Telefonieren begann. Sie haben doch nichts dagegen? Die Leute waren aus Baden-Baden, wußten aber im Rhein-Main-Raum erstaunlich viel Zulieferfirmen zwischen Mainz und Wiesbaden, die nun »abgefragt« wurden. Wieder dieser Optimismus, der nicht ruchlos ist — nach zwei Stunden war tatsächlich das richtige Filmmaterial da, die Prozedur begann wieder. Licht an! rief einer. Dann brannte die Sicherung durch. Und ich reichte den letzten Wodka — damals noch.

So zwischen fünf und sechs Uhr nachmittags kann man rechnen, daß es ernst wird — mit den drei Minuten. Die Dame mit dem Buch hat sich mühsam aus dem Sessel erhoben. Sie schwankt etwas. Sie hat Ringe unter den Augen. Ach, ich hätte doch nichts trinken dürfen, klagt sie, meine Leber. Ich muß nach Bad Mergentheim. Also, jetzt ran, jetzt ziehen wir's durch, bitte auf Handzeichen, fügt sie hinzu. Wenn die Kamera läuft, gebe ich Ihnen das Zeichen. Nein, rücken Sie mit dem Oberkörper nicht so weit vor, halten Sie die linke Schulter etwas zurück, bewegen Sie den rechten Arm nicht. Sie dürfen den Kopf nicht wenden — direkt in die Kamera sehen. Sie müssen die Hände unten behalten — und bitte ganz natürlich jetzt. Und nicht so laut sprechen. Wir übersteuern sonst. Man ist gespannt. Freudige Erwartung bei mir, daß es nun gleich vorbei sei — das Ganze. Licht flutet wieder auf, rasend hell, eine Klappe fällt. Statement vier zum erstenmal! ruft jemand. Ton läuft! ruft der Tonmann. Abfahren! ruft jemand. Und während ich eben versuche, intelligent und locker, starr und natürlich zugleich zu wirken und außerdem noch Gescheites zu sagen, fällt das Ganze wie ein Teufelsspuk, wie ein böser Zauber schon wieder in sich zusammen. Plötzlich ist wieder Nacht.. Es ist ganz dunkel und still im Zimmer. Das Team sitzt reglos und still. Betet es? Es ist, wie wenn sie gelähmt wären. Niemand sagt einen Ton. Sie hocken alle wie Buddhas da auf dem Teppich. Bedrückendes Schweigen. Nach einer sehr langen Denkpause sagt der Kameramann: Es hat keinen Sinn, Jo. Wir müssen die große Zweieins holen. Die gibt uns ganz andere Brauntöne. Ich kriege den Hintergrund sonst zu flach.

Es wird also nach der großen Zweieins gefahndet. Merkwürdigerweise sind alle Fernsehutensilien weiblichen Geschlechts — wie Schiffe. Das Team hat sich wieder locker niedergelassen. Der Kameramann telefonierte sehr energisch, und ich reichte kleine Erfrischungen: Häppchen, die ich in der Küche garnierte — damals noch. Mit Hackfleisch und Zwiebeln. Inzwischen war es fast zwanzig Uhr: Fernsehzeit. Daran war heute nicht zu denken: die Tagesschau. Der Lichtmann hatte sich zusammen mit dem Tonmann über meine bescheidene Sammlung pornographischer Bücher hergemacht. Sie fanden die Aufnahmen ungewöhnlich, vom Fotografischen her. Manchmal feixten sie auch. Die Buchdame blieb längere Zeit auf der Toilette für sich. Nahm sie ein Erfrischungsbad? Für die Zweieins, die irgendwo stärker sein muß, wurden Starkstromanschlüsse fällig. Man telefonierte mit der Hausmeisterin, die kam, die aber erst wissen wollte, ob sie vom Ersten oder vom Zweiten seien und wann es käme: präzis — der Kinder wegen. Dann wurde im Keller ein Starkstromanschluß offeriert.

So gegen halb zehn am Abend war alles auf das Beste gerichtet. Man hatte zwei Türen aushängen müssen, der neuen Kabel wegen. Man hatte in die Wände ein paar kräftige Nägel geschlagen für Zusatzlampen. Die große Zweieins war da. Sie sah wunderschön aus, mattbraun und zartglänzend wie ein Reh, nur sehr viel größer. Wirklich ein Mädchenauge — sehr weiblich. Die Buchdame kam aus dem Bad. Sie wirkte erfrischt. Der Kameramann steckte sich in der Küche ein letztes Häppchen zu. Ton und Licht schlossen meine pornographischen Bücher schmatzend. Also, jetzt ziehen wir es knallhart durch, sagte die Buchdame burschikos. Mehr Licht! rief einer aus der Küche. Es klang mir wie Goethe, sterbend. Tatsächlich strahlte jetzt alles überirdisch weiß auf. Es war ein himmlisches Licht, und nichts knallte durch.

Und ich nahm mich wieder zusammen, saß brav und verängstigt auf meinem Stuhl, versuchte wieder gespannt und locker zugleich zu sein. Ich dachte an all die falschen Bewegungen, die nicht sein durften. Ich schnurrte meine Sätzchen runter. Ich war erstaunt, wie gut es ging. Einmal verhaspelte ich mich, aber nur etwas. Ich redete fröhlich weiter und fand einen guten Schluß, genau, als drei Minuten, zwölf Sekunden um waren. Es war eine wunderschöne Pointe, mein Schluß. Was man eben braucht bei Statements. Ich glaube, ich sagte: Die Wahrheit ist eben unteilbar, wie die Freiheit. Man kann sie nicht kleiner haben. War das nicht vortrefflich? Es waren alle befriedigt, beglückt. Na, wunderbar, sagte der Lichtmann. Da haben wir's ja im Kasten, sagte die Buchdame burschikos. Es gibt viel schlimmere Situationen, sagte der Kameramann und lachte. Es machte mich nur das Schweigen des Tonmanns mißtrauisch. Er hockte in der Ecke auf dem Teppich, fuhr das Band immer hin und her. Es zischelte nur, und er sagte dann in das allgemeine Glück der Aufbrechenden hinein: Ich weiß nicht, der Pilotton war am Anfang nicht da. Die ersten drei Sätze fehlen. Wir müssen das Ganze noch einmal machen, ja?

Also, ich will nur noch sagen: So gegen elf in der Nacht waren die drei Minuten fertig. Ich war etwas streng und frostig geworden zum Schluß, auch gereizt, obwohl die Fernsehleute froh und zufrieden schienen. Ich war auch müde. Es ist nur noch nachzutragen: Mein Statement kam dann am Montag. Es war deutlich gekürzt: nur noch eins dreißig, wie mir schien. Es schien mir trotzdem zu lang. Ich fand es fast überflüssig — als Zuschauer.

(1972)

## Das Wegwerfen von Gedrucktem

Gestern morgen wieder Hausputz gehalten. Was doch der Herbst immer hereinweht an Blättern: viel zuviel, will mir scheinen, unheimlich viel. Papier füllt meine Wohnung, bedrucktes Papier stapelt sich überall zu Bergen: Prospekte, Zeitschriften, Magazine, Broschüren,

Bücher, ungelesen, kriechen an den Wänden langsam zu neuen Tapetenmustern empor. Dies soll keine Einladung sein für Anarchisten, aber meine Wohnung, das ist sicher, wäre ein idealer Tatort für Brandstifter. Wie das brennen würde alles zusammen, lichterloh, und was dann für Platz wäre! Wunderschön!

Ab und zu überkommt mich beim Herumgehen in der Wohnung dieses böse Gefühl der Enge, Bedrängnis durch Gedrucktes — kennt man das? Ich spüre: Du wirst noch ersticken zwischen diesen Papierbergen, die alle schnell und hartnäckig Staub ansetzen. Ich schaffe mir also Platz. Ich räume auf, ich werfe weg. Weg, weg, weg damit, sage ich plötzlich mit großer Entschlossenheit, beinah wütend. Jetzt muß wieder einmal alles weggeworfen werden, was du nicht wirklich brauchst. Meistens ist das im Oktober, dann nach Weihnachten, dann vor dem Urlaub noch einmal.

Man sage nicht, dies sei ein beiläufiges Thema, eine private Sorge. Die Aktion stellt mich vor sehr ernste Entscheidungen, die alle mein intellektuelles Verhältnis zur Gesellschaft, zur kritischen Öffentlichkeit betreffen. Blitzschnell, während ich so herumtapse im staubigen Berg des Gedruckten, muß ich entscheiden: Das ist wichtig — hierlassen; das ist nicht wichtig — wegwerfen. Nach welchen Kriterien handle ich? Wo nehme ich die Maßstäbe her für so existentielle Entscheidungen?

Im geheimen habe ich, wie alle Literaten, einen unheimlichen Respekt vor Gedrucktem. Am liebsten würde ich mich von gar nichts trennen. Unbewußt lebe ich aus der etwas absonderlichen Vermutung, daß jede

Druckseite einen Anspruch auf Ewigkeit habe. Leuten, die alles archivieren, sammeln, in Ablagen, in Zettelkästen, in Leitzordnern aufheben, diesen verrückten Bibliothekarsnaturen gehört meine Sympathie, meine stille Bewunderung. Sie behandeln Druckseiten wie heilige Texte und haben wahrscheinlich recht damit. Ich spüre immer Schuld beim Wegwerfen von Gedrucktem. Ein kleiner Mord ist es schon; ein leichter Schmerz ist dabei, aber manchmal auch ein Glücksgefühl, ein Moment der Befreiung, des Aufatmens.

Am mühelosesten geht es mit Tageszeitungen. Daß spätestens am Donnerstag die Tageszeitung vom Mittwoch in den Müllschlucker muß, einfach dahin gehört, ist grausames Journalistengeschick. Nichts ist bekanntlich älter als die Tageszeitung von gestern, obwohl es mir manchmal leid tut um das Feuilleton, vor allem das Wochenendfeuilleton. Irgend etwas will man immer noch nachlesen am Montag oder Dienstag, diesen großen und wichtigen Aufsatz, den man sich weggelegt hat, aber dann ist am Dienstag das Papier schon so gelblich und etwas zerknittert geworden, daß der Text nicht mehr von gleicher Wichtigkeit scheint. Er hat an Bedeutung abgenommen in diesen zwei Tagen. Zeitungspapier altert unheimlich schnell, und nichts scheint mir kurioser und tragikomischer als diese Journalistensitte, in der Ausgabe vom 13. Oktober zu schreiben: (... vergleiche unseren Bericht vom 7. Mai). Wie soll man denn vergleichen, bitte? Schon am nächsten Tag ist eine Zeitung nur noch als Einwickelpapier interessant. Es schmerzt einen manchmal als Autor, sein hübsches Wochenendfeuilleton schon am Montag morgen beim Gemüsehändler, zur Salattüte gedreht, wieder zurückzubekommen. War es das, was du wolltest?

Komplizierter wird für mich die Situation bei den Wochenschriften. *Die Zeit* zum Beispiel kann man getrost zwei bis drei Wochen aufheben, auf der Couch liegenlassen, gelegentlich einzelnes nachblätternd. Von der dritten Woche an aber altert nach meiner Erfahrung dieses Blatt ganz rapide, rasend schnell und ist schon nach der vierten Woche ein sinnloser Papierhaufen, der etwas zu riechen beginnt wie alte Gardinen nach kaltem Tabakqualm. Also weg damit. Lustvoll ist es für mich, Illustrierte wegzuwerfen. Es ist wie das Abwerfen von Ballast bei Ballonfahrten: wie die Welt leichter und freier wird, wenn man etwa fünf Exemplare des *Sterns* weggeworfen hat — unbeschreiblich. Man ist ein neuer Mensch. Beim Hineinpressen in die Mülltonne spürt man höhnische Überlebenstriumphe: Siehst du, all diese köstlichen Nackedeis und Playboys sind nun schon faltig und tot — und du lebst, frisch und froh.

Schmerzlos verabschiede ich mich auch von *konkret*, das mir in der Woche seiner Auslieferung immer von brennender Aktualität, verblüffend revolutionär erscheint. Was die wieder alles aufgedeckt haben im System! Man nehme zehn *konkret*-Exemplare von vor zwei Jahren und blättere sie vor dem Abwurf in den Müllschlucker noch einmal liebevoll durch. Nichts ist ja entlarvender als die Revolution von vorgestern. *konkret* wirkt jetzt wie ein Märchenbuch, das seinen jungen Tischgenossen immer dieselben Gesellschaftsmärchen auftischt; zeitlose Archetypen kann man finden wie bei Hänsel und Gretel, Archetypen für Halbwüchsige und in der zweiten Trotzphase. Wunderschöne Onaniervorlagen für unsere lieben Söhne — so etwas geht glatt und schlank den Müllschlucker herunter. Wie steht es mit dem *Spiegel?* Ich habe es nicht gelernt, von Anfang an den *Spiegel* ordentlich zu sammeln, und werfe ihn also von Zeit zu Zeit in Massen weg und spüre beim Plumpsen der schweren Pakete so etwas wie Glück, mit einem zarten, sehr leichten Verlustgefühl gemischt. Vielleicht hätte man doch diese eine Nummer —? Vielleicht wäre es klug gewesen, gerade diese große Titelgeschichte nicht —? Aber dann ist man doch glücklich über all das, was man künftig nicht mehr wird wissen müssen. Weg!

Jetzt kommt mein spezielles Problem: Monatsschriften. Es ist die Schwelle, bei der ich zu zögern, zu zweifeln, zu stolpern beginne. Ich bin inkonsequent. Haltbares wie Monatsschriften sollte man sammeln. Aber wer kann das jahrzehntelang, und alle? Ich bin doch kein Bibliothekar, nur ein normaler Verbraucher mit seinen Vorlieben und Launen und stehe also jedes Jahr einmal zwischen diesen respektablen Haufen von Monatsschriften, die ich liebe. Der Haufen muß runter, etwas muß weg, und ich will es nun nicht weiter analysieren, warum ich von Zeit zu Zeit, sagen wir, wenn die Monatsschriften fünf oder sechs Jahre alt sind, ganz schmerzlos ganze Haufen des *Monats* weggeworfen habe, während ich alle Ausgaben des *Merkurs* sorgfältig sammelte. Ich bin etwas ratlos, warum ich mich von sehr alten Ausgaben der *Frankfurter Hefte* relativ mühelos trenne, während ich die *Filmkritik* sauber beisammenhalte. Es ist mir nicht deutlich (oder doch?), warum ich die *Akzente* aus den sechziger Jahren mit leichtfertiger Fröhlichkeit der Mülltonne übergebe, während ich das *Kursbuch* hochkorrekt sammle und sauber geordnet im Bücherregal aufstelle. Beim *Kursbuch* habe ich das Empfinden: Das ist nun etwas Bleibendes und Gültiges — für später einmal. Man kann das nicht alles sofort lesen, was da an revolutionärer Praxis verkündet und verordnet wird. Aber wie es verkündet wird, das ist so gekonnt, geschickt, so genialisch in der publizistischen Aufbereitung, daß es später einmal, sagen wir 1990, vorteilhaft sein wird, alle Exemplare zu besitzen: ein bibliophiler Wert, schon heute. So, wie ich auch froh wäre, von Tucholskys *Weltbühne* alle Exemplare zu besitzen. So ungefähr.

Jetzt sind wir über der Hürde. Von jetzt an bin ich der Verlierer, der Versager. Ich kann es nicht mehr: wegwerfen, diese wichtigste und notwendigste Gebärde unserer Konsumgesellschaft. Wo wären wir mit unserer Wirtschaft, ohne wegzuwerfen, nicht wahr? Ich versage zum Beispiel schon bei Taschenbüchern, die ja einmal für raschen Verbrauch gedacht waren. Liebe Freunde haben mich da auf etliche Verlagslisten gesetzt, und seitdem strömen diese Taschenbücher wie bösartige Insekten durch alle Ritzen ins Haus, verbreiten sich über die Tische und Stühle, die Schränke und Betten wie intellektuelle Flöhe. Ich bringe es nicht fertig, ich kann sie nicht töten, wegwerfen. Sie sind viel zu schön und aufwendig gemacht. Ich hege und pflege sie also drei oder vier Jahre lang. Sie krabbeln mir auf den Regalen bis an die Decke hoch, vermehren sich unheimlich schnell. Ich greife nach anderen Vertilgungsmitteln und trage sie manchmal kofferweise weg, verramsche sie beim Antiquar. Der Ertrag solcher Expeditionen ist bescheiden, aber man hat nicht das böse Gefühl, eine Untat begangen zu haben. Man kann doch nicht Taschenbücher brutal zerreißen und in den Papierkorb werfen. Warum eigentlich nicht?

Jetzt bin ich am Ziel, dort, wo ich hinwollte, was ich von Anbeginn sagen wollte: Ich bin ein glatter Konsumversager auf dem Verlagssektor. Ich kann das Zeitgemäße und Produktive nicht: Bücher wegwerfen, in den Müllschlucker schicken, obwohl doch mindestens die Hälfte jeder Herbstproduktion das verdiente. Dieses Zerreißen, Umbringen, In-die-Grube-Werfen, ich kann es nicht einmal mit Tarzan machen, den ich bestimmt nie lesen werde. Es ist absurd und etwas bedenklich für mich: Ich hebe alle Bücher auf, immer wieder. Es ist sehr unwahrscheinlich, daß ich den Roman eines Südamerikaners aus dem Jahr 1953 noch je lesen werde, ich werde auch Peter de Mendelssohns gewaltige Geschichte des S. Fischer Verlags mit Sicherheit nie durchstudieren. Trotzdem: rein ins Regal.

Und dann all die kostbaren Bildbände, die Sammlungen der Ikonen und Fresken des 13. Jahrhunderts, die herrlichen Fotobände von Dresden bis Florenz, die ich mit Sicherheit nie aufschlagen werde, die zentnerschwer immer mehr verstauben. Sie werden stehen, lebenslänglich. Ich werde noch drei- oder viermal umziehen in meinem Leben. Ich werde, zwischen stämmigen Möbelträgern und unzähligen Bücherkisten stehend, bei jedem Umzug hartnäckig erklären: Ja, das muß mit. Lesen werde ich's nie.

Sind nicht auf solche Weise, sich sinnlos vergrößernd, immer unbeweglicher werdend, uralte Tierrassen, Dinosaurier zum Beispiel, schrecklich zugrunde gegangen? Meine Bibliothek, das ist sicher, wird immer mehr wachsen, anschwellen und mir auf den Leib rücken. Einiges werde ich verschenken, verkaufen, ausleihen, hoffend, es nicht zurückzubekommen. Aber die Verlagsproduktion wird machtvoller sein. Die Ökonomie ist immer stärker als das Individuum. Sie wird mich einholen, in die Ecke drücken.

Einmal, vielleicht 1995, werde ich zu Hause von einem Buch erschlagen werden, wie andere Menschen auf der Straße von einem Dachziegelstein. Er konnte einfach Bücher nicht wegwerfen, wird es dann heißen in knappsten Nachrufen. Das war sein Fehler. Ein gewichtiger Band von *Kindlers Literatur-Lexikon* hat ihn an der Schläfe getroffen, beim Nachmittagsschläfchen.

(1971)

# Wenn die Sonne steigt

## März-Geschichten

Ob es den anderen auch so ergeht? Wenn die Sonne steigt, schöpfe ich jedesmal Hoffnung. Ich erwache. Irgendwo ist der Mensch eine Planze. Natürlich sind wir Teil der Natur, stecken ganz tief in ihr. Ich jedenfalls tue es, teilweise. Ich gehe im Winter immer etwas zugrunde. Nicht ganz, eben so, wie auch Pflanzen, die überwintern, schrumpfen, verwelken, vergilben. Nur ein Rest übersteht da im Dunkeln. Er schläft.

Ob es an der Art unserer Winter liegt, denke ich manchmal, die eben nicht richtig hart und kalt, nicht klirrend steif sind wie anderswo? Das Vermanschte, Feuchte, Graue, die Fahlheit in der Luft, dieser Dreck auf den Straßen. Ach, es ist keine Metapher, wenn ich sage: Das macht mich krank. Auch die Häßlichkeit schneearmer Winter, das ewige Grau über der Stadt, kann krank machen, feinere Seelen wenigstens. Sie ist eine ästhetische Qual.

Von Mitte November an beginnt man leicht zu kränkeln. Nicht ernsthaft, nicht gerade bedrohlich, immerhin: ein Schnupfen früh beim Erwachen, eine Rauheit im Hals, also eine Erkältung, eine Grippe, wie die Leute das nennen. Das kommt, klingt wieder ab, es kommt nach drei Wochen wieder, immer so, daß man nicht wirklich ins Bett muß, sich aber auch nicht richtig gesund fühlt. Es läppert sich hin durch die dunklen Monate und kann dann im Januar bei mir durchaus mit einer dröhnenden Bronchitis, die Fieber macht, seinen hochdramatischen Abschluß finden. Ich huste, ich fröstle, ich friere dauernd im Winter. Ich stehe im Bademantel am Fenster und betrachte die Stadt, die müde und farblos, merkwürdig abgenutzt daliegt. Ein Schattenreich, ein Reich der Toten ist die Stadt. Merkt ihr denn wirklich nichts? Man hat uns die Sonne gestohlen. Wir werden alle sterben — ohne Licht.

Und dann? Dann kommt eben diese Zeit, der Augenblick, von dem ich spreche. So Mitte März ist plötzlich ein Tag da, der anders ist. Man spürt, etwas liegt in der Luft. Was denn? Es ist schwer zu sagen, denn von Frühling kann noch keine Rede sein. Es hat sich nur etwas verändert. Man tritt aus dem Haus, man schnuppert — ja, dieser Benzingestank von der Tankstelle, die Auspuffgase, was wir so Umweltverschmutzung nennen, schon wahr; aber dazwischen ist noch etwas anderes, etwas Neues. Wie sagt man dazu? Es ist noch nicht warm, nur weniger kalt. Zunächst ist nur etwas Entspannung, Entkrampfung zu spüren. Es ist doch schon weicher, milder, lauer jetzt. Merkst du es nicht?

Was meinen denn Fasching und Karneval? Das Ende des Winters wird gefeiert: Verbrennung von dunklen

Dämonen und Hexen, wenigstens früher einmal, als noch nicht die großen Bierbrauer-Monopole das Fest im Griff hatten. Irgendwo muß da ein Kampf entschieden worden sein im Kosmos. Man müßte die Meteorologen fragen. Man riecht es doch. Eine Schlacht wurde geschlagen, anderswo. Nur ein Reflex, ein Echo, eine ungefähre Vermutung dringen zu uns: Frühlingsahnung, sagten wir früher. Heute kann man das tatsächlich nicht mehr aussprechen. Nennen wir es eine Weichheit, die hoffen macht, mehr nicht.

Es wird auch heller jetzt, ganz beträchtlich. Nicht ohne Zufriedenheit stellt man fest, daß wenigstens die Abende schon länger werden. Das Schlimmste haben wir hinter uns, sagt man mit einer gewissen Genugtuung. Es ist ja erst Mitte März; es ist immer noch kühl und kahl draußen, ziemlich unfreundlich, aber wenn man bedenkt, daß wir im Dezember schon um vier Uhr nachmittags das Licht anmachen mußten — und jetzt erst um sechs! Du mußt zugeben: Aus dem Gröbsten sind wir heraus. Die Sonne steigt. Das kann niemand leugnen. Sie ist nicht mehr ganz ohne Macht.

Ja, und dann irgendwann diese ersten Tage, die alle Hoffnungen einlösen, schön. Ein Blankoscheck auf die Zukunft. Für mich sind sie reine Geschenke. Ich lege die Medikamente, all die Tabletten und Taschentücher weg. Es ist zwar immer noch kein richtiger Frühling, kalendermäßig, aber doch ein Vorfrühlingstag, der sagt: So soll es nun werden. Wir heißen euch hoffen. Der Himmel ist blau, die Sonne strahlt, sie strahlt ziemlich unverschämt und wärmt schon beträchtlich. Die Menschen auf der Straße haben die Mäntel geöffnet. Manche gehen in Jacken, beinah leichtfertig. Einer trägt tatsächlich schon ein rotes Hemd, viel zu früh. Es muß wohl ein Südländer, ein Gastarbeiter, eine etwas ahnungslose Schwalbe sein, die unsere Verhältnisse nicht kennt. Sonnenbrillen sind zu sehen. Man geht durch die Stadt und spürt: Die Macht dieses Winters, der eben kein richtiger Winter war, sondern nur ein graues, sieches Hustenreich, sie ist jetzt gebrochen, oder? Man wittert Zukunft. Es wird also weitergehen. Der Tod ist gestorben, und sieh da: du lebst. Hast du es überstanden, wieder einmal? Ich meine: Auch wenn man kein Kirchgänger, kein Christ ist — es hat schon etwas von Auferstehen.

Täusche ich mich, wenn ich meine, daß die Menschen jetzt freundlicher werden? Sie gehen entspannter, freier durch die Stadt. Sie hasten nicht mehr so eilig nach Hause zum Fernsehen. Schon sagt einer: Laß die doch vor ihrer Mattscheibe. Wir gehen spazieren, ja? Rentner sitzen des Mittags wieder auf Parkbänken — kein schlechtes Vorzeichen. Sie sehen noch etwas blaß und zerknittert aus, immerhin, sie sind keine Haustiere mehr. Selbst Automenschen fahren weniger aggressiv. Sie haben das Schiebedach offen, das linke Fenster heruntergekurbelt. Sie halten tatsächlich vor Zebrastreifen. Noch sind die Bäume kahl. Ihre Kronen starren noch immer wie schwarze Gerippe in den Himmel. Noch ist der Rasen grau und tot und wirkt wie eine schmutzige, abgetretene Fußbodenmatte. Aber Krokusse sind schon darauf, da und dort erste Tulpenspitzen. Ah, ja, sagt man. Sieh da.

Man kann natürlich auch sagen: Du spinnst ja, mein Lieber. Du pinselst ja richtige Spitzweg-Idyllen. Man kann aber das Licht nicht mehr leugnen. Licht ist jetzt wieder da und liegt weiß und hell über allem gebreitet, beinah mittelmeerisch. Ich meine, es geht hier wirklich um Aufklärung, um wachsende Helligkeit unter uns. Idyllen sind ja bekanntlich immer verschattet und liegen im Halbdunkel. Es geht doch gerade um den Sieg über Wolken und Nebelbänke, um den Kampf gegen Weihnachts- und Dunkelmänner.

Wenn es einmal so weit gekommen ist, ist das Stück entschieden. Gewiß, es kann Rückschläge geben. Nasse Tage, neue Kälteeinbrüche. Eines Nachts tanzen tatsächlich wieder Schneeflocken vor meinem Fenster — es bedrückt mich nicht. Es hat keine wirkliche Kraft. Es sind Trotzreaktionen, infantile Rückzugsgefechte des Winters. Sie brechen genauso schnell zusammen wie kindliches Schmollen. Man sieht es doch überall jetzt: Der Ofen ist angeheizt im Kosmos. Es geht weiter mit dieser Geschichte einer Erweckung, die eine Geschichte der Erwärmung ist, naturwissenschaftlich gesehen, weiter nichts. Es geht nur um Wärmevermittlung. Jeden Tag wird dir dieser Ofen etwas näher vors Fenster gerückt. Schon beginnt man mittags zu überlegen, ob man im Sommer nicht für den Balkon neue Jalousien braucht, ob nicht eine Tiefkühltruhe gut wäre für Vorräte nach Ostern. Die Sonne wärmt eben schon mächtig, für ein paar Tage, verschwindet dann wieder.

Und dann beginnt doch das Stück, das wir Frühlingsanfang nennen. Zuständig ist dafür der 21. März, aber gerade dieser Tag enttäuscht dann doch oft. Früher oder später — eines Tages bricht er aus, unausweichlich. Und ich meine: Man darf das doch registrieren? Das Phänomen ist banal und doch tief. Es ist nicht soziologisch und doch von Wichtigkeit für die Gesellschaft. Man bedenke einmal, wie sich all unsere Sozialstrukturen verändern würden, wenn hier ewiger Winter wäre wie am Nordpol. Man braucht nicht in Trompetenstöße auszubrechen, wie das alte Frühlingskantaten tun. Auch in der Matthäuspassion ist ein hoher Jubelton zu hören: christlich. So hoch will ich nicht hinaus. Ich meine alles ganz irdisch und faßbar. Es hat trotzdem etwas von Wunder, wenn auch nur für die, die sich noch wundern können. Die meisten heute haben ja ein Verhältnis zu ihrem eigenen Leben, das mich an Diplomingenieure oder Patienten in Vollnarkose erinnert. Die merken überhaupt nichts mehr, leben beinah bewußtlos, obwohl sie dauernd von Bewußtsein reden: dem falschen oder dem richtigen, versteht sich.

Also, noch einmal zur Sache, die Frühlingsanfang heißt. Es treibt jetzt, das ist das Entscheidende. Aus dieser grauen, harten, geschundenen Erde, die so unendlich erschöpft wirkt, treibt die Wärme tatsächlich wieder Leben empor. Wer hätte das gedacht, wo im Februar die Felder ringsum noch wie bessere Müllkippen aussahen. Was ist eigentlich Leben? Zuversicht, Kraft, Hoffnung, Bewegung, möchte ich meinen. Gewißheit, daß es weitergeht, irgendwie. Was? Das ist schwer zu sagen: das Ganze — vielleicht?

Es bricht jetzt überall auf. Es grünt, es sprießt, wie

man so sagt, die eigene Zuversicht etwas spöttisch herunterspielend. Der Rasen, die Sträucher, die Bäume: ein schüchternes, zartes Hellgrün zunächst, unerhört vorsichtig. Die Erde hat ihre schreckliche Farblosigkeit überwunden. Sie wird wieder bunt werden, also schön. Es ist ja noch nicht soweit. Aber man weiß, es wird werden. Es wird rot, gelb, braun, blau, violett werden und natürlich überall grün. Wenn einmal die Forsythien in den Gärten in ihrem lodernden Hellgelb stehen, ist alles entschieden. Die Welt wird wieder bunt.

(1972)

## Verteidigung des Massentourismus

Die Tage werden heller, die Abende länger: Jetzt ist wieder Zeit für Reisepläne. Was braut sich zusammen in unserer Phantasie? Vielleicht sollte man zunächst all die Bedenken, die sich, tiefschürfend, zum Thema mühelos einstellen, einfach beiseite schieben. Tourismuskritik ist ungemein beliebt und verbreitet bei uns. Tourismuskritik bläst sich gern mächtig auf — moralisch. Wie falsch wir doch alle reisen, nicht wahr? Darüber lassen sich mühelos Bücher schreiben, Klagelieder in Deutschland. Tourismuskritik ist selber eine wohlfeile Ware geworden, die man in Hochglanz-Abpackungen bei uns überall kaufen kann, von ganz links bis halb rechts. Waschechte Marxisten werden mühelos und auch hier, ohne zu stottern, von der Profitgier der großen Monopole sprechen, die das Erholungsbedürfnis der lohnabhängigen

Massen schamlos vermarkten. Die dicken Reiseprospekte der großen Konzerne beweisen es. Entfremdete Freizeit heißt das. Wie dann die nicht mehr entfremdete Freizeit im real existierenden Sozialismus aussieht, kann man sehr überzeugend zwischen Usedom und Dresden studieren, wenn man es kann: auf DM-Basis, versteht sich.

Tourismuskritik von rechts, etwa wie sie Ernst Jünger und Gerhard Nebel früher geübt haben, sitzt höher und stolzer im Sattel. Sie reitet ein edleres Roß. Ich entdecke die Welteinsamkeit, heißt ihre Devise. Sie träumt von stillen Landstrichen, von heroischen Bergwanderungen in unberührter Natur. Sie beklagt, daß solche Urerlebnisse dem einzelnen immer seltener zuteil würden im Zeitalter der sogenannten Vermassung. Auch Entfremdung also, aber hier auf privater Basis.

Lassen wir diese Windmühlen unserer Ideologen sich ruhig drehen: erhabener Leerlauf im Allgemeinen. Mich läßt das kalt. Fragen wir konkreter und selbstbetroffener: Warum reisen wir überhaupt? Warum befassen wir uns schon bald nach Weihnachten mit solchen Plänen? Warum hat der Mensch von Zeit zu Zeit dieses Bedürfnis, aber auch das Recht, auszubrechen, aufzubrechen, eine andere Existenzform zu suchen, wenigstens urlaubshalber? Tief bis ins 19. Jahrhundert hinein war das Phänomen ja noch unbekannt, und es blieb unbekannt bis heute in den Ländern der dritten Welt.

Ich spreche also vom Menschen hier und heute, von den Millionen Angestellten und Arbeitern unserer hochentwickelten Industriegesellschaft westlichen Typs. Ihr

Produktionsstil erzwang auch das Phänomen Urlaub. Ihre Form des Arbeitens brachte nicht nur relative Sicherheit, sondern auch eine Monotonie mit sich, die schwer erträglich ist ohne Unterbrechungen. Der Bankangestellte hält seine Konten, der Chemiker seine Reagenzgläser, der Datenverarbeiter seine Computer in Ordnung. Der berühmte Arbeiter am Fließband ist für diese im Grunde unmenschliche Einseitigkeit der Anforderungen nur das deutlichste Beispiel.

Etwas geht da kaputt im Menschen, weil er nicht mehr als Ganzes gefordert wird. Zu vieles liegt brach beim Spezialisten. Er fühlt sich gereizt, erschöpft, seltsam entleert. Er sagt: Ich bin urlaubsreif. Ich muß ausspannen. Ich muß raus aus dem Trott. Ich brauche Tapetenwechsel. Urlaub heißt in unserer Industriegesellschaft Freizeit, und Freizeit meint, wenigstens innerlich, immer Ortswechsel. Es ist fast wie ein kleiner Seitensprung: endlich mal was anderes. Jede Reise ist ja in ihrer Tiefe auch ein erotischer Prozeß.

Natürlich ist jede Reise auch ein Stück Flucht. Eine durchaus legitime Flucht, vielleicht der letzte humane Reflex, der uns bleibt in unserer total verwalteten Welt, die immer weniger Spielräume zuläßt. Ich halte das modische Gemurre gegen die Leistungsgesellschaft für ziemlich kurzsichtig und töricht. Sie muß wohl so oder ähnlich funktionieren, damit wir so, wie wir leben, auch künftig weiterleben können, und vielleicht noch etwas besser. Aber wahr ist auch, daß eben diese Leistungsgesellschaft mit all ihren Zwängen unsere tiefste Natur vergewaltigt. Der Mensch ist ursprünglich auf Weltergreifung und Welteroberung angelegt. Er wird nicht als Angestellter geboren. Er wird dazu dressiert. Er ist das Wesen, das Herausforderung, auch etwas Unsicherheit, also Gefahr, braucht. Man sagt: das Abenteuer. Das ist schwer zu haben in einer von Computern, Generaldirektoren und Gewerkschaftssekretären verwalteten Welt.

Natürlich fließen all diese brachliegenden Kräfte als Wünsche und Hoffnungen ein in diesen Urlaubskomplex und machen ihn erregend, immer noch Glück verheißend. Glück für drei oder vier Wochen, vorgeplant, vorprogrammiert — warum nicht? »Die schönsten Tage Ihres Jahres«, heißt der Werbeslogan der Reisebüros, ganz recht. Als Kind konnte man früher nicht einschlafen in der letzten Nacht vor der Reise. Etwas davon, wenn auch abgeschwächt, ist geblieben. Diese Veränderung plötzlich, Verlockung der Ferne, dieses Stück Neuland, dem wir entgegenfliegen: Wie wird es sein, morgen abend? Wo werden wir wohnen und wie schlafen? Was erwartet uns denn?

Die Ferne ist immer ein Faszinosum, auch wenn sie nur in Bayern oder im Harz liegt. Die Ferne ist wie eine Kinoleinwand. Da wird unser anderes Ich hinaufprojiziert, das wir nicht sein konnten zu Hause, aber auch gern wären, im Grunde. Jeder spürt, daß er auf Reisen etwas verändert ist: freier, offener, verwegener. Das mag auch der Grund dafür sein, daß es oft so enttäuschend ist, zufällige Reisebekanntschaften später zu Hause fortzusetzen. Irgendwie paßt es dann doch nicht im alten Trott. Reisen bedeutet, andere Seiten in uns kurzfristig zum Leben zu erwecken. Wir sind Verwandelte durch

Welterfahrung, also Ich-Erweiterung. Im Grunde ist jede Reise eine Reise zu sich selbst, zu seinem anderen, größeren Ich.

Natürlich kann man sagen: du träumst. Du spinnst dich in feinsten und schöngeistigsten Geweben fest. Anthropologischer Höhenflug: Komm runter in diese Welt! Hast du vergessen, wie es bei uns wirklich zugeht zur Reisezeit? Denke an die verstopften Autobahnen im Juli, August mit all ihren Opfern. Hast du das alles vergessen: diese Kolonnen wütender Spanienfahrer, den Lärm in den Cafés und Bars, das enge, elende Treiben auf Campingplätzen, diese ordinären Massen, und wie sie, gelangweilt und bunt, durch Museen und Kirchen latschen? All dieses bunte Kinderglück, das uns die aufgetriebenen, viel verheißenden Reiseprospekte einer potenten Tourismusindustrie vortäuschen, und wie es dann wirklich zugeht zwischen den Betonklötzen an der Costa Brava: ein schwitzender Haufen, der gröhlt, Bier trinkt, sich im Sand wälzt, ein ekelhafter Fleischsalat, international.

Ich weiß das. Ich kenne das ziemlich genau. Ich teile nur nicht diesen Hochmut, die schöne Arroganz, die da mitschwingt, dies so beschreibend. Ich bin auch nicht sicher, ob der Plandirigismus der Tourismusindustrie nur diese negativen Aspekte befördert. Ich bin jedenfalls nicht bereit, dieses schlechte Neue gegen das gute Alte aufzurechnen. Es scheint mir unfair, die Italienreise der Familie Müller mit Goethes Italienreise in Vergleich zu setzen. Der Metzger aus West-Berlin, der mit Frau und Tochter nach Tunesien fliegt, alles vorgebucht, alles fest arrangiert, muß keineswegs eine komische Figur sein, die nur unser Gespött und Gelächter verdient. Natürlich geht vieles verloren im industriellen Massenzuschnitt, aber vieles wird auch erschlossen, eröffnet, zum erstenmal zugänglich gemacht für Millionen. Wer will sich da ausschließen, wer richten? Wer darf entscheiden, dies sei ein würdiger Urlaubsstil, jener nicht? Ich wage es nicht.

Wie schnell so ein Urlaub vergeht, wie rasch vier Wochen in der Fremde verrinnen! Und doch, merkwürdige Erfahrung aller Betroffenen: Meist kommt man gern zurück. Es war schön, es war gut; es ist aber auch nicht schlecht, jetzt wieder an die Arbeit zurückzukehren. Plötzlich schmeckt die Pflicht süß. Dauerndes Nichtstun wäre kein Glück. Es würde sehr schnell in Langeweile und Verdruß, in neue, böse Gefühle der Sinnlosigkeit und Leere umschlagen. Nichts sei schwerer zu ertragen als eine Reihe von guten Tagen, sagt man dann gern, Goethe bedenkend.

Spätestens im Oktober sind sie alle wieder zu Hause. Der Bankangestellte stellt sich in seiner Filiale wieder ein, der Chemiker hält seine Reagenzgläser, der Datenverarbeiter seine Computer, der Lehrer seine Schulklasse in Ordnung. Es ist alles wieder wie früher. Nur manchmal geht die Erinnerung zurück, für Augenblicke. In der Tagesschau abends Bilder aus Sizilien oder Athen: Da sind wir doch gewesen, erinnerst du dich nicht? Die Frau lehnt sich in ihrem Fernsehsessel zurück. Ja, sagt sie, haben wir nicht in diesem Restaurant dahinter damals einen Kaffee getrunken?

Eigentümliche Erfahrung: Wo man einmal war, bleibt man gefühlsmäßig engagiert für immer. Ein Stück Welt wurde erobert, also zu eigen gemacht. Alte Ansichtskarten werden hervorgekramt, Ferienfotos herumgereicht. Kleine Erlebnisse ausgetauscht. Nicht ohne wehmütige Lust des Erinnerns werden an langen Winterabenden die Farbdias von der letzten Reise vorgeführt. Mancher kann komplette Kurzfilme präsentieren. Ägypten jetzt: Man sieht den Ehemann auf einem Dromedar reiten. Er schwankt etwas grotesk, bitte! Alles lacht. Wohin wollt ihr denn dieses Jahr? Ist das schon entschieden? Wir haben schon Ungarn gebucht, eine ganz besondere Abenteuerreise mit Pferdegespann durch die Pußta. Endlich mal was anderes!

Vielleicht ist es nur der Ton, in dem solche Gespräche geführt werden. Es schwingen da gelöste Heiterkeit und neue Hoffnung mit. Die Welt ist so weit und so groß. Sie ist voller Lockungen und Lust. Ich kann dieses kleine Glück der Millionen nicht verwerfen. Im Zweifelsfall plädiere ich für den Massentourismus.

(1983)

## Auf deutscher Autobahn

Ferienzeit, Badezeit — das zieht uns jetzt mächtig in den Süden. Sonne, Wasser, Amore, das drängt sich jetzt auf der Autobahn. Das windet sich über hundert Bundesstraßen, strömt über viele Zubringer, schleust sich in Kreisel ein, verteilt sich nach rechts und links und fädelt sich endlich in die Gerade ein und rollt und rollt und wird doch schon langsamer.

Schon kurz hinter Frankfurt herrscht drangvolle Enge. Es stockt. Das sind so die Nöte des Wohlstands, sagt man. Engpässe der Konsumgesellschaft: Stauung der Sehnsucht, Fernweh auf Bremsen — Auffahrunfälle und Blechschäden; das muß man in Kauf nehmen. Das sind so die Künste im freien Deutschland: von Darmstadt bis Mannheim im ersten Gang fahren, und möglichst noch, ohne den Kühler zum Kochen zu bringen. Wer kann das? Wer kocht dabei nicht? Es kriecht eine Schlange durch unser Land, eine blitzende Kobra windet sich auf dem Asphalt. Es ist die Urlaubsschlange, kilometerlang. Sie hat viel Gift und Galle in sich. Es blitzen böse Augen aus manchem Glied. Gesichter, die hart und verbissen sind. Ihr Äußeres ist überaus kostbar. Noch immer geht nichts über Schlangenhaut.

Bei Heidelberg löst sich das Ganze allmählich auf. Manchmal ist es ein Rätsel, wie solche Schlangen entstehen, wie sie liquidiert werden. Nun müßte doch etwas kommen, etwas Deutliches, Umständliches, das alles erklärte: eine Baustelle, eine Umleitung, ein Unfall wären jetzt gut. Man fiebert zersplittertem Glas, einer richtigen Karambolage entgegen. Man hat ein Recht darauf nach so langem Stehen, aber es kommt nichts. Die Stauung löst sich einfach so auf. Wie eine Ziehharmonika zieht sie sich wieder auseinander, langsam, wird flott, läuft wieder.

Enttäuschung mischt sich in die Erfahrung neuer Beweglichkeit. Ganz in der Tiefe ist man verletzt; man möchte ein Opfer für seine Qual. Es würde versöhnen für drei oder vier Stauungen noch, die kommen. Uralter Ritus auf deutscher Autobahn. Das Menschenopfer beschwichtigt noch immer die Götter. Aber es kommt nichts, das Opfer bleibt aus. Es kommen Bruchsal und Karlsruhe. Wälder, Wiesen, Kornfelder, Siedlungen fliegen am Fenster vorbei. Das kleine Gefühlchen, geprellt zu sein, verliert sich schon bald im badischen Land. Jetzt kommen die Ferien, der Süden, die Sonne. Der Götter ewiges Himmelblau: Näher, mein Gott, zu dir!

Plötzlich neue Stauung. Ganz kurz vor Offenburg, und niemand hätte das hier auf der glatten, freien Bahn zu erwarten brauchen. Es kommt so plötzlich, daß überall Bremsen quietschen, Räder blockieren, Bremsspuren gezogen werden wie mit dem Radiergummi. Ferienfreuden fliegen nach vorn. Strohhüte und Wasserbälle kullern einen Augenblick über das Steuerrad. Halt dich doch fest, mein Gott, siehst du denn nichts? Aufatmen, na ja, ging noch mal gut — und dann ist man plötzlich ganz knapp hinter seinem Vordermann zum Stehen gekommen, der auch ganz knapp hinter seinem Vordermann steht und dieser wieder hinter seinem und jener hinter diesem und immer so weiter. Das ging noch mal gut. So reicht sich das kleine Glück nach vorn, addiert sich vielhundertfach in der Schlange und wird vielleicht vorn in einem kleinen Unglück enden. Man wird das ja sehen.

Das Fenster herunter, ein Schluck aus der Teeflasche, die Pfeife her, tief einatmen, Luft schöpfen. Riechst du was? Es riecht doch schon anders hier. Ruhe in solchen

Fällen ist immer noch erste Bürgerpflicht. Erwägungen über die Landschaft, schon Tabakanbau bei Lahr: Stumpen und Zigarillos, Vorahnung des Orients. Viel Wein an den Berghängen: die Spuren des Bacchus in Baden. Die Ferien beginnen genau zwischen Baden-Baden und Straßburg. Und während man das fühlt, riecht, schmeckt, geht es langsam weiter. Achtung, ersten Gang einlegen, rollen, bremsen, auskuppeln, wieder einlegen, Gas geben. Einen Augenblick geht es voran, dann stockt es wieder. Dann wieder voran, dann nicht, das ist wieder die alte Tour. Wir Bundesdeutschen kennen das.

Plötzlich ist man vorn. Damit hatte man gar nicht gerechnet. Plötzlich sieht man alles: Ein Unglück wird vorn serviert, ein blutiges Schauspiel liegt ausgebreitet wie auf einer Bühne, wie Shakespeare im vierten Akt — schwer zu beschreiben. Die Helden sind niedergestreckt: auch Romeo, auch Julia. Das war einmal ein Auto, das war einmal eine Liebe, das war einmal ein verborgenes Ferienglück, das gen Süden wollte, und liegt jetzt da auf dem Grünstreifen und rührt sich nicht mehr. Das Auto, ach, dieses Hüpferchen von einem Auto, dieses Wägelchen, das eigentlich nur so auf Rummelplätzen im Quadrat fahren sollte, dieses winzige Ferienglück eines Liebespaars, kleine Leute, die wie die Großen auch in den Süden wollten — es liegt zerfetzt und zerquetscht an der verbogenen Leitplanke. Einen Augenblick mutet es wie eine moderne Drahtplastik an, eine kühne und zugleich gespenstische Neuschöpfung des Zufalls, Pop-art oder Mobile oder so.

Auf dem Gras liegt ein Mädchen in einem weißen,

hellgeblümten Kleid. Sie liegt wie im Urlaub im Gras, blond und still, und das Ganze sieht aus wie von einem Sonntagsmaler gemalt: so steif und bunt und richtig zum Greifen. Neben ihr liegt ein junger Mann, der Romeo. Das weiße Sporthemd ist auf der rechten Seite aufgerissen, ist rot, ist braun, ist schwarz von Blut. Das Blut zieht sich am rechten Arm herunter, und der Arm ist noch dran, aber die Hand fehlt, ist ab, ist einfach abgerissen, muß irgendwo hängengeblieben sein. Sanitäter sind eben dabei, ihm den Arm abzubinden. Blut versickert am Straßenrand. Sie tragen eine Bahre herbei — und ich?

Ich fahre ganz langsam vorbei, gleite lautlos und stumm über die Bühne des Todes. Will alles sehen, will alles mitbekommen, will nichts versäumen: Halt das doch fest. Uraltes Lied: Mitten im Leben sind wir — und rasch tritt der Tod uns an. Uraltes Lied: Das ist sein Zeichen — heute. Nicht Kruzifix, nicht Sense, kein Knochenmann. Das war nur Vorgeschichte. Der Totentanz in unserer Zeit spielt auf der Autobahn. Und seine Geige ist der Wagen.

Paß doch auf! Siehst du denn nichts? Reiß dich doch los! Da stehen zwei Grüne und pumpen mit ihren Knien und rudern mit ihren Armen. Sie machen uns Zögernden Dampf. Nun los, nun schnell, nun Gas, nun haut doch schon ab! Zwei Polizisten stehen am Autobahnrand, stehen wie grüne, lederne Turner, krachend vor Kraft, vor Energie und Willen, und gehen immer in die Knie und kommen wieder hoch und rudern mit den Armen. Sie pumpen wie Herzchirurgen das Leben wieder an, geben Zeichen, schwitzen, winken, pumpen: Nun los, nun Gas, nun haut doch schon ab! Sie machen diese kraftvollen Freiübungen richtig im Takt und erinnern mich einen Augenblick an altrömische Galeereneinpeitscher, die ich im Kino sah, oder auch an meinen Unteroffizier damals im Krieg: Knie beugt, Arm vorstrecken, Gewehr in Vorhalte, Mensch, stehen Sie doch gerade, Kerl. Knie streckt, Arme runter, den Hintern durchdrücken. Nun los, ihr Leute, Ferienvieh. Er warten der Süden, das Meer und die Sonne. Knie beugt, Arme vor, Gewehr in Vorhalte — nun los nach Rimini, nach Cattolica, Riccione. »Mensch, geben Sie doch endlich Gas!« schreit mir der Grüne strahlheiß ins offene Fenster und ist schon vorbei. Und geht wieder in die Knie ganz runter, schnellt wieder hoch und pumpt und pumpt so langsam die träge Schlange an. Ich sehe das nur noch im Rückspiegel. Ein schwerer Dienst, das ist sicher. Ich bin schon vorbei.

Ich werde am Strand von Italien liegen. Ich werde auf bunten Terrassen zu Mittag essen und an den Abenden öfter in der Taverne Lacrimae Christi schlürfen. Das ist Pompejis Spezialität. Und ab und zu werde ich diese beiden Polizisten sehen. Die stehen hinter dir, begleiten dich überall. Aus welchem Lande kommst du?

(1967)

## Sommer des Lebens

Sonderbar: Je älter er wurde, um so mehr wich er zurück — vor dem Licht. Licht kann so schmerzen, dachte er manchmal. Licht tat ihm weh; das vor allem war anders und neu. Er merkte erst jetzt, wie hell seine Wohnung geraten war — zu hell. Wenn er morgens das Ostzimmer öffnete, schlug ihm eine blendende, wütende Sonne entgegen. Prall, heiß hing sie im Fenster und grinste. Sie traf ihn wie Schweinwerferlicht in Untersuchungskellern. Er spürte ihre grelle und unerschämte Aufforderung dazusein, mitzutun, glücklich zu sein, die jetzt über allen Straßen lag. Schlief noch etwas in ihm? Jeder Morgen war eine brutale Herausforderung des Lichts. Er bestellte Handwerker ins Haus, um Jalousien zu installieren. Knipst doch die Sonne aus, sagte er. Schaltet den Strom herunter, laßt Wolken zu mir. Zum erstenmal in seinem Leben litt er unter dem Sommer, den hellen Nächten, den zu frühen Sonnenaufgängen bald nach vier, den nicht endenden Junitagen. Es ist zuviel Sonne in der Welt, dachte er manchmal. Sie tötet den Menschen — wie in der Wüste.

Er freute sich auf die Abende, das Verdämmern, Versacken des Tages. Er fuhr manchmal hinaus in die Dörfer, saß im Grünen, sah dem Einfall des Abends zu: wie das Licht immer fahler, glasiger, kalkiger wurde und dann zerfiel wie Staub. Etwas erwachte nun in ihm. Etwas hatte den Brand überstanden. Die Herrschaft des Lichts war endlich gebrochen. Etwas wurde jetzt fähig und weit. Dunkelheit macht so wach, dachte er, überschaubar und nah. Das Licht einer Lampe ist gut; ihr Umkreis, den leistet man. Fünf oder sechs Meter um sich, die kann man schaffen. Er schlief tiefer und fester als früher. Er liebte den Schlaf, das große Verschwinden. Er ließ sich nicht ohne Dankbarkeit fallen, genoß auf eine frühe und kindliche Weise die Wonnen weg zu sein. Der Schlaf war ein schöner, blutwarmer Bruder des Todes.

Manchmal stellte er sich die Hölle vor: Schlaflosigkeit, ewiges Licht, ewiges Dasein, lauter Sonnen am Himmel, siebzehn Stück. Im Norden Europas, am Rande Skandinaviens, hatte er erschreckt beobachtet, daß es Sommernächte gab, die weiß blieben: fahlweiß der Himmel noch ein Uhr nachts. So straft der Kosmos die Ränder, dachte er. Es sollte Dunkelheit sein: von sieben bis sieben, etwas Dämmerung, etwas Zwielicht und Regen dazwischen. Wir sind wie Pilze. Wald ist um uns. Schatten macht wach.

Er lernte es jetzt immer mehr, seinen Sinnen zu vertrauen. Sie wurden ihm wichtig. Es wuchsen ihm Organe der Wahrnehmung zu; das Sehen zum Beispiel. Er lernte erst jetzt, mit seinen Augen offen zu sein. Er sah Straßen, Häuser, Plätze schärfer, genauer, durchdringender als früher. Es war mehr Haltbarkeit in diesen Bildern. Früher hatte er gern fotografiert, gelegentlich. Schon seit Jahren begann ihm das langweilig, überflüssig, manchmal auch peinlich zu werden. Bei Reisen ließ er immer öfters den Apparat zu Hause oder ließ ihn, mitgenommen, wieder sinken, wenn er schon zum Knipsen angesetzt hatte: Lohnt es sich eigentlich? Was soll's? Es war, wie wenn die Linse der Kamera nun in sein Auge eingesetzt wäre. Sieh doch hier, ein Bild, ein Motiv. Einstellung, Entfernung, Blende, Belichtung, Achtung, ein Bild: klick! — das geschah jetzt öfters auf seiner Netzhaut in ihm. Er war eine introjizierte Kamera. Er fotografierte Menschen mit seinen Augen.

Man konnte so viel wahrnehmen in ihren Gesichtern, in der Art, wie sie gingen, den Kopf hielten, sich mit der Hand durch die Haare fuhren, sich beim Verabschieden verneigten, etwas schief von oben herab. Der Augenblick zum Beispiel, wenn einer an der Wohnungstür klingelte. Man geht hin, öffnet die Tür: diese eine Sekunde der Skepsis, der Ratlosigkeit, der Neugier, dann das Erkennen, Finden, die freudige, verlegene, widerwärtige Begrüßung. Das alles waren exakte Bildfolgen, Filmsequenzen, die unglaubliche Geschichten enthielten. Im Grunde erzählten sie alles, was hinterher kommen würde.

Dann das Riechen. Das wurde ihm noch wichtiger zur Orientierung. Manchmal kam er sich vor wie sein eigener Hund. Er roch alles; er roch zu viel und zu stark. Er roch morgens das Verbrauchte und Unaufgeräumte der Wohnung, das Unausgelüftete der Betten, die Tabakreste von gestern, ihre beizende Abgestandenheit. Früher hatte er Hemden manchmal zwei oder drei Tage getragen. Jetzt begann er sie täglich zu wechseln. Er roch in dem Hemd, das er noch einmal anziehen wollte, zu sehr den Tag zuvor, seine Anstrengung dazusein. Andererseits entzückte und beflügelte ihn der steife Geruch frischer Wäsche. Das war wie ein Blatt leeres Papier: nur weiß, nur sauber, nur leer. Man würde darauf schreiben, damit leben können. Wozu, wohin?

Er roch all die Gerüche der Stadt. Er litt unter den Ausdünstungen der Straße, den bleiernen Abgasen der Autos, der Fabriken, der Schornsteine. Er roch Menschen, Probleme, Sympathien, Konflikte und deren Spannungen untereinander. Er lernte an den Tankstellen beim Nachfüllen die verschiedenen Benzinmarken zu unterscheiden. Manche rochen süßlicher, manche schärfer. Er roch all die Bratwürste, Spraydosen und Steakbratereien der City. Andererseits aber roch er auch, wenn er abends nach Hause in seine Wohnung kam, ob die Putzfrau wirklich gearbeitet hatte. Es lag dann ein Hauch von Scheuersand, von purer Scheuerreinlichkeit in der Luft. Es roch einfach sauber. Das entzückte ihn, erinnerte ihn an Putztage seiner Kindheit, damals, zu Hause.

Schließlich das Schmecken. Die Zunge, der Gaumen, ach — schon auf den Lippen begann der Geschmack. Es gab so vieles zu schmecken in dieser Welt: das Große und das Kleine. Das Kleine, das zwischen den Zähnen schmeckt, begann ihn jetzt zu beschäftigen. Erst jetzt, Anfang Fünfzig, wurde er ein Freund und später Liebhaber der Speisen. Er hatte früher eigentlich alles nur heruntergeschlungen. Jetzt begann er mit Vernunft und allmählich mit kritischer Erfahrung zu essen, die Welt abzuschmecken. Er lernte die einzelnen Sorten Aale, Schollen und Forellen zu unterscheiden. Er sagte nicht mehr: Pilze, sondern die, die er wollte. Er lernte die Eigenart provenzalischer und jene afrikanischer Artischocken auseinanderzuhalten. Er begriff den Satz der Philosophen, daß die Kochkunst zu den tragischen Künsten gezählt werden müsse: Der Augenblick ihrer Vollendung verlangte gebieterisch ihre Vernichtung. Es war wie bei der antiken Tragödie: Zum Schluß wurde alles verschlungen, aufgegessen. Das war schade und doch notwendig, ein ehernes Gesetz.

Dann das Trinken. Er war längst vom Bier auf die Weine übergegangen. Er wußte jetzt, wie man einen badischen, einen hessischen, einen Rheinwein auf der Zunge vergehen und wieder zurückkommen ließ. Es gab da gewisse Reflexe, sehr differenzierte Arten von Nachgeschmack, aufgrund deren man eine ernsthafte Kulturgeographie betreiben konnte. Es schmeckte jede Provinz anders. Deutschland, das wurde ihm in diesem Alter wesentlich eine Frage der Weine. Er würde von Deutschland nicht lassen, seiner Weine wegen ging das nicht. Der Rest schmeckt fade, dumpf, bitter in diesem Land. Schon in den Rotweinen war Frankreich deutlich überlegen. Er schmeckte sein Vaterland in den Weißweinen. Da lebte es, klar und hell, sehr sublim.

Da war noch etwas anderes, Tieferes, in das er nun eingebrochen war. Er wußte jetzt um sein Ende. Früher hatte er das nie gewußt. Oder war es ihm nur entgangen? Er hatte immer gelebt wie die Kinder: ohne Anfang und Ende, einfach immer nur seiend, spielend, mehr unglücklich als glücklich übrigens. Er war mit sich verklebt, also ewig nach Kinderart. Seit einigen Jahren ging das nicht mehr. Er sah nicht ganz ohne Erstaunen, daß sein Leben begrenzt sein würde — hinten von dieser

Boje. Zum erstenmal war dieser Gedanke Anfang der Vierzig aufgetaucht und hatte ihn seither begleitet. Wahrscheinlich würde er noch eine ganze Zeit leben; wenn es gutging, noch zwei oder drei Jahrzehnte. Aber dann, irgendwo, irgendwann, ganz hinten, war endgültig und unwiderruflich diese letzte Barriere errichtet. Weiter reichte sein Land nicht: die Grenze. Da liefen ein Uhrwerk, ein Wechsel, ein Billett für ihn ab. Er würde den Saal räumen müssen. Eines Tages, das war ihm jetzt klar, würde er nicht mehr sein. Die Welt würde weiter dasein; die Erde, der Himmel, die Völker, die Stadt und die Straßen der Stadt, alles würde bleiben und — etwas verändert — weitergehen, ohne ihn. Schade, dachte er. Er begriff, daß ein Menschenleben exakt zwischen zwei Daten, zwei Zahlen und Ziffern eingehängt ist und nur zwischen diesen beiden Zahlen schaukelt wie eine Hängematte: geboren, gestorben, von bis, getauft oder nicht getauft und schließlich begraben. Wie oft hatte man das gelesen: in Schulbüchern, Geschichtsbüchern, auf Grabsteinen, in den Dokumenten der Ämter. Es hatte immer den anderen gegolten. Jetzt galt das schon ihm. Wie?

Nein, diese Erfahrung löste in ihm keine Todesangst aus. Todesangst hat ein Ertrinkender, einer, der in die Tiefe stürzt, einer, der das Messer, die Pistole, den Gewehrlauf auf sich gerichtet sieht. Auch auf der Autobahn konnte man in gewissen kritischen Unfallsekunden so etwas wie Todesangst spüren. Er kannte das. Das Herz schlägt plötzlich wie wahnsinnig, und hinterher kommt eine bleierne, schlotternde Lähmung, dann Zittrigkeit. Einmal hatte er tatsächlich auch kurz geheult, die

Nacht darauf, als alles schadlos vorüber war. Das steckte dann in einem, doch das war es nicht. Es war eher eine leichte Erschütterung, eine abstrakte und durchlässige Evidenz, die nun in ihm hochkam, ihn nicht mehr verließ: Du lebst, aber du lebst nicht mehr ewig. Du fährst, aber nicht mehr sehr lange. Du hast noch ziemlich viel Zeit, aber sie ist schon gezählt, gestundet und zugeteilt. Da wird nichts prolongiert: jetzt.

Das war es: das Jetzt. Es war keine Angst vor dem Tod, wohl aber eine unglaubliche Aufwertung des Restes. Der Rest, jetzt war wichtig. Die Zeit, die noch blieb, wurde kostbar, wertvoller. So werten sich knappe Währungen auf, so lieben sich Leute heftig — beim Auseinandergehen. Das Leben lud sich vom Tod her neu auf. Diese Boje, diese Grenze, die nun da war, wirkte wie eine mächtige Batterie, die ihm rückwirkend Strom der Lebendigkeit zuführte. Wenn es also so ist, wie es ist, dachte er manchmal, dann muß dieser Rest sehr bewußt, sehr genau und intensiv gelebt werden. Er ist kostbar geworden. Ich bin, ich bin da, ich bin immer noch da — nütze die Zeit, jetzt oder nie. Ergreife den Tag, zahle ihn aus. Es ist Sommerzeit.

Von daher kam offenbar diese neue Wendung zur Welt, die er an sich jetzt beobachtete. Erst jetzt, als Mann Anfang Fünfzig, entdeckte er ihre Weite, ihre Vielfalt und all die leeren Stellen, an denen er immer vorbeigegangen war. Er hatte so vieles versäumt vom Ganzen. Er wußte jetzt, was ihm fehlte: Einzelheiten. Das Konkrete, das er früher immer verachtet hatte, war zu erforschen. Es beunruhigte ihn, so selten den Kontinent verlassen zu haben, nie in Japan, in Mexiko, nicht einmal auf Kuba gewesen zu sein. Auch in China hätte er sich gern umgesehen. Er würde so vieles nachzuholen haben: die Welt, ihre Schönheit, ihre Not und wie das alles zerfiel in lauter Einzelheiten. Man müßte alles befassen und prüfen — am Ort.

Er hatte vor kurzem vom Selbstmord eines Freundes gehört. Er verwarf solche Schritte nicht. In besonderen Fällen waren sie denkbar, ja möglich, aber sein erster Gedanke war gewesen: Wie konnte er das tun, ohne zuvor wenigstens noch Hongkong gesehen zu haben? Das hätte er vorher wahrnehmen müssen. Das ist doch auch Welt für uns: unsere Welt. Eins nach dem anderen. Erst kommt das Leben und dann der Tod. Die Reihe war falsch.

War es das? War das alles? Es blieb da ein Rest. Trotz Hunger auf Welt, trotz Lust am Sehen, Schmecken und Wissen ums Ende. Es blieb da ein Rest mitten im Leben schattenhaft. Er konnte seinen Tod nicht verstehen, ihn einfach nicht denken. Der Tod war da, er wußte um ihn, aber er konnte ihn nicht begreifen. Er war nicht unterzubringen. Es war nicht auszudenken, was das heißt: Du wirst tot sein, einmal. Daran stieß man sich wund. Er spürte: Der Tod sollte nicht sein. Er war nicht gemeint, ursprünglich. Manchmal gestand er sich ein: Er hätte gern immer gelebt. Warum müssen wir eigentlich sterben? dachte er. Schade. Schade um das Leben.

(1972)

## Oktoberlicht

Eigentlich habe ich das ganze Jahr darauf gewartet. Erst jetzt merke ich, wie sehr ich sie entbehrte: meine Zeit, Herbstzeit, Oktoberzeit — schönste Zeit des Jahres. Eine Regung von Dankbarkeit macht sich bemerkbar. Morgendliche Erfahrung: Ich gehe anders als sonst durch die Straßen — heiterer, leichter, zielloser. Staunende Beobachtung: Die Stadt ist schön im Oktoberlicht. Schön und vieldeutig wie ein Bild von Cézanne, von Monet oder Pissarro. Oktoberlicht ist wie das Licht der Île de France. Für einen Augenblick wird die City transparent, für eine Stunde erhebt sie sich über die Banalität ihrer Geschäftigkeit. Selbst Banken wirken fröhlich.

Denn Oktober ist ein Maler des Impressionismus. Er macht aus dem alten Stadtpark ein französisches Kunstwerk. Er tupft über die harten und brutalen Konturen der Geschäftsstraßen die gebrochenen Reize des Pointillismus. Denn Oktoberlicht ist nicht mehr Natur — es ist Kunst. In den sublimen Brechungsverhältnissen von Sonne und Nebel malt es tausend Bilder: verschleiert, pastos und flüchtig. Der Himmel ist morgens um neun zartblau und diesig. Die Stadt, die heute nacht noch schal und verbraucht war, ist neu, wie aus der Hand eines Künstlers gestaltet.

Dies ist meine Zeit, auf die ich jedes Jahr hoffe. Ich weiß, es ist unpopulär, diese wenigen, gebrechlichen Oktobertage zu loben. Sie stehen auf schwachen Füßen, wie Kinder oder Greise. Die Leute lieben das Stabile und Verläßliche: die Entschiedenheit eines Sommers, die brütende Hitze eines Augusttages, die klirrende Kälte eines verschneiten Februarmorgens.

Junge Leute, so hört man, lieben den Frühling. Das alles sind Jahreszeiten von plumper Direktheit. Im Mai blüht ganz Europa. Im August fährt alles nach Rimini. Da hat man zuverlässige Hitze, einen sozusagen juristisch einklagbaren Sommer. Im Februar gibt es helle Winterfreuden in St. Moritz. Man kann sie mit absoluter Zuverlässigkeit schon im Sommer buchen. Sie liegen in bunten Prospekten bereit. Denn hier waltet Natur, nicht Kunst. Natur ist ganz ohne feinere Zweideutigkeit.

Ich preise nicht den Herbst an sich. Ich preise einige Tage, einige Morgende, vielleicht wenige gelungene Stunden, in denen sich der Sommer noch einmal, bevor er zusammenbricht, zu letzter, durchsichtiger Schönheit erhebt. Zeit des Menschen, Zeit der Reife, gebändigte, volle, wissende Zeit. Letzte Farbenpracht, die sich noch einmal rauschhaft entfaltet: gelb, braun, rot, während das Grab des Winters schon ausgehoben wird: Novemberregen.

Warum sind diese wenigen, gebrechlichen Morgende im Oktober so bewegend? Warum liebe ich sie so, daß ich wollte, es wäre immer Oktober? Das ganze Jahr über — Oktober? Jetzt hat alles das Maß des Menschen: Es ist unsere Zeit. Die schwüle Hitze des Sommers ist vorüber. Sie machte nur träge und schlapp. Im Grunde ist Hitze unmenschlich; sie ruft bloß Schweißgeruch hervor. Die beißende Kälte des Winters, die die Menschen dick vermummt und unförmig macht, ist noch nicht da. Jetzt ist keine Zeit für Bikinis und keine für dicke Unterhosen.

Es ist maßvolle Zeit. Im Oktober gehen die Menschen anmutig und zivilisiert gekleidet. Jetzt gibt es auf den Straßen für wenige Tage vornehme Damen und wirkliche Herren. Elegante Kostüme und modische Schneideranzüge können jetzt den Körper wohltuend wärmen und vorteilhaft abbilden. Was drunter ist, ist meistens gar nicht so schön. Ein leichter Hut ist möglich, Handschuhe sind wieder sinnvoll, vielleicht ein Spazierstock — das alles verrät Kunst, Eleganz. Sie zeigt den Menschen auf der Höhe seiner Kultur. Oktoberlicht ist zivilisiertes Licht. Schon im November wird man zu den abscheulichen Regenschirmen greifen müssen.

Erst jetzt sollte man reisen. Denn jetzt erst ist die Saison der Feinschmecker gekommen. Aus dem Tourismus der Massen erhebt sich jetzt das Fernweh der Kenner. Fahre jetzt für zehn Tage nach Baden-Baden. Betrachte, wie in der Lichtentaler Allee sich das Laub kräftig zu verfärben beginnt: von Dunkelgrün zu Braun, von Braun zu Hellgelb, und wie es dann langsam licht und weniger wird und fällt. Das sind Erfahrungen, die nur der Oktober vermittelt. Jetzt haben die Hotels und Restaurants Platz nach Belieben. Überall wird man aufmerksam bedient. Späte Gäste sind beinahe halbe Freunde. Die Autobahnen sind endlich frei. Und wenn man jetzt zwischen Freiburg und Basel auf der leeren Asphaltbahn durch das Markgräfler Land rollt, so kann einen plötzlich die uralte Sehnsucht der Ferne locken. Blaue Verheißung im steigenden Morgennebel.

Die Weinbauern hocken jetzt mit ihren mächtigen Kübeln in den Rebbergen. Zeit des Herbstes, Weinlesezeit, Zeit der Fasanen, mit Kastanien gebraten. Sie bringen sie auf schweren, silbernen Schalen wie Opfergaben. Der Kenner wird nun eine Fahrt durch das Elsaß beginnen. Eine Reise, die den zahlreichen, delikaten Käsesorten Frankreichs gilt. Wer kennt sie alle? Wer kann sie unterscheiden? Es lohnt sich solche Entdeckung. Es gibt im Elsaß Häuser, die eine schriftliche Anmeldung zehn Tage zuvor schätzen, damit sie dem Gast den gewünschten Käse vorsorglich ansetzen können.

Fahre jetzt nach Burgund. Es wird ein Bacchusopfer in den ältesten Kellern Europas werden. Die Zunge erfährt feinste Nuancen des Rotweins, die wichtig sind auf dem alten und mürbe gewordenen Atlas unserer Kulturlandschaft. Fahre weiter in die Provence. Wage den kleinen Sprung. Von Dijon bis Orange sind es nur gute vier Stunden. Hinter der Burgundischen Pforte verläßt dich der Nebel, und bald hinter Lyon wird man plötzlich die mediterrane Wiedergeburt des Sommers erleben. Es kommt die Landschaft Cézannes und van Goghs. In Les Beaux ist stille Zeit: Hell und griechisch, kalt und groß stehen die Monumente der Antike da. Der Horizont ist scharf konturiert, überall Linien wie die einer Graphik. Jetzt erst wird die Camargue einsam und weit. Die weißen Pferde traben.

Das alles sind die Geschenke des Oktobers. Man weiß sie bei uns viel zuwenig zu schätzen. Es ist Zeit der Ernte. Das Licht ist gebrochen und wirft schon lange Schatten. Ahnung von Untergang ist dabei. Es ist Licht an der Grenze. Der Tod ist nicht zu leugnen.

(1967)

## Das Abenteuer der Heimat

Spürt man es nicht? Liegt es nicht in der Luft? Die hemmungslose Expansionslust, der Stolz auf Wachstum und technischen Fortschritt, der uns Bundesbürger lange beflügelte, ist vorbei. Wir haben in den dreißig Jahren des Aufbaus, der nach dem Elend des Krieges sinnvoll und notwendig war, vieles vernachlässigt, vergessen, was auch noch zum Leben gehört. Wir sind ein wohlhabendes Land, eine chromblitzende Republik geworden. Sind wir in ihr auch glücklich geworden? Warum sucht man überall nach neuer Lebensqualität? Warum wählt die junge Generation grün? Etwas, das substantiell zum Menschsein gehört, ist inmitten unserer rapiden Fortschrittsdynamik offenkundig vernachlässigt worden. Jetzt meldet es seinen Anspruch an. Eine neue Einfachheit ist gefragt, das Ursprüngliche wird wieder gesucht. Nicht die weite Welt, ihre Nähe fasziniert. Überall Landkommunen und Ökodörfer. Das Ländliche, die Region, die Provinz wird wieder entdeckt. Das Wort Heimat taucht wieder auf.

Zugegeben, es ist hierzulande etwas heikel, über den Begriff Heimat ganz unbefangen zu sprechen. Zu schnell stellt sich Ideologieverdacht ein. Es soll hier aufs neue das alte Lied vom einfachen und ach so gesunden Leben in der Natur gesungen werden? So etwas, unweigerlich, riecht leicht nach Blut und Boden in Deutschland. Das wogende Kornfeld, die dampfende Scholle, die grünen Wiesen mit all ihren glücklichen Kühen darauf — diese vergilbten Dekorationsstücke einer Idylle von vorgestern, wer will sie heute? Wo ist denn noch unzerstörte Natur? Wo gibt es den stillen Bach, den sauberen Strom, den das Volkslied so innig besang? Ist unsere Natur nicht eher einem schmutzigen, zerrissenen Kleid vergleichbar, dessen man sich schämen sollte, statt es zu rühmen? Haben wir die Landschaft nicht mit Recht vergessen?

Wohl wahr: da und dort. Schon zutreffend für manche Regionen, vor allem für die Randzonen der industriellen Ballungsgebiete. Andererseits gibt es bei uns auch eine penetrante Art, von Umweltverschmutzung zu reden, die selber wieder ideologische Wurzeln hat, also Wirklichkeit verschleiern will, nur jetzt nach der anderen Seite hin. Da wird dann auf höchst bequem-arrogante Weise alles entwertet und mies gemacht. Da wird in alter deutscher Radikalkur mit dem Kind gleich das Bad ausgeschüttet. Unter dem Vorwand der beschädigten Natur soll das immer noch mögliche Verhältnis des Menschen zu ihr überhaupt abqualifiziert werden. Jeder Wanderer wird dann zum romantischen Spinner erklärt, jeder Bergfreund zum waschechten Reaktionär. Auf so abschüssiger Bahn stellt sich bei uns Faschismusverdacht wie von selbst ein. Da läuft doch einer tatsächlich mit Kniestrümpfen, mit Schillerkragen und Rucksack durchs aufgerissene Altmühltal. Muß der nicht in Wahrheit ein Nazi sein?

Die Wahrheit, natürlich, liegt nicht in solchen Extremen. Es ist wahr, daß unsere Landschaft nicht mehr unzerstört ist, aber genauso wahr ist, daß sie als Dimension persönlicher Erfahrung zunächst einmal verdrängt und vergessen wurde. Dieses Land ist nicht so zerstört, daß es sich nicht lohnen würde, seine vielfältigen Regionen neu zu entdecken. Die Tourismusindustrie bestätigt diesen Trend seit Jahren. Deutschland ist als Reiseland wieder gefragt. Reisen im Inland sind nicht länger die Notlösungen der Minderbemittelten. Manche von denen, die sich lange in der drangvollen Enge der Mittelmeerküste tummelten, haben jetzt wieder den Schwarzwald, den Harz, die Heide entdeckt. Sie fahren an die Ostsee. Sie entdekken nicht nur in Sylt, wie gesund und gewaltig die Nordsee ist. Bayern als Ferienland stand nie in Frage. Überall kann man neue Erfahrungen sammeln. Und jeder Arzt weiß: Gerade von so einfacher und kraftvoller Natur geht die tiefste Regenerationskraft für den erholungsbedürftigen Zeitgenossen aus.

Das Abenteuer der Heimat — worin liegt sein besonderer Reiz? Wenn ich von meinen eigenen Erfahrungen ausgehen darf, so würde ich sagen: in dem dauernden Staunen über das, was es alles hierzulande gibt, wovon wir nur wenig wußten, vom deutschen Fernweh erfaßt. Ich meine die für Deutschland so typische Vielfalt der Regionen, all die Unterschiede unserer Provinzen. Jedenfalls von Frankfurt am Main aus stößt man alle hundert Kilometer auf eine andere Landschaft mit ganz anderen Menschen. Jedesmal ein neuer Dialekt, eine andere Architektur, eine andere Küche, ein anderer Weinkeller; eine Vielfalt der Kulturen, die verblüfft. Man schmeckt sie am besten am Abend beim Stammtisch.

Im letzten Jahrzehnt, wo ich viel unterwegs war, viel reiste und über Reisen schrieb, habe ich das vor allem zugelernt: Deutschland ist gerade in seinen kleineren Einheiten ein unentdecktes Land. Jenseits der großen Autobahnströme ist es viel reicher und schöner, als man vermutet, hinter dem Steuerrad sitzend. Das hat nichts mit dumpfem Provinzialismus zu tun, schon gar nichts mit engstirnigem Nationalismus. Wenn man es analysieren wollte, hätte es eher mit jener selbstverständlichen Identität zu tun, wie sie etwa jeder Franzose kennt. Für die Franzosen ist Frankreich ganz selbstverständlich das Reiseland Nummer eins und zwar lebenslänglich.

Reisen in Deutschland — wenn ich an die letzten Jahre zurückdenke, was blieb? Es waren Augenblicke unterwegs. Damals etwa, als ich auf dem Weg nach Bayreuth bei Bamberg plötzlich von der überfüllten Autobahn ging, ins Land der Franken geriet, von dem ich nur wenig wußte. Julihitze lag über den Feldern. Es flimmerte Licht von den Bergen, hellgrün, hellblau. Dann stand plötzlich Schloß Pommersfelden vor mir. Ein fränkisches Versailles, wie mir zunächst schien, ich meine jene bescheidene Großartigkeit, die für Franken so typisch ist.

Ich werde den Septembertag in Wunsiedel nicht vergessen. Wir saßen in dem kleinen, stillen Hof des Heimatmuseums. So viel Ausgeruhtheit, Schweigen, stehengebliebene Zeit, Vergangenheit, die hier schläft. Geist von Jean Paul zum Beispiel, der hier gelebt und geschrieben hat seine skurrilen, kauzigen Geschichten, die im kleinen das Große bewahren. Deutsche Seelenlage ist hier notiert. Ich werde Coburg mit seiner Veste und seinem kurios-großartigen Schloß nicht vergessen, das sie unverkennbar dem englischen Hof nachgebaut haben. Was ist hierzulande deutscher als dieses romantische Städtchen ganz nahe am Thüringer Wald? Ich werde auch die Mainquelle kaum vergessen, zu der wir Frankfurter einmal vom Fichtelgebirge aus pilgerten. Welch ein stilles Rinnsal im tiefen Wald!

Hat man es gemerkt? Es sind fast immer Zonenrandgebiete, von denen ich spreche. Ich meine: Auch das kommt zum Thema Abenteuer der Heimat hinzu. Nirgendwo reist man heute in Deutschland ruhiger, erholsamer, auch billiger, als in den Gebieten, die nahe zur DDR liegen. Die Straßen sind leer, die Preise maßvoll, die Landschaft hat etwas Unverbrauchtes, beinah schon Entrücktes. Wirtschaftlich sind es oft Notstandsgebiete und doch: Ruhe geht heute gottlob von dieser schrecklichen Grenze in Deutschland aus. Man sollte ihre Stille hören. Man sollte mit den Menschen hier sprechen. Man sollte sich auch dem Anblick der Grenzlinie stellen. Einheit und Zwietracht, mit einem Wort: Deutsche Geschichte wird hier offeriert.

Was geschieht mit uns, wenn wir uns der heimatlichen Natur draußen so stellen? Ich möchte es zunächst Sensibilisierung unserer Existenz nennen. Die Landschaft bietet uns immer noch ein Schauspiel, reich an dramatischen Szenen, voller subtiler Nuancen, die wir in unseren Betoneinöden, Großstädte genannt, kaum noch kennen. Was wissen wir etwa vom Lichtwechsel in unseren vom Neonglanz geblendeten Städten? Wenn es dort dunkel wird, knipsen wir einfach das Licht an. Die Natur aber hat mehr zu bieten. Es gibt Jahreszeiten, Tageszeiten, Lichtspiele faszinierender Art, die nur draußen veranstaltet werden. Es gibt immer noch das Schauspiel der Dämmerung: wie die Hitze des Tages zerfällt, zerbröckelt, wie das Licht mürbe und milchig wird, dann ins Rötliche übergeht, der Abend sich über die Erde senkt und wie dann schließlich die Nacht aufzieht, der Himmel zu funkeln beginnt. Wer erlebt das noch in seinem natürlichen Reichtum, der unbeschreiblich ist, an jedem Abend etwas anderes, also immer neu?

Man kann natürlich sagen: Ästhetizismus eines Großstädters, nichts als schöner Schein, was soll das in der Welt, die überall von Gewalt und Schrecken bestimmt wird? Man kann aber auch sagen: eben deshalb. Gerade weil diese Welt überall so blutig und schrecklich ist, hat der Mensch auch ein Recht, ihre Wunder neu zu erfahren, ihre eigene Schönheit, Dasein in seiner Tiefe, Urgrund, aus dem wir lebendig sind. In solche Fülle, in diesen Reichtum der Erde wurde der Mensch hineingeschaffen. Natur und Politik schließen sich keineswegs aus. Sie gehören in kritischer Balance zusammen. Im einen korrigieren wir immer das andere.

Abenteuer der Heimat: Die wiederentdeckte Landschaft kann unsere Sinne sensibilieren. Das Riechen zum Beispiel. Weiß man noch, wie ein Wald riecht nach vielen Regentagen? Natürlich riecht er nach Holz, nach Pilzen, aber es ist zugleich mehr im Spiel — was? Weiß man noch, wie stark Gras riechen kann, wenn es frisch geschnitten wurde? Das Laub in einem Herbstwald erinnert an Vergänglichkeit und Tod. Der Nebel erzählt uns Geschichten der Einsamkeit und Verlorenheit. Das

Meer erzählt Geschichten der Ferne. Die Nordsee spricht eine andere Sprache als die Ostsee. Aber beide erzählen etwas Elementares, eine gewaltige, ursprüngliche Geschichte, lange vor uns. Am Anfang war nur das Meer: Wasser, das kommt und geht, aufgischtet und fällt, der Rhythmus alles Lebendigen. Wir sind aus dem Wasser geboren.

Menschen, die das nicht mehr hören, sind arm. Sie sind taub und stumm geworden in einer Welt lebendiger Zeichen. Die Zeichensprache der Schöpfung ist in der Landschaft zu lesen. Das ist das Abenteuer der Heimat. Ganz in der Nähe liegt die Welt, unausschöpfbar.

(1982)

# Orte unterwegs

# Freiburger Anfänge

Diese Stadt, das ist sicher, sollte man rühmen. Man sollte von ihr in gehobenen Tönen sprechen: baedekerhaft, sozusagen in Moll. Man sollte sagen: Wenn ihr die Welt menschenfreundlich und schön, schön beisammen, beinah heil haben wollt — geht dahin. Freiburg blüht, immer noch, immer wieder. Die Stadt ist trotz aller Bauwut intakt, wie nur sehr alte, historisch gewachsene Städte intakt sein können, die immer auf sich hielten, auch gut katholisch waren. Es ist alles dran an der Stadt, was sich gehört. Sie hat einen historischen Mittelpunkt, das Münster, und alles drumrum: einen Münsterplatz, den Markt, ehrwürdige Palais, das alte Kaufhaus, gemütliche Weinstuben, die dicken Stadttore; St. Martin zum Beispiel beschützt die Stadt. Es ist alles drin in der Stadt, was sich gehört: ein Bischof, ein Priesterseminar, ein großer Verlag, ein großer Denker, viele Studenten, die auch aufsässig sind, in Grenzen. Es wächst der Schloßberg mit seinen Rebhängen steil in die Stadt, und vergeßt auch nicht, nach Günthertal, nach Kirchzarten herauszufahren. Wie das bläuliche Licht des Schwarzwalds von hier in die Stadt hineinfließt, über den neuen Siedlungen sanft versickert — so ungefähr sollte die Welt doch sein, nicht wahr?

Das alles, natürlich, klingt ziemlich baedekerhaft. Es klingt nach dem städtischen Informationsbüro für Touristen: schöner Schmus, Postkartenkitsch. Warum nehmt ihr mir so etwas ab? Wenn ich ehrlich wäre, müßte ich sagen: Ich kenne diese Stadt nicht mehr. Ich fürchte mich immer etwas vor ihr. Ich habe Angst vor all ihrer Wohlanständigkeit, Sauberkeit, Idyllik. Ich will das nicht mehr: Vergangenheit, so viel Versuche, Vergeblichkeit. Ich gehe ihr aus dem Wege, so gut es geht. Wenn ich in ihre Nähe komme, Richtung Südbaden, werde ich immer etwas unruhig, sage etwas zu hastig: Komm, laß uns nach Straßburg, laß uns nach Basel fahren, meinetwegen auch nach Konstanz. Schöne Orte. Und ich denke: Nur diese Stadt nicht, deine Verwundungen, dein Trauma, eine Art von Komplex. Es hängt zuviel daran: Vergangenheit. Halt dich da raus, rühr nicht dran, laß das auf sich beruhen. Man muß doch nicht alles aufklären, bewältigen, nicht wahr? Jeder Mensch hat doch seine dunklen Punkte, seine unaufgeräumten Ecken, sein Kellergeschoß, etwas verschimmelt. Ich bin mit Freiburg nie klar- und ins reine gekommen. Ich bin da gescheitert. Es war nichts als der Ort meiner Niederlagen, eine schöne Kulisse, wo mein frühes Stück spielte: Vergeblichkeit. Es war alles vergeblich damals in Freiburg: ein Studium, eine Ehe, Journalismus, eine Art von Beruf — Kartenhäuser der Normalität, badische Bürgerlichkeit, viel zu früh. So etwas kann nicht halten. Auch ein Selbstmordversuch ist übrigens in Freiburg vergeblich gewesen. Doch lassen wir das. 1952 bin ich dann weggegangen.

Zum erstenmal kam ich 1940 nach Freiburg. Ich war in Berlin bald nach Kriegsausbruch in die Hände der Gestapo gefallen. Und als ich da heraus war, aus den Händen, aus der Zelle, aus Moabit, sagten die Freunde, skeptisch den Kopf schüttelnd: Du mußt hier weg; hier bist du bekannt — als Staatsfeind. Geh doch nach Freiburg im Breisgau, eine schöne, geruhsame Stadt, nicht so nazistisch. Du wirst dort sicherer leben als Student. Und ich, der ich Berlin kaum verlassen hatte; ich, der ich Charlottenburg für die Welt hielt, die ganze: graue Mietshäuser, Margarine-Reklame, Marmeladeneimer und Müllkästen, die bleichen Gesichter der Berliner; Biertrinker, ich, der ich die spröden Kiefern der Mark, das schlappe Wasser des Grunewaldsees für Natur hielt, die ganze — ich also kam an einem Maimorgen in Freiburg im Breisgau an, wie man nur mit Zwanzig, wie man nur einmal im Leben ankommen kann, nie wieder. Ich war etwas berauscht, auch verzaubert, die Augen ganz offen, atemlos, daß es so etwas gab: so viel Schönheit, so viel Farbe, Licht, so viel Herrlichkeit auf Erden. Es schien auch damals die Sonne. Es war für den jungen Berliner der erste Rausch des Südens. Das klingt heute komisch und war doch so, und ich darf auch hinzufügen, daß ihm damals das Herz etwas klopfte. War das die Welt? Ein heller, blanker Frühlingsmorgen?

Ich ging mit meinem Köfferchen durch die Eisenbahnstraße. Hieß sie so, oder hieß sie Bahnhofstraße? Daran erinnere ich mich nicht mehr genau. Sie führte auf jeden Fall auf die Adolf-Hitler-Straße. Ich sah in den Gärten exotische Blumen blühen. Sie leuchteten feuerrot, feuergelb. Es war alles viel üppiger hier. Ich roch den schweren, süßen Duft der Kastanien. Ich roch den Schwarzwald zum erstenmal. Ich kannte ihn nur von Badeessenzen. Ich sah Hausfrauen mit frischen Früchten in ihren Taschen vom Markt kommen. Sie gingen gemütlicher. Und wenn sie sprachen, sangen sie. So schien mir ihr Hajo und Hano: das Badische. Junge Burschen radelten fröhlich durch enge Gassen. Es fielen mir ihre nackten Beine in kurzen Hosen auf. Und wer staunt nicht in Freiburg über all die Wasser, die an den Straßenrändern in winzigen Kanälen dahinplätschern? Zum erstenmal sah ich eine Kirche, die nicht grau, also wilhelminisch, sondern rötlich aussah, riesig groß und doch schwebend leicht: das Freiburger Münster.

Ich will nur sagen: Es war eine richtige Schwarzwald-Kitschkarte, die ich sah. So ungefähr — Pardon — muß doch dem jungen Goethe in Straßburg zumute gewesen sein. Ich hatte kein Pferd, ich kannte kein Sesenheim, von Pfarrerskindern war auch nicht die Rede, aber es war wohl so etwas wie die lodernde Himmelsstürmerei deutscher Jünglinge damals in mir, in Goethe und mir. So etwas kann nur böse enden. Es hielt also nicht lange. Es folgt auf Rausch meistens Depression. Kaum daß ich mich angemeldet hatte in Freiburg, polizeilich, wurde ich eingezogen, kam zum Militär, dann in den Krieg, dann in Gefangenschaft.

Ich frage mich heute, warum ich dann '45 zurückgekehrt bin, hierher? Was war es denn? Es war übrigens der 9. November, ein deutsches Datum. Heute ist es vergessen. Ich erinnere mich an Stacheldraht, an Zelte, an Käfige in Cherbourg. Hitler hatte sich eben das Leben genommen, so hieß es. War das sicher? Wir standen in endlosen Kolonnen, standen Tag und Nacht im Sand, im Lehm, im Matsch, im Dreck der Gefangenschaft, amerikanisch. Eine Baracke. Ein Schreiber fragt, gleichgültig über seine Listen gebeugt: Ihr Heimatort? Und ich sage, wie man so etwas nur im Traum sagen kann, also präzis daneben: Freiburg im Breisgau. Ich dachte wieder: Ein schöner, südlicher Traum. Und: Da bist du sicher, Berlin ist doch russisch, jetzt. So bin ich wieder nach Freiburg im Breisgau gekommen, zum zweitenmal, und bin im Westen hängengeblieben für immer.

Augenblick deutscher Heimkehr, ach, unbeschreiblich. Wir hatten zwei Nächte, drei Tage im Lager Tuttlingen gestanden: Übergabe an die Franzosen. Wir hatten Hunger, wir froren. Jetzt waren wir an der Reihe, ganz unten. Des Abends kamen Frauen an den Stacheldraht, nahmen Pellkartoffeln aus ihren Schürzen, schoben sie heimlich durch den Draht. Ich weiß, daß dabei öfters die Haut aufplatzte, die der Kartoffeln. Eine nationale Gebärde — so würde ich heute sagen. Es gab schmutzige, gierige Finger, die nach den Kartoffeln griffen. Ängstliche Blicke. Ob das die Franzosen sahen? Wir fraßen alles rein in uns, auch die Kartoffelschalen. So folgt auf jeden Mai ein November, auf Rausch Depression. Dann sah ich Freiburg wieder. Es war eine andere

Stadt. Wir sagten damals: weggebombt. Wie war das?

Es ist zehn Uhr morgens. Ich gehe wieder durch die Bahnhofstraße. Oder hieß sie nicht doch Eisenbahnstraße? Auf jeden Fall führte sie noch immer auf die Hauptstraße, die einmal Kaiserstraße, dann Adolf-Hitler-Straße und nun wieder Kaiserstraße hieß. So lassen sich die Mächtigen immer leicht auswechseln bei uns. Ich bin ein Heimkehrer, wie man sagt: abgerissen, schäbig, die schäbige Abgerissenheit deutscher Gefreiter, vier Jahre lang. Es klappert die Gasmaskentrommel. Die Schaftstiefel hallen noch immer. Wohin, wozu? Sinnlose Schritte.

Die Stadt ist weg, ist verbrannt, ist ausgekocht, vertan und niedergemacht: ein Totenhaus; da habt ihr es. Es standen damals nur noch Ruinen in Deutschland. Erinnert man sich noch? Es war eine Gerippestadt, wie ein Skelett von Menschen. Häuserreste, Reste von Wänden, von Fußböden, von Zimmerdecken. Man konnte in aufgerissene Wohnungen, in abgebrochene Treppenhäuser sehen. Manches schwebte. Dann all die Kaminstümpfe. Schornsteine haben diese merkwürdige Zähigkeit zu überleben. Ganz Freiburg, das einmal geblüht und geleuchtet hatte, bestand nur noch aus Trümmern, aus Brandgeschmack und Schornsteinstümpfen. Die Stadt war richtig niedergebrannt und runtergemacht wie im Dreißigjährigen Krieg. Tabula rasa war damals, dachten wir wenigstens — damals. Die Leichen lagen noch unter den Trümmern im Kellergeschoß. Das Münster stand, etwas beschädigt. Warum? Warum kriegen Kirchen immer Sonderrechte?

Es regnete. Es war kalt und naß. Novemberregen '45, wer will das hören heute? Ich fror und hatte Hunger, einen wütenden Hunger, der schwach und zittrig machte. Ich ging zu dem großen Haus am Martinstor, wo meine Studentenbude war. Ich hatte die Miete weiterbezahlen lassen von Berlin aus. Aber ich kam nicht mehr die vielen, hohen Treppen des Mietshauses empor. Ich fühlte nur Schwäche in den Knien. Die Beine würden zusammenklappen, wie Taschenmesser. Ich sackte ab, ließ mich nach unten rutschen. Unten am Hauseingang war eine Bäckerei. Ich schlich hinein, setzte mich auf eine Kiste, sagte zu der Verkäuferin: Ich bin der Student von damals, der Heidegger-Student. Erinnern Sie sich noch — Sommer 1940? Ich habe so einen wahnsinnigen Hunger. Geben Sie mir ein paar Brötchen, ohne Marken. Das Mädchen gab sie mir, zögernd, mißtrauisch, beinah verächtlich, wie Freiburger eben so sind, immerhin. Ich biß und kaute und aß und starrte so vor mich hin. Damit begann damals das Leben: kauend.

Nein, das andere will ich nicht mehr erzählen. Ich will nicht mehr berichten, wie sich diese Heimkehr als Irrtum herausstellte. Es hatte niemand mit mir mehr gerechnet hier in der Stadt. Mein Ende, mein braver Soldatentod, war längst einkalkuliert. Es gab mein Zimmer nicht mehr; ein anderer wohnte jetzt dort. Die Wirtin öffnete mißtrauisch die Tür. Sie blickte mich fremd und starr, wie versteinert an. Sie hatte die rötlichen Augen alter Terrier, Augen, die am Rande rötlich zerlaufen. Sie sagte: Jesses Maria, Sie leben noch? Das kann doch nicht sein! Und war doch so. Es gab meine Sachen nicht mehr, mein Geld war weg, meine Kleider, meine Freunde verschwunden. Es war eben gar nichts mehr: Tabula rasa. Ich war wie Beckmann, aber wußte es nicht.

Ich ging in die Mercystraße. Die Dichter öffnete nach langem Klingeln. Er sah wie immer sehr leidend, schmerzgebückt aus. Es fielen mir seine tiefen, blauen Augen auf, die jetzt etwas lächelten; niemand konnte so trauernd lächeln wie er. Der Dichter ging noch immer am Stock. Er lehnte sich noch immer wie hilfesuchend an seinen grünen Ofen. Er umarmte ihn von rückwärts. Es war einladend und schön zwischen all den Büchern, auch endlich warm. Der Dichter sagte dann später, auf dem Schreibtisch zwischen den Papieren suchend: Ja, da habe ich noch eine Nachricht für Sie. Ich muß es ja sagen, hier ist der Brief. Ihr Vater ist nämlich gestorben, bald nach dem Einmarsch der Russen. Frau Langgässer hat es mir diesen Sommer geschrieben.

Ich erinnere mich, daß ich damals geweint habe einen Augenblick: über mich, über Deutschland und natürlich auch über meinen Vater. Es war aber wirklich nur einen Augenblick. Später dann, wieder draußen auf der Straße, öffnete ich den Brief. Ich zog zwischen dem Papier zwei Fünfzigmarkscheine heraus. Ich wußte sofort, daß das nur er hineingesteckt haben konnte, sein hilfreiches Gewissen, sehr christlich und gut. So war Reinhold Schneider damals zu vielen: gut. Ich aber? Ich fühlte so etwas wie Erniedrigung. Ich biß die Zähne zusammen, lief zum Bahnhof, suchte, redete, verhandelte da mit Männern. Ich machte mein erstes Geschäft mit den Schwarzhändlern. Es gab ein Pfund Schmalz für beide Scheine: Schweineschmalz. Ich nahm das und fühlte mich so richtig auf den Hund gekommen, auf den Boden geworfen, ausgespuckt. Ich war nun satt und hätte mich jetzt erbrechen können. So war das, und natürlich: Solche Augenblicke bleiben unvergessen.

Also, es ist natürlich nichts als ein sentimentales Gerücht, wenn man heute sagt: Was waren wir doch damals voller geistiger Unruhe, voller Hoffnung und Aufbruchsstimmung — Hitler überlebend! Damals, ganz am Anfang, habe ich mir so großartige Gefühle nicht leisten können. Ich war wie betäubt, war eben davongekommen und suchte, so durchzukommen, wie alle. Ich habe eine Weile auf dem Bau gearbeitet, habe Grundstücke enttrümmert, Steine geschleppt, Ruinen eingerissen. Einmal bin ich dabei mit dem Fußboden, den ich aufhackte, samt Schaufel und Pickel in die Tiefe versackt und lag eine Weile im Keller auf Steinen. Ich habe mich dann wieder hochgerappelt. Im Wald, dem schönen Schwarzwald, habe ich Holz gesägt, durch die Straße gekarrt, dann schön kleingehackt. Es war wohl alles mehr ein Körpergefühl am Anfang, ein Gefühl in den Händen, ein Brennen von Schwielen und Blasen. Es gab ein Gefühl im Magen, vom Hunger, und eins in den Beinen, vom Stehen. Was hat man doch damals gestanden vor Türen der deutschen Verwaltung. Es gab Türen, die zu Brotmarken, und andere, die zu Kartoffelmarken, Bezugsscheinen für Spinnstoffe und Briketts führten. Das alles klingt etwas komisch heute. Es klingt wie aus der Steinzeit und ist doch drin in einem. Ich kann es aus mir nicht entfernen. In mir ist alles geblieben.

Nein, ich kann nicht nachträglich Kränze flechten, die Zeit der schönen Armut preisen — wie da aus Nacht das Neue wuchs. Ich kann nicht sagen: Die Stadt hat mich aufgenommen, sie heilte die Wunden, und wie dann alles anfing, sich regte und neues Leben sproß aus den Ruinen, den bekannten. So wäre es wohl richtig, historisch gesehen, doch so war es nicht — für mich. Ich fühlte nur Öde und Leere, eine Art von Erstarrung zunächst. Traurigkeit holte mich ein, Melancholie. Ich trauerte um all die Toten, all die Ermordeten und Hingeschlachteten. Man erfuhr das erst jetzt genauer. Man sah die ersten Bilder der Lager, sah alles und wußte: Das meint auch dich.

Es wehte ein eisiger Wind durch die Straßen der Stadt, so um Weihnachten. Es läuteten Glocken vom Freiburger Münster, aber nicht für mich. Ich fühlte mich todtraurig in meinem Vaterland. Ich dachte: Warum bist du zurückgekommen? Ich spürte: Du bist nicht entlassen, noch nicht.

(1971)

## Sorgen wegen München

Seit einiger Zeit spüre ich, daß etwas mit München im Gange ist. Da will sich etwas anbahnen zwischen mir und München — leider. Nicht gerade eine Affäre, nicht eine Liaison, soweit ist es noch nicht, aber doch eine erste Lockung, ein erstes Werben. Seit ein oder zwei Jahren taucht München als Möglichkeit für mich auf, ein quälender Gedanke. Er beunruhigt mich. Als alter Berliner, der sich in Frankfurt einrichten mußte, schien mir München immer sehr fern. Was man nicht braucht, das sieht man ja auch nicht. Aber nun tauchen merkwürdige und unstatthafte Phantasien in mir auf. Ich träume manchmal von München. Ich überrasche mich bei der Überlegung, wie das eigentlich wäre, wenn ich dort lebte, dort Milch einkaufte, zum Finanzamt ginge und abends den Bayerischen Rundfunk hörte — ein verwirrender Gedanke, der mich tief ratlos macht. Immer öfter, wenn ich in München bin, sagen Freunde zu mir: »Also, wann kommst du hierher? Wann ziehst du endlich nach München?« So rückt mir die Stadt immer näher als Möglichkeit, so bahnt sich was an; ich spüre das. Es besorgt mich diese Entwicklung, denn, offen gesagt, ich habe ein klein wenig Angst vor München.

Ängste, so wissen wir heute, soll man nicht verdrängen. Das ergibt nur Neurosen. Man soll sie aussprechen; das erleichtert. Ich versuche also, meinen etwas verrückten und unstatthaften Gefühlen auf den Grund zu kommen. Eine undankbare Aufgabe, das weiß ich. Ich versuche, diese unmögliche Position, in die ich mich da öffentlich begebe, wenigstens für meinen Fall glaubwürdig zu machen. Ich erhebe keinen Anspruch auf allgemeine Gültigkeit, wie man so sagt. Es genügt mir mein Unbehagen. Also, gegen München wollen Sie etwas sagen? Das ist doch unmöglich — was denn? Da sind wir nun wirklich gespannt. Alle Welt sehnt sich, alle Welt drängt sich nach München. Unsere heimliche Hauptstadt mit Herz und ihrem unbezahlbaren Freizeitwert.

Für alle Fremden sollte man eigentlich eine Münchner Mehrwertsteuer erlassen. Es ist doch alles viel schöner und freundlicher und liebenswerter hier. München ist eine glückliche Stadt.

Eben, das ist es, das ängstigt mich so. Ich habe Angst vor so viel Glück lebenslänglich und zucke immer etwas zusammen, wenn mich das plötzlich trifft. In diesem Sommer zum Beispiel, in einer warmen Julinacht, ich kam aus dem tiefen Italien, aus Kalabrien — da traf es mich so. Ich war entzückt und erschreckt zugleich. Es ist ja ein harter Schnitt, wenn man vier Wochen im ärmlichsten Mezzogiorno war und sich plötzlich auf der Leopoldstraße wiederfindet.

Es war schon fast elf in der Nacht. Es war einer dieser unverschämt schönen und glücklichen Sommerabende, wie es sie eben nur in München gibt. Ganz Schwabing war auf den Beinen, war unterwegs, lief in schicken und frechen Kostümen auf und ab, ein buntes, hinreißendes Völkchen. Es hockte provozierend kunstvoll auf Café-Stühlchen, plauderte nicht, saß wachsam und starr wie eine endlose Versammlung von Komparsen da, die eben auf ihren Regisseur warten. Dreißigtausend bildhübsche Visagen, dreißigtausend verrückte Kostüme, Burschen, Mädchen, alles Musenkinder, harte Engel und weiche Künstler, die alle den Kopf mitdrehten, wenn man vorbeiging. Es war wie beim Tennisspiel in der Wochenschau. Eine einzige große Theaterszene, streng und sehr attraktiv inszeniert. Ein richtiges Fest der Jeunesse dorée, und man selber war plötzlich auch in eine Rolle gedrängt, spielte in einem Stück von Anouilh oder Giraudoux den alten Provinzler, der mal nach Paris kommt und etwas wacklig über die großen Boulevards läuft. Man ist schon zufrieden, wenn man nicht stolpert in solchen Szenen und bei der Universität wieder in mildtätigem Dunkel verschwinden darf. Die Nacht ist so gut. Sie deckt zu. Das war so ein Anfall von schrecklicher Münchner Schönheit, der mich tief nachdenklich machte.

Diese Münchner Art, so locker, so leicht, so vollkommen ohne Knirschen in den Gelenken, so ganz ohne Blei an den Füßen einherzugehen — mich verstört das. Die haben hier eine Art, mit dem Leben fertig zu werden, die man nicht ganz ohne Neid registrieren kann. Den ganzen Tag glücklich und immer zufrieden: mit sich, mit den anderen, mit der Welt und mit München natürlich. Schon morgens beim Einkaufen der Zeitung, beim Milchholen liegt Heiterkeit und Weltfreundlichkeit über allen Gesichtern. »Grüß Gott, Frau Huber, die Semmeln, ja?« Überall Törtchen und Kunst, Skimoden, Herrenausstatter, Damenboutiquen, Mannequins, Fotomodelle, Playboys, Galerien, Gammler, fröhliche Hausfrauen mit Dackeln, die auch dankbar sind, in Bayern leben zu dürfen. So etwas spricht sich herum. Beim Aufschlagen der Zeitung frohe Neugier, was die dazu meinen: gestern die Theaterpremiere, das unselige Konzert, der letzte Antonioni, total mißverstanden natürlich. Ich muß mal die Rita anrufen, was die dazu meint. Eine überschaubare, intakte Gesellschaft, die dauernd Kunst sagt, die Kunst ist oder doch wenigstens scheint. Man trinkt seinen Aperitif dazu, man telefoniert, plaudert, klatscht etwas, ruht sich eine Stunde aus, schon ist es Abend. Ja, wo gehen wir denn hin? »Blow up« oder »Drugstore«? Nein, da hat doch jetzt ein ganz neuer Talentschuppen irgendwo aufgemacht?

Und dann sitzt man plötzlich doch in diesem »Drugstore«. Auf rätselhafte Weise hat man tatsächlich ein Plätzchen erwischt. Und wieder stehen hier hinter raffinierten Spiegeln und grellen Scheinwerfern die letzten Kreationen des Jungensschicks. Die Jungen sehen aus wie Mädchen, die eigentlich wie Jungens aussehen. Und die Mädchen sind etwas ganz Verrücktes und Neues, so komisch neutral. Sie tragen zu dem Minirock hohe Schaftstiefel und gucken mit dem strengen Asta-Nielsen-Blick der zwanziger Jahre — schwarz und starr. Alle Mädchen in München sehen oben so flach wie Twiggy aus und weiter unten wie Kosakenbräute. Sonderbar. Man schämt sich fast, nicht Haschisch oder LSD zu bestellen. Sicher ist das hier Sitte?

Ich kam so oft nach München, und jedesmal schien es mir noch etwas herausfordernder und frecher in Sachen Lebenslust. Unsereinen vergrämt so etwas. Unsereinen, der Berlin-Charlottenburg, Hamburg-Altona, Frankfurt-Sachsenhausen etwas in den Knochen hat, bestürzt so viel schöner Schein. Nun sieh dir das an, die Ainmillerstraße, lies es doch an der Tür ab: 27 Klingeln sind da, und jeder Klingelknopf ein Künstler. Überall riecht es nach Malerei, nach Mode und Prominenz. Hier hocken die großen und kleinen Meister. Ich sah mittags um zwölf zwei Gammler am Rande der Leopoldstraße hokken. Sie saßen auf nacktem Asphalt und studierten tiefsinnig den *Spiegel*. Na und, kann man sagen. Ich meine, sie saßen auf eine so provozierend glückliche Weise da, wie engagiert von den Kammerspielen. Es vergrämt mich diese unglaubliche Fähigkeit der Stadt, allen Werken des Tages Genuß und Glanz beizugeben: einen Mantel kaufen, eine Flasche Bier holen, ein Mittagessen runterschlingen, zur Post gehen — was in Frankfurt oder Hamburg eben nur dieses ist: einen Mantel kaufen, eine Flasche Bier holen, ein Mittagessen runterschlingen, zur Post gehen. In München liegt bei allem der Glanz einer Inszenierung darüber. Das Leben — ein Fest?

Aber vielleicht täuscht auch das Ganze? Vielleicht ist es nur eine Attrappe? Saß ich dem schönen Schein auf, und München ist vielleicht wie alle anderen Städte auch? Man müßte also Erkundungen einziehen. Man müßte so manches wissen. Sollte ich je der Versuchung nachgeben, sollte ich je nach München ziehen, so werde ich zum Beispiel zuvor die Psychiater der Münchner Kliniken befragen, ob es hier auch Verklemmte und komische Problematiker gibt. Wie hoch, bitte, die Prozentzahl? Und wie unglücklich darf man sein in München? Das wäre wichtig. Ich werde mich bei den Seelsorgern vorsorglich nach der Suizidrate der Stadt erkundigen. Es würde mich beruhigen und für meinen Zuzug sprechen, wenn ernste Pfarrer mir glaubwürdig versichern könnten, daß sich auch hier Leute umbringen, nur so, es könnte ja sein. Es spräche für München. Ich müßte ermitteln, worin eigentlich die Produktivität all dieser Künstler und Musenkinder besteht. Wieviel schaffen die weg, täglich? Schreiben die mehr als fünf gute Seiten am

Tag? Dann bliebe ich lieber fort. Malen die jede Woche ein richtiges Bild? Das würde mich hemmen.

So kommt man sich im Lichte Münchens selber ein klein wenig auf die Spur. Man ist so ein richtiger Preuße, hat etwas mit rumgerührt in deutscher Geschichte. Da ging manches kaputt — für immer. Und nun hängt man natürlich an diesen Scherben und hat im Grunde Angst davor, in Münchens Glückstopf schön weich gekocht zu werden. Deutschland hat zwei Weltkriege verloren, aber Bayern gewann sie danach immer heimlich für sich. Es wurde eigentlich immer glücklicher in den Talfahrten unserer Geschichte. Da können sie ruhig noch ein paar Scheibchen absäbeln von unseren verschiedenen Republiken. An den Freistaat Bayern wird sich keine Macht der Welt wagen — nicht einmal China. Das blieb eine heile Welt. Sie ist so intakt. Das verstört unsereinen etwas. Es macht so fremd.

(1967)

## Sommerhausen — mon amour

Seit zwanzig Jahren kenne ich diesen Ort. Immer wieder kehre ich hier ein, besuchsweise. Ich gehe durch die engen, krummen Gassen. Ich laufe die alte Stadtmauer entlang. Das Kopfsteinpflaster ist holprig. Ich betrachte die alten Fachwerkhäuser: eigentlich nicht putzig, eher kahl und streng. Des Abends sitze ich gern eine Weile unten am Main beim Gasthof *Anker.* Der Nebel steigt auf, weich und pastös. Es riecht faulig, also süß. Ich höre nicht den Fluß, ich höre den Autoverkehr rauschen, der hier direkt von der B 13 kommt. An warmen Vormittagen, wenn die Sonne hell, fast südlich verschwenderisch über dem Maintal liegt, stehe ich hoch oben auf dem Weinberg, blicke über die Türme und Dächer und den Fluß nach Winterhausen hinüber. Ich spüre Sympathie. Welch eine wunderliche kleine Welt! Was treibt dich immer wieder hierher?

Natürlich kann man sagen: Na hör mal — die ganze Mainschleife hier unten ist doch ein kleiner Garten Gottes. Gesegnete Weinlandschaft, von der Sonne durchwärmt, vom Hauch der Geschichte reizvoll verdunkelt. Denk doch an Ochsenfurt, Marktbreit, an Kitzigen, Volkach, Frickenhausen. In diesem anmutigen Ensemble unterfränkischer Perlen ist Sommerhausen einfach die Spitze. Es ist die Schönste im Land. Ach, wie märchenhaft! Welch eine süße Idylle aus alter Zeit, rufen hier immer wieder die Besucher, die tief entzückt an der Stadtmauer von Turm zu Turm pilgern. Welch ein Traum, hier zu leben, zauberhafte Romantik, überall Blumen und Butzenscheiben: schön! Ich weiß nicht so recht. Ich traue solchem Zauber nicht. Ich weiß nur, mit so viel verzücktem Augenschein ist diesem Ort eigentlich nicht beizukommen. Er ist viel verzwickter.

Es stimmt auch nicht, daß Sommerhausen einfach die Schönste im Lande sei. Von der Architektur und historischen Bausubstanz her scheinen mir Orte wie Ochsenfurt oder Dettelbach viel ausladender und reicher. Frickenhausen ist heute auf eine gelungene Weise durchrenoviert, die Sommerhausen nicht aufweisen kann. Ein Wunder der Holzschnittskunst wie Riemenschneiders Muttergottes im Weinberg von Volkach wird man in Sommerhausen auch vergeblich suchen. In summa: Mit Superlativen der Tourismusbranche deckt man das Besondere und Eigene dieses Ortes eher zu. Sommerhausen ist ein hochkomplizierter Sonderfall.

Es sind die Menschen hier, die dem Ort sein eigenes, ganz unverwechselbares Gesicht geben. Es ist von einer erstaunlichen Symbiose von klein und groß zu berichten. Einheimische und Zugewanderte schufen zusammen den Ort. Weinbauern und Künstler prägen heute sein Bild. Gemischte Gesellschaft also. Und man weiß ja: Gerade Mischlinge bringen den Reiz des Exotischen. In ihrer Gebrochenheit werden sie produktiv. Sie übersteigen sich selber beträchtlich. Darin scheint mir der Lebensnerv des Ortes zu liegen. Mischlinge sind immer auf aufregende Weise schön.

Im Grunde ist Sommerhausen ein Winzerdorf. Hier wird seit altersher Wein angebaut, jener köstliche, klare Rebsaft des Frankenlandes, der ja berühmt ist. Er ist trocken, sandig, sehr herb — wie seine Menschen. Das sind keine Träumer. Der Ort hat 1450 Einwohner. Nur 30 Prozent von ihnen unterhalten mit ihrem Weinbau noch Vollerwerbsbetriebe. 70 Prozent betreiben den edlen Dienst am Gott Bacchus im Nebenberuf. Es sind nüchterne, fleißige Leute: Handwerker, Angestellte, kleine Beamte, die zur Post oder zum Finanzamt nach Würzburg pendeln. Am Wochenende hocken sie in ihren Weinbergen. Keine Industrie verunziert ihre Landschaft. Diese »Ursommerhäuser«, wenn der Begriff erlaubt ist, hatten immer einen sicheren Instinkt dafür, was ihrem Gewerbe förderlich ist. Ihr Ort sollte ein einziger, süffiger Weinkeller sein, wo man ihre Produkte im Schatten schöner Vergangenheit stilvoll und reichlich genießen könne.

Es muß aber in der Psychologie der Einheimischen zugleich noch mehr am Werk gewesen sein. Kinder der Provinz, die so gar nicht dem Klischee des Provinzlertums entsprachen. Nichts von der muffigen Enge und Selbstgerechtigkeit aller Spießbürger war hier zu Hause. Im Gegenteil: Die Sommerhäuser müssen schon vor einem halben Jahrhundert von einem Geist der Weltoffenheit und Toleranz erfüllt gewesen sein, der für den Ort und die Zeit damals geradezu abenteuerlich war. Fremdenfeindlichkeit jedenfalls war hier unbekannt. Mehr noch: Die Sommerhäuser müssen schon immer eine kleine, heimliche Liebe für die große Welt draußen in sich gehegt haben. Schwamm ein Rest edler Kunstsinnigkeit aller Franken in ihrem Blut?

So mag es zu erklären sein, daß das alte, unbekannte Winzerdorf schon in den dreißiger Jahren für Künstler interessant wurde. Es waren zunächst Maler, die kamen. Sie waren entzückt von dem Licht, das hier über dem Main manchmal sehr südlich lag. Sie waren betroffen von der Stille und entrückten Poesie der Landschaft. Sie waren bezaubert von den alten Türmen und Stadttoren, den winkligen Häusern, den tiefen Weinkellern, die hier seit langem, wundersam duftend, moderten. Und da die Sommerhäuser sie gern und freundlich bei sich aufnahmen, sind viele geblieben, für immer.

So kam es, daß das Winzerdorf langsam zugleich ein Dorf der Künstler wurde, spätestens nach 1945. Man hat Sommerhausen immer wieder das südliche Worpswede genannt. Mir scheint das zu blumig und ungenau. Auch der Sammelbegriff »Künstler« deckt nicht die besondere Typik der Zuwanderer ab. Es waren nicht die etablierten Stars der Kunstszene, die, erfolgsverwöhnt, von Auftritt zu Auftritt jetten. Es waren lauter Außenseiter, liebenswerte Sonderlinge, die hier, vom Kunstbetrieb der großen Metropolen enttäuscht, Zuflucht suchten. Es waren Genies und Kauze dabei, Verschrobene, herrliche Traumtänzer, sonderliche Figuren, lauter Künstler mit kleinem Knacks, könnte man sagen. Die Gemeinde der Weinbauern nahm sie nicht nur auf, gewährte ihnen in den schönen Ruinen nicht nur Wohnstatt. Sie ließ alle gewähren. Sie gab ihnen, was Dörfler am seltensten geben können: Freiheit. Vollkommene Freiheit zur individuellen Lebensart, und wenn sie noch so exzentrisch war. Das ist eines der wirklichen Wunder von Sommerhausen.

So sind schon im Sommer 1937 zwei junge Schauspieler aus Berlin und noch weiter östlich auf Ferienfahrt mit ihrem Paddelboot den Main stromabwärts gezogen. Sie wollten nur Freizeitvergnügen. Sie hockten halbnackt und braungebrannt in ihrem Boot. Sie sahen zum erstenmal die Dächer, die Mauern, die Türme. Sie sind hier an Land gegangen, besuchsweise, und leben noch heute hier in jenem Blauen Turm, den sie in vierzig Jahren zu einem Schmuckstück von hochartistischer Wohnkultur umgestalteten. Ähnlich zufällig kam Luigi

Malipiero, das theatralische Wunderkind, noch kurz vor Kriegsende von Würzburg hierher. Wieder so ein Außenseiter seiner Branche, ein Monomane, ein Besessener und wunderlicher Kauz. Er begann hier Theater zu spielen. Im Würzburger Tor eröffnete er das kleinste Theater der Bundesrepublik, eine Schuhschachtel ausschweifender Phantasien. Malipiero ist längst tot, aber sein Theater lebt weiter als Kuriosum mit literarischem Anspruch.

Dies alls erzähle ich nicht nur, um die Typik der Künstler hier zu skizzieren. Ein Dorf für produktive Außenseiter, könnte man sagen. Ich möchte auf die Folgen aufmerksam machen, die so wunderliches Treiben für den Ort hatte. Sommerhausen sprach sich rum. Spätestens Ende der fünfziger Jahre wurde der Ort so etwas wie ein Geheimtip für stadtmüde Bundesrepublikaner. Leute aus München, Frankfurt, Düsseldorf, auch Liebhaber des Skurrilen, kamen, sahen, blieben dann. Sie kauften sich in Sommerhausen an. Mindestens als zweiter Wohnsitz war es ein Traum für Asphaltpflanzen aller Art.

Und es geschah, was immer geschieht, wenn ein Ort entdeckt wird: Die Nachfrage war groß. Die Preise stiegen sprunghaft. Die alten Sommerhäuser lösten auch dieses Problem mit der ihnen eigenen rustikalen Urbanität. Sie verscherbelten ihre baufälligen Fachwerkjuwelen, die ihnen ohnehin längst zu eng, zu altmodisch und muffig geworden waren, an die potenten Zuwanderer jetzt. Vom Erlös bauten sie sich oberhalb der Stadtmauer, am Südhang der Weinberge, ein taufrisches

»Neusommerhausen«, sozusagen. Es sieht mit seinen genormten Bungalows und stolzen Garagenfronten genauso fad aus wie Villenvororte überall heute.

Aber auch die Stadtleute, die jetzt im Zentrum die alten Bauernhäuser übernommen hatten, waren es zufrieden. Endlich etwas Stilvolles und Extravagantes, was nicht jeder hat: eine dreihundertjährige Ruine mit Gärtchen und tiefem, endlos großem Weinkeller ganz unten. Sehr liebevoll, sehr aufwendig ist so die alte Bausubstanz wiederhergestellt worden, das meiste privat. Was von außen immer noch bescheiden-fränkisch aussieht, ist von innen fast immer ein Kunstwerk rustikaler Wohnkultur geworden. Ältere Damen mit Balletterinnerungen, ältere Herren aus der Antiquitätenbranche hausen hier. Junge Galeristen betreiben Ausstellungen mit geschmackvollen Vernissagen. Die Kunden kommen nicht vom Ort. Sie kommen aus Würzburg, Schweinfurt und drumrum. Obwohl am Ort immer noch fast 90 Prozent Altsommerhäuser leben, geben diese zehn Prozent Zuwanderer dem Ort heute seinen Glanz. Kunstgewerbe mit Jauchegeruch könnte man sagen.

Bin ich am Ende meiner Geschichte? Eigentlich müßte sie jetzt erst beginnen, denn natürlich ist das alles nicht nur schön anzusehen. Es lebt, es regt sich, es reibt sich aneinander. Eine kämpferische Dynamik zieht manchmal durch das Dorf, die nicht ohne Komik, aber auch voll kleiner Tragödien ist. Es wogt immer auf und ab. Es gibt Zeiten, wo sich die ansässigen Künstler, beflügelt vom romantischen Geist, hier zu schöpferischen Großtaten verpflichtet fühlen. Sie wollen für Sommerhausen das beste: den Glanz der großen Kultur. Noch heute spricht man hier von jenen berühmten Konzertabenden, die ein ansässiger Pianist mit Passion und schöner Kunstfertigkeit im alten Rathaussaal organisierte. »Sommerhauser Recital« hieß das. Da musizierte Weltprominenz bei Kerzenlicht. Sommerhausen war auf dem besten Weg, ein fränkisches Salzburg zu werden.

Aber die 90 Prozent Alteinwohner wären nicht solide fränkische Bauernseelen, wenn ihnen so viel Weltruhm nicht etwas unheimlich geworden wäre. Sie haben einen untrüglichen Sinn für Maß und Grenzen ihrer kleinen Welt. Auf eine ganz stille, bauernschlaue Weise wurde dem herrlichen Kunstspuk ein Ende bereitet. Die Kerzen wurden ausgeblasen. Es sollen, glaube ich, Auflagen der örtlichen Baupolizei und der Feuerwehr gewesen sein — plötzlich ging das nicht mehr, leider oder Gott sei Dank? Sommerhausen war auf jeden Fall wieder in Ordnung. Eine Legende wider Willen könnte man den Ort nennen. Die Einheimischen wollen das gar nicht: zuviel Glanz. Sie lieben ihre Künstler. Sie sind stolz auf sie, aber bitte in Grenzen und nur so viel Kultur, wie förderlich ist für Verkauf und Genuß des heimischen Weins.

Warum ich das noch erzähle? Weil die Analyse dieses Orts unvollkommen wäre, wenn nicht auch das Maß von lokaler Verbitterung, privater Resignation erwähnt worden wäre. Die Innenseiten von Idyllen sind immer bös. Da gibt es Hader, Zank und Intrigen. Solche Miniaturgesellschaften haben immer auch etwas von großer Oper: Da gibt es jubelnde Ouvertüren, große Arien, furchtbare Intrigen, dramatische Mißverständnisse,

Giftmord und Totenklage im Chor. Ein Dorf spielt sich selbst. Es wäre kein Künstlerdorf, wenn es das nicht auch könnte: herrliche Hysterien. Es gilt also auch der Opfer zu gedenken, die hier am Wegrand liegen, Gram und Enttäuschung im Gesicht.

Im übrigen bleibt für alle hier immer wieder der Wein: Tröster und Seelsorger aller Bedrückten. Sie heben den Schoppen. Sommerhäuser Ölspiel Silvaner? Wenn das köstliche Naß einmal ins Blut gedrungen ist, wissen sie alle: Dies ist unser Ort. Hier sind wir zu Hause. Wir wollen, wir können hier gar nicht weg. Es ist eine süße und schöne Gefangenschaft — Mauern und Türme drumrum. Manchmal hört man in den Weinbergen Schüsse knallen. Spatzen fliegen davon.

(1982)

## Briefe in die Lausitz

Liebe Johanna, verehrte Kollegin! Heute ist wieder ein Brief von Ihnen gekommen. Ich habe zu danken. Für mich ist das immer ein Freudentag. Ich habe es in unserer Korrespondenzmappe nachgeschlagen: Es sind schon fast fünf Jahre, daß wir uns schreiben. Sie hatten damals im Radio etwas von mir gehört. Sie schrieben mir darauf. Daraus ist dann unser Briefwechsel entstanden, auf den ich nicht wenig stolz bin. Jedesmal, wenn ich die Adresse an Sie schreibe: Calau/Niederlausitz/DDR, muß ich etwas schmunzeln. Da leben also zwei Schriftsteller in Deutschland und haben sich vieles zu sagen, trotz allem — oder gerade deswegen? Das soll uns doch erst mal einer nachmachen. Es geht immer munter zwischen Frankfurt am Main und Calau hin und her. Daraus soll nun kein Kalauer werden. Immerhin, Ihr Städtchen dort in der Lausitz ist auch weltberühmt, wenn auch nur durch dieses einzige Wort.

Ich schicke Ihnen heute unsere Reisebilder. Glauben Sie mir, es war ein Freudenfest, als die Photos, die wir bei Ihnen gemacht haben, eintrafen. Bilder können ja von merkwürdiger Magie sein. Es kam alles noch einmal hoch in der Erinnerung. Es war wie vor einem Monat, als wir bei Ihnen waren. Die ganze Reise zu Ihnen wurde wach. Es war schon ein bißchen gewagt, Sie einfach so unangemeldet und unversehens in Ihrem Haus zu überfallen. Aber wir hatten ganz plötzlich die Hotelgutscheine für Cottbus bekommen, vom Reisebüro West. Ich hatte es schon auf der Karte zu Hause genau ausgemacht. Es sind kaum fünfzig Kilometer von Cottbus zu Ihnen, nach Calau.

Ich werde es nicht vergessen, wie wir vor Ihrem Haus vorfuhren. Da wohnt sie also, dachte ich, unsere Schriftstellerin. So übel nicht. Landluft war zu riechen. Hühner und Gänse um unseren Wagen. Ich wußte schon: Es war das Haus Ihres Vaters, der hier in den dreißiger Jahren einmal Arzt gewesen war. Ein schönes, altes Bürgerhaus, hochgieblig und aus rotem Klinker, etwas versponnen, etwas verwunschen jetzt. Man kann auch sagen: poetisch. Vergangenheit ist hier sehr nah. Hier also entstehen Ihre historischen Romane, in denen Sie unbestrittener Meister sind. Als wir dann klingelten und die Tür sich öffnete, spürte ich doch so etwas wie Herzklopfen. Was für eine verwegene Idee, einer jahrelangen Brieffreundschaft einfach so auf den Zahn zu fühlen. Na ja, den Rest kennen Sie. Es wurde ein schöner Tag. Wir hatten so viel zu reden. Wir lachten auch oft.

Ich finde es einfach schön, wie Sie leben. Ganz allein in diesem alten Haus, das von Büchern, Manuskripten und Erinnerungen vollgestopft ist. Ein Schriftsteller in Calau gilt jedenfalls mehr als einer in Frankfurt am Main. Sie leben doch in der Stille der Lausitz fast wie eine russische Gräfin, die, zugegeben, etwas verarmt, aber doch stolz und bei guter Gesundheit ist. Lieber in einem Dorf der Erste als in Rom der Zweite. Ist es nicht das? Ich meine, Sie haben doch alles: ein Haus, einen großen Garten, eine Zugehfrau, den Pfarrer vom Ort, mit dem Sie, obwohl ungläubig, doch gerne plaudern.

Sie haben Ihre Schreiberklause. Ihr kleines Arbeitszimmer, das ich entzückend fand. Sie haben vor allem unendlich viel Phantasie. Auf ihren Flügeln erheben Sie sich kühn über Calau hinweg bis nach Italien. Was macht denn Garibaldi? Ist der Aufstand in Sizilien schon im Gang? Sie sagten, daß Sie in Schlachtenbildern etwas schwach seien. Es lägen Ihnen mehr die Liebesszenen. Ich kann das verstehen.

Ich als Ihr Kollege aus dem Westen beneide Sie auf jeden Fall um Ihre hohen Auflagen. Hunderttausend Stück werde ich wohl nie erreichen. Bei Ihren Romanen ist das die Regel. Sie können so leben. Nun ja, der Nationalpreis, von dem Sie sprachen, wurde Ihnen noch nicht zuteil. Immerhin: Einen Orden aus Berlin haben Sie zu

Ihrem Sechzigsten schon bekommen. Und wenn Sie mit Ihren Abenteuerromanen so weitermachen: Ich bin sicher, daß zu den Berühmtheiten Calaus später einmal auch Sie gezählt werden. Hier lebte und schrieb Frau Johanna, die Meisterin historischer Romane am Ende der siebziger Jahre. Der Nachruhm erreicht uns Autoren leider immer zu spät, nicht wahr?

Die Photos sollen Sie nicht nur an unseren Besuch erinnern. Sie erzählen Ihnen zugleich, wo wir dann noch waren. Wir haben noch manches in der Lausitz gesehen. Von Cottbus aus, das man hier in der Bundesrepublik als »Sauregurkenstadt« durchaus unterschätzt, kann man ja vieles machen. Die Bilder aus dem Spreewald bitte ich besonders zu beachten. Es war wunderschön. Wir sind zunächst von Cottbus nach Lübbenau gefahren. Es war ein heller, warmer Frühsommertag. Es roch alles nach Erde und Sumpf. Und als wir dann am Bootshafen von Lübbenau standen, staunten wir. Diese berühmten Spreewaldkähne sind wie prosaische Fabelwesen. Hölzerne Gondeln, die lautlos und langsam dahingleiten. Haben sich die Griechen nicht so ungefähr den Hades gedacht?

Wir sind so fünf Stunden durch den Spreewald geglitten. Eine verwunschene, fremde und doch anheimelnde Welt öffnet sich. Überall Wasser, immer neue Spreearme, träumerisch. Manchmal ist leise das Staken des Fährmanns hinten mit seiner Stange zu hören. Es gluckkert. Die Kähne ziehen an Weiden, an Erlen, Pappeln, an Eschen vorbei. Ein stummes Naturidyll, ein liebliches Labyrinth, in dem man sich immer tiefer verliert.

Es schien auch die Sonne. Und Vögel waren zu hören im hohen Gezweig. Wir zogen an schönen, einfachen Holzhäusern vorbei, wo heute noch die alten Spreewälder wohnen, meist Sorben. Ein kleiner slawischer Volksstamm, der sich hier noch erhält mit eigener Sprache und Tracht. Poetisch und pittoresk ist das. Was ist die Zeit? Hier scheint sie stillzustehen. Es versteht sich, daß der Spreewald ein bevorzugtes Erholungsgebiet ist. Es läßt sich hier leben.

Die anderen Photos muß ich Ihnen erklären. Sie sind aus Neuzelle. Sie wissen, daß meine Familie dort zu Hause war. Es ist ein altes Klosterdorf unweit der Oder. Meine Großeltern hatten hier ihr Stammhaus, eine respektable Villa, einen Kolonialwarenladen. Ein Weingut wurde außerdem von ihnen betrieben. Ja, tatsächlich Weine: Die Weinberge in Grünberg drüben, jenseits der Oder, gehörten unserer Familie. Es gab hier eine alte Weinkultur: östlich, ziemlich sauer natürlich. Die Franken und Salzburger, die vor zweihundert Jahren von Friedrich dem Großen hier angesiedelt wurden, hatten die Weinkultur mitgebracht. Heute liegt Grünberg ja schon in Polen. Es heißt Zielona Gora, also immer noch Grünberg auf polnisch.

Ich bin stolz, Ihnen dieses eine große Photo der Klosterkirche Neuzelle präsentieren zu können. Es war für mich ein großes Erlebnis, diese Kirche meiner Kindheit wiederzufinden. Es ist die schönste Barockkirche des deutschen Ostens, der hier an der Oder ja nun wirklich beginnt. Sie wurde von den Zisterziensern gebaut. Die Klöster waren es ja, die ganz am Anfang die Kultur in der Hand hatten. Die Zisterzienser hatten auch unsere Familie hier angesiedelt. Sie kam eigentlich aus Böhmisch-Leipa. Es waren alte Tuchmacher, sie wurden vom Kloster hier seßhaft gemacht. Sie hatten zunächst Tuche für den Orden zu weben. Aber später, als dann von England aus die Industrialisierung der Weberei begann, wurden die meisten eben Kaufleute. So ist der Zug der Zeit.

Nein, ich bin nicht katholisch. Gleichwohl, wenn Sie das Innere der Kirche genau betrachten, werden Sie verstehen, daß für mich als Kind damals die Kirche so etwas wie ein Wunder war. Alle die Säulen und Bilder, all die Engel und Putten, diese überschwengliche Bewegung barocker Verzückung, die goldenen Strahlen — es war eine verwirrende Pracht, die mir die Sinne nahm. Es war ein Rausch der Schönheit, ein himmlisches Ballett. Ich spürte: So ungefähr also ist das Paradies beschaffen. Es schien mir erstrebenswert.

Liebe Johanna, zugegeben: Ich bin etwas ins Schwärmen geraten. Aber ich wollte es Ihnen doch sagen: Es war schön in der Lausitz. Ich liebe die Landschaft der Oder. Es gibt hier noch manches zu entdecken. Nächstens mehr. Ich grüße sehr herzlich von Frankfurt nach Calau/NL.

(1980)

## In Paestum — zu Hause

Paestum — das Wort allein löst fromme Schauer aus. War man in Venedig, Florenz, in Rom auf Urlaub: Schön und gut, das hat seine Richtigkeit. Bei Paestum schlagen andere Saiten des Herzens an. Im Grunde unserer deutschen Seele muß doch etwas sehr Griechisches und uralt Antikes liegen. Wer Paestum sagt, hat bei seinem Partner mit einem leichten Stöhnen zu rechnen: Oh! Die Stimme hebt sich, die Augenbraue auch, ein schwärmerischer Glanz tritt in die Augen: Mein Gott, in Paestum sind Sie gewesen, den Göttern so nahe?

Man assoziiert so vieles bei Paestum: heiliges Hellas, antikische Heiterkeit unter Tempeln, die strahlende Sonne am Meer, Pans Flöte im Wind und die vielen schwarzen Kühe Kampaniens. So wirken Winckelmann, Hölderlin, Goethe doch in uns fort. So zahlt sich eine frühe und lustlose Gymnasiastenzeit in Berlin-Charlottenburg doch schließlich aus. Seit Jahrtausenden sind die Germanen gen Süden gezogen: ein dunkler Drang. Seit Jahrzehnten ziehen deutsche Touristen über die Alpen zum Süden, und manche kommen tatsächlich bis Paestum. Das ist, wie man so sagt, nicht ganz ohne Folgen geblieben für diesen Ort. Paestum ist fest in deutscher Hand.

Ach, es ist müßig, über den Einfall der Deutschen in Paestum Klage zu führen. Man gehört ja selber dazu. Ich möchte erzählen, wie es ist, wenn man sich in Paestum wieder zu Hause fühlt, woran man's erkennt, nun als Bundesdeutscher wieder unter Bundesdeutschen zu sein. Es sind eigentlich mehr menschenfreundliche Vorzeichen. Am Mittelmeerstrand steht plötzlich ein großes, ernst mahnendes Schild: »Achtung, Baden auf eigene Gefahr! Die Direktion.«

Die Leitung des Strandhotels, ein deutsches Haus, wie es sich in Paestum versteht, ersucht die Gäste höflich, das Gebäude nicht mit meerfeuchten Füßen zu betreten. Tatsächlich sind Wasch- und Bürst- und Trokkengeräte für deutsche Füße sehr korrekt und verläßlich in einem Strandhäuschen deponiert. Das Häuschen hat die Form eines Fliegenpilzes: freundliche Gartenzwerge darunter. Es wird gebeten, zum Reinigen der Teerflecken das Benzinfläschchen zu benützen. Es wird gebeten, so steht in der Hausordnung geschrieben, das Fläschchen nach Benutzung sorgfältig zu verschließen — der Feuergefahr wegen. Alles ist ungeheuer korrekt und vernünftig und ein bißchen tyrannisch organisiert. Es herrscht wieder Ordnung. Daran erkennt man's zuerst.

Frühstück von acht bis neun. Es ist ein feines, gehobenes Haus, wo sich die obere Mittellage unserer industriellen Gesellschaft aus Essen, Düsseldorf, Wanne-Eikkel trifft. Unternehmertum mittlerer Güte, Bezirksdirektoren, Managergattinnen. Es herrscht eine sehr distinguierte Atmosphäre im Frühstückssalon. Man merkt sie natürlich nur in so harten Kontrasten des Südens, wenn zwei Dutzend Düsseldorfer sich in Paestum treffen. Über die Deutschen zu verbreiten, sie seien im Ausland laut und lärmend, ist unwahr, ein altes Klischee. Im Gegenteil: Es geht hier viel stiller und steifer zu als unter

Italienern, Franzosen, Amerikanern. Nur — Entschlossenheit ist am Werk. Deutsche Entschlossenheit, jetzt Urlaub, jetzt Ferien, jetzt Frohsinn zu machen. Ist die Entschlossenheit nicht eine Heideggersche Kategorie? Man riecht sie im Frühstückssalon. Die Frauen tragen so entschlossene Ferienkleider: alles sehr bunt, sehr heiter und betont entspannt. Die Männer tragen weiße Schiebermützen oder grüne Sonnenschirmkäppchen, obwohl es schon seit Tagen regnet in Paestum. Auch Freizeit ist eine Art Dienst.

Wie richten sich Fabrikantengattinnen aus Düsseldorf oder Duisburg ihr Urlaubsbrötchen? Das muß man gesehen, beobachtet, studiert haben. Das ist Rhein-Ruhr-Kultur und neudeutscher Wohlstand, sehr fein. Die steife Dame mir gegenüber hat eine Art, sehr wählerisch, fast pikiert in den Brötchenkorb zu greifen, mit dem Messer das Brötchen sehr feierlich durchzusäbeln, um dann die Butter, die Marmelade, den Honig sehr nachdenklich und gemessen aufzutragen, daß man sogleich überzeugt ist: Hier erholt sich jemand wirklich, angestrengt frei schon beim Frühstück. So bedachtsam kaut man nicht zu Hause, so akurat kaut man nur im Urlaub: einspeicheln. Ihre Kinnlade geht nur ganz selten, dann aber mit großer Entschiedenheit ruckartig auf und ab. Sie läßt sich beim Beißen und Schlucken deutlich Zeit. Sie entspannt. Sie schweigt ihren Mann an, der *Die Welt* liest. Gleich wird man baden gehen.

Seit Tagen regnet und blitzt es in Paestum. Schwarze Gewitterwolken hängen über dem Meer. Grollende Donner in den Bergen. Brutto tempo, stöhnen die Italiener und schütteln sich, aber die Deutschen gehen baden. Auch daran erkennt man sie. Es hat etwas Heldenhaftes, wie sie bei Sturm und Kälte plötzlich den Bademantel fallen lassen, ins Wasser steigen, sich vorsichtig den aufgetriebenen Oberkörper naß machen, sich etwas massieren, die Herzgegend besonders, und dann mit einem entschlossenen Sprung eintauchen und in kräftigen Stößen ausholen: Urlaubszeit, Ferienzeit — jetzt also ran an den Feind, jetzt ins Meer. Überwindung tut not. Deutsche Männer, auch wenn sie Mitte Fünfzig, dick und aus Düsseldorf sind, werden sich niemals verweichlichen. Sie leisten Urlaub. Jetzt steigen sie aus dem Wasser mit Bademeistergebärden und Siegergesichtern. Man hat ihn besiegt, den inneren Schweinehund. Man ist nicht umsonst in Paestum gewesen — heute. Jetzt geht man zur Bürst- und Trockenanlage der meerfeuchten Füße wegen, zum Benzinfläschchen für Teerflecke. Man wird es sorgsam verschließen.

Später kann man sie oft unter ihren Autos finden. Sie fahren große, schwere, imponierende Wagen. Sie liegen in der Hotelgarage unter dem Auto und putzen es. Es ist unter den deutschen Touristen ein merkwürdiger Waschzwang am Werk. Andere besuchen die Tempel, das Museum, die Trattoria oder machen nichts — deutsche Männer sind zunächst um Sauberkeit besorgt. Sie räumen alles aus, räumen es wieder ein, haben Lederlappen, Schwämme und raffinierte Poliermittel und Spraydosen aus Deutschland mitgebracht. Es macht ihnen Spaß, den Glanz ihres Wagens endlich auf Hochglanz zu bringen. Sie putzen und reiben und wienern die

Schutzbleche wie Schaftstiefel beim Militär. Sie schikken Boten in die Geschäfte der Nachbarschaft aus. Die haben nach Schmirgelpapier und Bimssteinseife zu fragen. Verflixt, wie heißt das nur auf italienisch?

Die Frauen werden inzwischen braun. Braun muß man im Süden werden, um jeden Preis. Tatsächlich sehen die Deutschen immer etwas bläßlicher, weißer, zivilisierter hier unten aus. Das hebt sie ab, das macht sie ein klein wenig nordisch, und das wollen sie jetzt verlieren. Sie wollen wie Neger aussehen, äußerlich wenigstens. Die Frauen liegen wie Schnitzel im Sand, gut paniert, gut eingeölt, und lassen sich durchbraten von der Sonne. Sie drehen sich alle halbe Stunde um, wenden sich, jetzt die andere Seite, jetzt wieder von vorne und später noch einmal kürzer von hinten und prüfen abends vor dem Spiegel exakt, wieviel Bräune heute erworben wurde. Sie betasten sich, vergleichen, sehen mit nachdenklichen, mißbilligenden Blicken rauf und runter. Man vergleicht den Kalender. Man wird erst abfahren können, wenn ein gewisses Tiefbraun verläßlich erreicht worden ist.

Woran erkennt man sie weiter? Sie sind sehr höflich, korrekt und gar nicht so aufdringlich, wie ihr Ruf das behauptet. Sie haben nur untereinander so einen ausgeprägten Sinn für Ränge. Daran erkennt man offenbar in der ganzen Welt drei Deutsche der gehobeneren, mittleren Schicht, die zusammenstehen: Guten Morgen, Herr Doktor! — Bleiben Sie noch, Frau Direktor? — Ist der Professor schon abgefahren? Sie haben einen unsterblichen Drang nach Titeln, Rängen und Würden und nennen sich noch in der Badehose: Herr Oberstudiendirektor. Es wäre unfein, sich am Strand einfach Sammy oder Jimmy zu nennen, wie das die Amerikaner hier tun. Die deutsche Kultur artikuliert sich noch immer in Rängen.

Des Abends, spät nach dem Essen, sitzen sie dann etwas ratlos und aufgelöst in der Halle herum. Das Licht hat sie deutlich gerötet. Die Frisuren der Damen lassen zu wünschen übrig, in Grenzen. Die Halle ist bundesdeutsch, also teakholzverkleidet, so scheint es wenigstens dem ersten Blick. Der zweite sieht Plastikfolie, die etwas zu hastig über Marmor gezogen wurde. Es ist heimelig. Man rückt zusammen. Man trinkt im deutschen Haus in Paestum kaum Bier; man bestellt Bowle. Das ist so ferienhaft. Die Damen blättern etwas gelangweilt in Illustrierten, die alt, aber eigentlich auch wieder nicht zu alt sind. Es ist die Stunde der Gemütlichkeit. Und plötzlich beginnt jemand von Berlin zu reden. Nicht das Berlin, das heute in den Zeitungen steht, sondern ganz allgemein: der Koffer in Berlin. Man ist etwas müde und träge und ferienentspannt — nur keine Politik, nur das nicht. Sie ist so schmutzig. Man kommt ins Erinnern, Sinnieren — zum Schluß landen alle Gespräche in Paestum merkwürdigerweise in Berlin. Erinnern Sie sich noch? Wie schön, wie lebendig, und die Luft — prikkelnd wie Sekt! Ja. Berlin bleibt doch Berlin! Jetzt gähnt eine Dame. Ein Herr klappt den *Spiegel* zu. Schlafenszeit. Gute Nacht.

Ja, und dann schließlich, zum letztenmal, trifft man sie wieder auf der Autobahn. Zwischen Salerno und

Neapel erkennt man sie schon von weitem an ihrer Lichthupe. Sie fahren immer links, überholen mit ihren großen, schweren, hochglanzpolierten Wagen sehr zügig und flott. Sie haben es eilig. Noch sind sie entspannt, nicht aggressiv, fast menschenfreundlich mit ihren weißen Schiebermützen. Sie grüßen sogar mit dem Arm flüchtig. Sie hupen aus Spaß. Sie lächeln. Der Traum unter den Tempeln Poseidons und der Ceres ist aus. Vorbei. Sie winken. Es war schön in Paestum — adieu! Auf geht's nach Düsseldorf.

(1967)

## Engadiner Höhenrausch

Des Nachts im Traum, in der ersten Nacht oben, erlebte er alles noch einmal. Er fuhr wieder über spiegelblanke Pisten, er rutschte mühelos in vereiste Kurven hinein, schlenkerte, schleuderte einen Augenblick, drehte sich etwas, aber bekam dann, merkwürdig, den Wagen doch wieder in die Spur. Nur kein Gas geben, dachte er, nur nicht bremsen: rollen lassen, einfach so rollen lassen. Ach, das sagt man so leicht, zu Hause, zuvor.

Manchmal hatte er ein Gefühl von Pudding gehabt. Das Auto gab keine Schwere, keinen Widerstand, keine Lenkbarkeit mehr her. Das Auto war hier oben federleicht wie eine Schneeflocke geworden und trieb weich und wolkig durch die Alpen. Dann war Bibio gekommen: Schneeketten. Der Ärger in der Garage, die Schläfrigkeit der Monteure, die auf ihre Siesta pochten, dann der Julier — kein großer Eindruck. Dann Silvaplana, die Schneeketten runter, dann endlich St. Moritz: das Engadin. Paßfahrten im Eis, dachte er hinterher, sind für uns Flachländler wie Prüfungen des Himmels. Am Eingang zur Höhe steht der Felsen Abgrund. Und plötzlich ist man drin — im Paradies.

Schon am nächsten Morgen bemerkte er erste Veränderungen. Er wachte früher als gewohnt auf. Es kribbelte im ganzen Körper. Es piekte, stach wohlig und zog in allen Gliedern. Es war, wie wenn kleine Batterien an seine Organe angeschlossen worden wären. Er bekam dauernd sanfte, zarte Schläge von Elektrizität, die sagten: Nun los, mein Lieber, fang wieder an zu leben. Lange genug warst du krank da unten. Wir geben dir jetzt einen Schubs. Sagten das die Berge, die Sonne, der Schnee? Er hatte die Nacht wenig und schlecht geschlafen. Er hatte sich in dem schmalen Bündner Bett unruhig hin- und hergeworfen. Der Schlaf war hier leichter, flacher. Man träumte ein unheimliches Zeug zusammen: mörderisch. Er spürte, wie die Schilddrüse irgend etwas ausspuckte, das ihn nervös und erregt machte. Aber merkwürdig: Es trat kein Kater, keine Gereiztheit, keine frühe Müdigkeit auf. Er fühlte sich leicht, flott und fit und auf grundlose Weise fröhlich. Er fühlte sich wie ein Reklamemensch an Litfaßsäulen: immer happy.

Das Engadin, hatten sie unten gesagt, ist ein einziges kolossales Massage-Institut. Es weckt Tote wieder auf. Es wirft den Kreislauf an. Einigen wird dabei schwarz vor Augen, das ist wahr. Einige versacken und müssen zurück. Aber die meisten reißt es zu einem neuen, zweiten Leben hoch, zu einer rauschhaften Steigerung ihrer Vitalität. Du wirst es sehen. Euphorien der Höhe, Gletscherluft und der Föhn aus dem Süden, manchmal auch Nordföhn: ein Schwingen, ein Schweben über dem Abgrund, nicht ganz ungefährlich am Anfang, mein Lieber. Die Leichtigkeit täuscht.

Graubündner Gasthöfe sind gelb, gelbbraun, gelbgrün; sie sind sanft verschnörkelt, dickwandig und wirken von außen sehr alt. Im Inneren sind sie von wohltuender Schweizer Behäbigkeit. Dazu kommt unvermittelt ein Stück Eleganz, das aus Zürich oder Mailand zu stammen scheint. Arvenholz, sagten sie. Es riecht hier nach dieser seltenen, edlen Fichte des Engadins, und was dir wie Nagellack in die Nase zieht, ist Azeton, mit dem das rohe Holz dauernd aufpoliert wird. Solche Holzverschalungen der Wände halten Jahrhunderte und werden immer schöner dabei. Tatsächlich schlich immer ein Italiener mit einer Flasche durchs Haus und rieb und strich überall liebevoll die Bauernmöbel. Er schlich wie ein Kater durchs Haus, so leise und lieb.

Im Empfang, in der Halle, in der Bündner Stube, im Restaurant, im Speisesaal — überall hockten auf Stühlen und Bänken Tiere. Sie lagen auf sanften Kissen. Unheimlich große Katzen, kleine, verfettete Hunde lagen wie Pensionsgäste breit auf Kissen und blinzelten ihn manchmal, wenn er sich darauf niederlassen wollte, entrüstet und traurig an. Sie hatten die schwermütigen Blicke schwangerer Frauen im achten Monat. Weiße Katzen, graue, bräunliche, schwarze: Der Gasthof war wie ein hochkultiviertes Tierasyl, in dem viele fette Vierbeiner zum Wintersport abgestiegen waren. Sicher gibt es so etwas in der Schweiz? Die Wirtin wogte majestätisch mit ihrem hohen Busen wie ein kolossales Mutterschiff durch dieses Meer der Tierliebe. Sie ging kerzengerade, war immer etwas entrüstet, trug ein giftiggrünes Kleid und einen hochgesteckten Dutt, der mit jedem Haar nein zu sagen schien: nein, nein, nein. Sie zeigte sich immer entrüstet — wenn Gäste kamen.

Schnee, Schnee, Schnee — über allen Wipfeln liegt Schnee. Er hat das Auto über Nacht in dicke, weiße Watte verpackt. Es steht versandfertig vor dem Haus, springt nicht mehr an. Es liegt Schnee auf den Telegraphenmasten, den Türmen der Elektrizität. Er türmt sich meterhoch an den Wegrändern. Kleine, gelbe Urinflekken zeigen die Spur der Hunde. Endlich ist Neuschnee gefallen. Er liegt wie eine breite, saubere Isolierschicht auf allen Dächern, Schaumgummiplatten, wahrscheinlich in Zürich bestellt, um im Winter die Kälte abzuhalten? Schnee macht so warm, sagt man, Schnee ist gesund, im Schnee kann man übernachten. Die Schweizer Soldaten trainieren das hier — mit Schlafsäcken.

Was ist Schnee? Manchmal rieselt er leise wie im Weihnachtslied, manchmal flockt er tatsächlich, wie es sich gehört. Manchmal fegt er über Straßen und Dächer, beißt, sticht, schlägt mit der Gewalt kleiner Hagelkörner auf. Dann liegt er wieder unschuldig in gut verpackten Paketen zusammen. Man würde nicht glauben, daß er lawinenartig ganze Dörfer zermalmen kann. Schnee wirkt so unschuldig. Wenn man darauf tritt, knirscht er, als hätte er Grund zu leisem Protest, wie die Jugend in

Zürich oder Bern. Er knirscht jeden Tag anders. Das Wetter, sagt man. Hier kommt alles auf das Wetter an. Manchmal knirscht er scharf, hart, böse, manchmal milde. Gelegentlich nimmt er die Schritte lautlos auf, weich wie ein Muttertier. Er ist neu gefallen, zeigt sich gefällig, sozusagen gut gelaunt.

Des Mittags im Liegestuhl geht eine Helligkeit, ein hartes, verrücktes Licht, von ihm aus, das blendet und für Augenblicke verwirrt. Träume im Liegestuhl: hochverpackt. Der Schnee ist jetzt kein Schnee mehr — er ist ›Schnee‹, wie das die Rauschmittelhändler in Zürich oder Frankfurt nennen: Heroin oder anderes Pulverzeug. Man liegt im Stuhl und möchte einen Trip machen. Man träumt in der Sonne. Man möchte versinken, untergehen in diesem Rauschmittel der Höhe. Siehst du denn nicht die flirrenden Ränder, die violetten Konturen am Firmament? Kreisen nicht rote Bälle, kleine Lawinen, zartorangene Apfelsinen, die wir eben aßen, die Berge herunter? Es ist wie ein erster Rausch der Höhe, während die Sonne langsam hinten versackt. Was ist mit dem Schnee im Engadin? Ein weißer Riese. Weißer geht es nicht.

Die monumentale Häßlichkeit von St. Moritz belustigte den Fremden. Wie das schwarz hervorbrach aus weißem Licht. Düstere Burgen, graue Hotelpaläste, hohe, moderne Apartmenthäuser, schmutzige Straßen, von vielen Spikes aufgerissen. Manches erinnerte ihn an Berlin-Charlottenburg: So grau war es hier. Es liegt kein Schnee in St. Moritz, eher Dreck. Man hat mit Halteverbotsschildern, mit Parkscheiben, mit Polizisten zu rechnen. Man beginnt wieder zu kreisen wie in Frankfurt oder München. Tatsächlich, da ist eine Parklücke. Vier Meter Platz: der Glücksfall von St. Moritz.

Allmählicher Umschlag: Der Fremde war überrascht von der Anmut, der Eleganz, der Schönheit der Schaufenster: wirklich schöner Schein. Auch die Menschen, die Moden, die hier flanierten, waren sehenswert. Er sah Dekorationen von venezianischer Eleganz und diskretem Reichtum, kostbare Antiquitäten, und er sah endlich Frauen, die dazu paßten: alt, steinalt: lederne Damenwelt. Welch eine Welt von gestern: Hochkapitalismus, noch einmal. St. Moritz war eine Bühne, eine glitzernde Szene, nicht Schnee, sondern Brillanten, die hier noch einmal hohe Zeit, goldenes Bürgertum 1910 spielte. Es entzückte und verbitterte ihn — eine Weile. Daß es so etwas noch gab. Es müßte alles verboten werden. Die Russen, die Chinesen, wann kommen sie her, räumen auf? Sozialismus war hier noch ein Fremdwort. Aber wahrscheinlich war das meiste Theater, Ausstellung, eine einzige Staffage, die bürgerliche Kultur hieß? Sehen und gesehen werden, dabeisein, dazugerechnet werden: Nennt man das nicht Gesellschaft? Er sah Perlen, Pelze, Playboys, Leder, schwere Wagen, schwere Männer, die auf dem Weg zur Piste, zur Sauna, zur Bar oder zur Bank waren. In St. Moritz ist alles schwer.

Leicht wurde ihm erst wieder draußen — über der Stadt. Er stieg höher; er ging aus dem schwarzen Schnee, dem Dreck von St. Moritz hoch in die Berge, ins Skigelände der Stadt. Es war hell, sonnig, glitzerndweiß hier, und plötzlich lag der hohe Ort unten — wie sonderbar.

Tief unten dräute im Dunkel des Tals die Burgenstadt, ein schwarzes, böses Felsenmärchen. Sie wirkte so tief, tiefvergraben und etwas kränklich. Man mußte sich abwenden, aber hier oben wurde es schön. Er pustete, er keuchte, er schleppte sich langsam die Serpentinen hoch. Sein Schritt knirschte hart im Schnee, dünnes Eis brach darunter. Manchmal rutschte man aus, aber fing sich dann doch — es war wie mit dem Auto: Man kam wieder in die Spur. Also weiterstapfen, weiterpusten, öfters mal haltmachen. Dann kam er zum Chantarellahaus. Es lag wie eine Gralsburg der Bourgeoisie dort oben, so prächtig und streng. Gelb und breit, etwas klotzig. Die schauderhaften Fassaden erinnerten ihn auch an ein Schweizer Internat, eine Kaserne, ein Heim für schwer erziehbare Sprößlinge. Er hörte hinter sich Pferdeschlitten klingeln. In der Ferne sah er die Skiläufer hoch in den weißen Mulden schwingen. Sie wirkten wie schwarze Fliegen, die über ein Bettlaken krabbeln. Oben ließ er sich in einen der Liegestühle fallen, die auf der Terrasse der Gralsburg standen. Er schwitzte. Er blinzelte. Er sah auf das große Thermometer, das an der Wand hing. Sonne lag jetzt darüber. Es zeigte zwanzig Grad Wärme. Er wußte, eigentlich war es auch kalt, klirrendkalt. Im Schatten waren zwanzig Grad Frost.

Und natürlich ging er, zurückgekehrt in die Stadt, dann auch ins *Palace*. Er konnte sich solche kleinen, kostspieligen Scherze nicht verkneifen. Dazu war er zu arm. Und im *Palace* war es exakt so, wie er es schon aus den Illustrierten kannte. Durch die Drehtür kam ihm tatsächlich Karajan entgegen, wie bestellt. Er erschrak, dachte: Wer wird mir das glauben, hinterher? So ein Glück! Der Mann sah markant, jugendlich federnd, dabei sehr ergraut aus. Ein sportlicher he-man, der sich mit souveränem Druck durch die Drehtür in den Dreck hinaus drehte, schnittig in jeder Bewegung, dabei sehr sensitiv. Man merkte gleich: ein Künstler, etwas Feineres.

Und an der Rezeption, das war auch wie bestellt, stand Gunter Sachs — natürlich. Es war wie ein schlechtes Bühnenstück: alles zu glatt, zu gut. Der Kerl holte sich beim Portier seine Post. Zu solchen kleinen Arbeiten sind offenbar auch Playboys bereit, mitunter. Gunter Sachs wirkt natürlich nicht so sensibel, auch nicht so künstlerisch wie Karajan, aber macht doch unter all den Playboys am Ort eine gute Figur. Im Gesicht hat er die zusammengezogene Aggressivität eines Adlers, oder war es nur die eines Hahns unter all den Hühnern? Die Frauen in Duisburg und Hildesheim können sich auf jeden Fall darauf verlassen: Gunter Sachs sieht exakt so aus wie im *Stern* — nur etwas älter.

Und dann kam wieder das, was er schon aus den großen Häusern in Montreux oder Baden-Baden kannte: Er leistete sich einen Lunch im Grandhotel — sagt man nicht so? Es umschwebten ihn zahllose weiße Libellen vom niederen Rang, schlanke Epheben, die Tücher auflegten, Gläser wechselten, Stühle aufmerksam rückten, blinkende Kleinwagen heranfuhren: Zuvor ein Drink, der Herr? Der Ober reichte die Speisekarte, die die Größe und Gewichtigkeit eines Staatsvertrages vermuten ließ. Der Fremde begriff die Ränge, die feinen, strengen Unterschiede der Hierarchie. Er unterschied zwischen Kellnern im Frack und solchen im Smoking. Er sah die verschiedenen Dienstleistungen derer, die eine weiße, und jener, die eine schwarze Fliege trugen. Und er aß dabei Artischocken und Schnecken, dann Chateaubriand; das kannte er gerade noch. Das meiste war ihm zu fremd. Er nippte am Schweizer Rosé, ging dann aber auf Weißwein über, französisch, dann deutsch. Ein Mosel war auch hier noch das Beste. Hinterher gab es köstlich gelierte Früchte. Sie klebten das Ganze zu.

Dann sank er, erschöpft und ermüdet, in die schweren Sessel des *Palace* zurück. Er hätte jetzt schlafen können. Er sah über den Moritzsee, auf dessen verschneitem Eis schlanke, braune Pferde nervös galoppierten. Ihre Beine tänzelten wie die von Ballerinen. Er dachte wieder an die vereiste Paßfahrt, an all die Abgründe und wie er schließlich hier heraufgekommen war ins Paradies. Zauberberg, dachte er: Davos oder St. Moritz, da ist doch kein Unterschied: alles von Thomas Mann, alles schon einmal beschrieben, also fertig, passé, nur noch Lesestoff. Alles so föhnig und von der makabren Aufgekratztheit Settembrinis. Er atmete schwer — auch beim Bezahlen.

Pontresina hatten sie ihm alle vergrault, zuvor. Sie hatten gesagt zu Hause: Passé, vorbei, das geht doch nicht mehr, das war einmal etwas in den zwanziger Jahren, als Samuel Fischer mit seinen Autoren hinkam, und dann all die Mannheimer Juden, damals. Pontresina ist außerdem viel zu schattig. Pontresina ist einfach zum Kotzen, hatte er bei Max Frisch gelesen. Er liebte diesen

Ort, auch seine Schatten. Vom Bahnhof aus sah man ihn liegen, ein langes, schmales Straßendorf, das in die Felsen waagerecht geschlagen schien, hängend auf halber Höhe wie ein Lineal. Natürlich kein Dorf, sondern ein Kurort, auch mit einigen Hotelpalästen, auch mit ein paar Gralsburgen bestückt, aber doch nicht so gewaltsam, nicht so mondän, nicht so steinreich wie St. Moritz. Pontresina war nicht beleidigend. Es war kein Skandal für das soziale Gewissen. Man kann mitten im Ort noch im Schnee stapfen. Man ist nicht ausgeperrt aus der Natur, sondern mitten drin. Skifahrer schlurfen durch die eine Straße, rutschen von Geschäft zu Geschäft. Kinderschlitten dazwischen. Kinder quollen aus Postomnibussen, alle in grellrote, grellblaue Skijacken verpackt. Sie drängten, sie quirlten, sie schnatterten durcheinander, ein ländliches Kauderwelsch, das an ein verkommenes Lateinisch erinnerte. Die Sprache, so schien es ihm, war hier zu früh und zu tief im Hals steckengeblieben. Sie röchelte in der Kehle und kam nicht heraus, nicht in den Mund. Rätoromanisch ist lateinisches Rachenröcheln, dachte er.

Die Abende von Pontresina; er wußte, sie würden bleiben, später einmal, in der Erinnerung. Die blaue Stunde ist hier wirklich noch blau. Es senkt sich so kurz vor sechs am Nachmittag ein schweres Blau über den Ort, das müde macht. Sterbelicht, Licht der Besinnung, Abschiedslicht, etwas mit Grau schon vermischt, manchmal für Augenblicke sich rötlich, also violett, verfärbend, aufflackernd. Das ist die Zeit, in der sensible Seelen plötzlich zu Depressionen, zu ungewöhnlichen

Todesgedanken neigen. Falltiefen, in solcher Höhe. Das Licht geht dahin, und etwas will mit, will mit untergehen, will auch verlöschen — bei sensiblen Seelen, nicht bei ihm.

Für ihn war das Whiskystunde, seine Zeit. Er saß nachdenklich am Fenster, er genoß das Sterben draußen, das Todesgefühl und hielt das Whiskyglas in der Hand. Es klirrten und klickerten die Eiswürfel im Glas, wenn er es hob, ansetzte. Er schluckte. Er spürte das scharfe Zeug den Hals hinunterrinnen, in den Magen eindringen. Er spürte, wie sich Wärme, Kraft, Zuversicht im Körper auszubreiten begannen: Wohligkeit. Er nahm deutlich wahr, wie sich irgendwo tief innen jetzt Zellen öffneten, Kanäle aufschlossen, Stauungen lösten, wie sich alles entkrampfte und locker zu strömen begann. Es wurde stark und stramm — im Fleisch. Es überfiel ihn eine neue, spirituelle Art von Sinnlichkeit: Körperlust, vergeistigt. War das die Kälte draußen? Er spürte dann später, wie das scharfe Zeug ins Gehirn eindrang, es erst frei und stark, dann aber bald auch schwebend-euphorisch machte. Höhenglück im Haus, Glück der Befreiung, leichte Rauscherfahrung, ganz zart und leicht, rauchzart, ach, nur ein Anflug von Rausch. Er wußte: Nur das erste Glas schafft so zarte und schöne Verwirrung, so klare Illusion. Vielleicht noch ein zweites Glas, mehr nicht. Der Rest ist Suff.

Danach, wenn es dann dunkel war, ging er noch einmal durch den Ort, der jetzt knirschte und klirrte vor Frost. Er sprühte. Pontresina war ein Lebkuchendorf. Alles wie vom Bäcker, der Herr Frost hieß. Alles sah jetzt ganz puppig, verschnörkelt und lustig gebacken aus, warm in der Kälte. Nennt man das nicht heimelig? Also Ofengefühle? Es sah aus wie Nürnberg, nach Graubünden verrückt. Die Schindel der Dächer tief heruntergedrückt. Sie saßen den Häusern auf wie Mützen, tief ins Gesicht gezogen. Skimützen. Das mit den Mannheimer Juden war wahr. Die gab es nicht mehr, nicht mehr hier jedenfalls, aber Deutschland war doch geblieben. Man sah es überall. Vor all diesen Arven- und Bündnerstuben parkten jetzt Autos, ihre Mercedes, überall. Sie standen schwer und kastig und etwas drohend vor diesen puppigen Häusern. Die deutschen Autos strahlten Wohlstand, Glanz und eiligen Stolz aus und schienen alle zu sagen: Wir sind wieder wer, seht ihr denn nicht unseren Stern? Wir sind wieder da mit unserem Stern, dem guten Stern auf allen Wegen, und sind nicht mehr irgendwer. Wir sind wieder wer. Wer eigentlich? Sind wir die Heiligen Drei Könige vielleicht? Das Wintermärchen? Sie waren übrigens alle aus München, die Sternfahrer Pontresinas.

Schließlich und endlich gab es hier die Schweizer, natürlich. Welch ein Volk, welch eine fremde Gesellschaft, so nah und fern zugleich. Das meiste begriff er nicht. Ihre Sprache, auch die unten im Tal, war so schwer, so lastend und von altväterlicher Genauigkeit. Sie reizte ihn in ihrer rustikalen Pedanterie manchmal zum Lachen. Warum denn alles so wunderlich? Im deutschsprachigen Fernsehen hatte er ganz neue Worte gelernt. Ehrenwerte Politiker aus den Kantonen hatten ernst und besonnen und mit leicht apoplektischem Schädel über die Rechtstellung des »Landermanns« diskutiert, unter besonderer Berücksichtigung des Departements. Was war das — ein Landermann? Er hatte gelesen, daß einer, der sich gegen die Sittlichkeit vergeht, hier ein »Unzüchtler« genannt wurde, und mußte natürlich lachen. Dann wurde immer von dem »Erfolgsschriftsteller« berichtet, der zu Gefängnis verurteilt war. Es hieß, er habe keine weiße Weste.

Mit Heiterkeit sah der Fremde immer das Abendmagazin des Schweizer Fernsehens »Antenne« und erfuhr viel Aktuelles: Neues über Skibindungen, Kadaververwertung, Curling-Bahnen und über die Wiedervereinigung beider Basel. Eine Stadt, offenbar geteilt wie Berlin? Er hatte es nie bemerkt. Nach so ernsten und gewichtigen Problemen ging man zum Schluß immer auf Heiteres und »Kunscht« über. Man wurde, wie der Ansager verkündete, »racht poppig« und zeigte Frivoles und Jüngstes aus Zürich und Bern. Merkwürdig, wie auch die Zwanzigjährigen hier altväterlich wirkten. Ein reiches, wunderliches Bauernvolk, und so betulich.

Eines Abends hatte er eine lange Diskussion zwischen der APO und dem Establishment gesehen, übertragen aus Zürich. Die Herren vom Bund aus Bern wirkten wie handgeschnitzte Bankdirektoren. Sie sprachen, wie bei uns früher die Herren in den evangelischen Akademien, viel von Verzweiflung, Ratlosigkeit und der geistigen Not der Jugend, die aber auch ihe fruchtbaren Seiten habe. Man wisse das, sei doch auch einmal jung gewesen. Aber als dann ein Langhaariger, so ein »racht poppiger« Junge, aufstand und nicht ohne soziologische Verschlagenheit erklärte, daß »Tall«, er meinte den Schillerschen

Tell, im Grunde nur ein Agent des feudalen Großgrundbesitzes gewesen sei, man müsse endlich den Rütlischwur in seiner Klassenstruktur durchschauen — da ging ein leises Zittern durch die Eidgenossenschaft. Man sah ratlos-verängstigte Augen: Was war denn das? War das der Kommunismus? — Hinterher gab es die Wetterkarte: Alpensüdseite und Engadin sonnig. Gott sei Dank.

Etwas hatte ihn getroffen, verwirrt, verzaubert — lauter kitschige Worte, das wußte er. So wird man sich langsam fremd in der Fremde; man entfernt sich vom guten Grund. Etwas hatte ihn hochgerissen und beinah krank gemacht — vor Schönheit: Sils Maria. Er fuhr wieder auf Pudding durch hohen Schnee, durch Eis, es tanzten die Flocken: Celerina, St. Moritz, Silvaplana: alles heller, hoher Silberklang. Die schmale Straße am See zum Majolapaß, die weißen Spitzen des Piz Corvatsch. Dann? Ja, dann muß man eben links ab, wenn man es erleben will. Die Stille, die Unverbrauchtheit, das glitzernde Licht von Sils empfingen ihn. Es klirrte die Kälte: 28 Grad. Es sprühten die Berge. Er spürte wieder die kleinen Batterien in sich arbeiten, die sanften elektrischen Schläge der Höhe. Es fiel Strom von den Bergen, lag in der Luft. Strom, der ihn schlug, der sagte: Wir schubsen dich jetzt: höher, immer höher mit dir, jetzt ganz nach oben! Der tiefblaue Himmel, vollkommen blankgeputzt — daß es so etwas gab im Winter? Es hing eine weiße, scharfe Sonne darin, die fast den Duft von Hanauer Höhensonnen verbreitete.

Sils Maria, das ist etwas, was eigentlich nicht mehr beschreibbar ist. Es ist ein Licht, das blendet, schwerelos, schwebend macht. Der Fremde begriff im firnigen Licht der Gletscher, daß hier Psychosen ausbrechen können, irre Träume der Größe, heroischer Schein, Heroin. Er begriff Nietzsches Rausch der Einsamkeit hier, die Gestalt Zarathustras, diese Vision des Übermenschen, der hier irgendwo hausen mußte. Eine Phantasmagorie der Höhe: deutsche Verstiegenheit, gebürtig aus Sachsen, aus Thüringen. Hier in diesem winzigen gelben Haus, das unschuldig hinter mächtigen Schneehaufen schlief und »Nietzsche-Haus« hieß, es sah wie ein Kutscherhaus neben dem mächtigen Hotelpalast aus, — hier also hatte er ausgebrütet in seiner Verlassenheit: den Übermenschen. Man verstand das hier. Und man verstand, wie das später fiel, rutschte, kippte, zusammenbrach und gebar: den Untermenschen.

Dann waren sie ins Fextal hinaufgewandert: kurzatmig, mühsam, munter trotzdem. Höher, immer höher in eine strahlende, blendende Schwerelosigkeit hinein. Als sie ganz oben waren, noch hinter dem Hotel ›Sonne‹, ergriff ihn eine alberne und törichte Heiterkeit: fröhliche Wissenschaft. Er sagte plötzlich: Ich steige, ich schwebe, ich fliege. Ich fliege jetzt weg. Er wurde auf eine unerträgliche Weise kitschig und sagte: Es gibt Orte ohne Wiederkehr. Er sagte: Sils Maria — es gibt kein Zurück.

(1970)

# Vom Geist der Zeit

## Die schöne Revolution der 68er

Ästhetisch gesehen, sind sie ein reines Vergnügen. Sie haben Stil. Noch nie, will mir scheinen, war eine Jugend in Deutschland auf eine so entschlossene und zugleich gelungene Weise jung. Dies ist eine erstaunlich schöne Generation jener Deutschen, die doch in der Welt als die Häßlichen etikettiert werden.

Die Mädchen in ihren verwegenen Pullovern, die Jungens mit ihren imponierenden Backenbärten, sie erinnern an die apartesten Modelle aus der Werbebranche. Kein Designer für Pepsi-Cola könnte sie attraktiver erfinden. Etwas Paris, etwas Greenwich Village, etwas swinging London: Heiter, verpopt, mit einem spontanen Sinn für die Effekte des Skurrilen und Grotesken, sind sie zunächst einmal die neuen deutschen Vertreter jener weltweiten Jugendkultur, die, von Amerika inspiriert, in allen westlichen Metropolen Fuß gefaßt hat. Ein uralter Regenschirm, im Versammlungssaal rhythmisch auf- und zugeklappt nach den Redefiguren des Professors — ich kann mich der grotesken Ästhetik solcher Provokation nicht ganz entziehen. Dies ist eine bei allem Geist der Revolte merkwürdig fröhliche Generation.

Eine luxuriöse Generation hat man sie genannt. Das Wort ist mir zu vieldeutig, zu schillernd, um das Phänomen zu fassen, aber sicher ist, daß ihr Lebensgefühl, diese skurrile Mischung aus Heiterkeit und Agressivität, nicht ohne unsere Wohlstandsgesellschaft denkbar ist. Obwohl sie gegen die Konsumformen der Gesellschaft im Überfluß protestieren, bleiben sie zunächst doch deren Geschöpfe und Kreationen. Maskottchen des Spätkapitalismus könnte man sagen. Sicher ist, daß unsere florierende Ökonomie sie mitproduziert hat. Es sind Revolutionäre der Prosperität.

Das zweite, das in die Augen fällt, ist ihre soziale Herkunft. Im Umgang mit ihnen stellt sich bald heraus, daß ihre beredtesten Vertreter fast durchweg Kinder aus wohlhabenden Bürgerhäusern sind. Es sind Söhne von Kaufleuten, Anwälten, Ärzten, Industriellen. Arbeiterjugend ist, entsprechend der unveränderten Klassenstruktur unserer Universitäten, nicht vertreten. Kinder aus Bauernhäusern, aus dem Handwerk, den breiten Schichten der Unterprivilegierten fehlen. Von daher bekommt ihr revolutionärer Anspruch, die Arbeiter aus dem Zwang des Kapitalismus befreien zu wollen, den Zug ins Romantische und kraus Verstiegene. Massenpsychologisch gesehen, sind diese Studenten unendlich isoliert. Sie agieren freischwebend neben allen anderen Gruppen der Gesellschaft. Sie haben keine nennenswerte soziale Gruppe hinter sich, sieht man von den Sympathien aus Intellektuellenkreisen ab. Sie sprechen mit ihrem von Marcuse, von Adorno und Habermas rasch übernommenen Soziologenjargon eine Sprache, die glatt, aber durch soziale Wirklichkeit kaum gedeckt ist. In ihren starken, formelhaften Verkürzungen erinnert sie an die verfeinerten Gebetsmühlen des alten Parteichinesisch. Es ist alles etwas zu rasch geronnen, erstarrt und »umfunktioniert«.

Schließlich fällt ihre Geste kindlich-großartiger Selbstsicherheit auf, die mitunter blitzschnell Züge des Terrorismus annehmen kann, wie immer bei Kindern etwa im fünften Lebensjahr. Ein leidenschaftlicher Aktionswille paart sich mit einem Machtanspruch, der Heiterkeit auslösen müßte, wäre das Establishment selber nicht so verdutzt und ratlos. Zivilcourage, die man in Deutschland kaum kannte, muß man ihnen attestieren.

Keine Institution ist ihnen zu mächtig; prominente Schriftsteller, kapitale Verleger, etablierte Staatsmänner, von der Justiz und Polizei ganz zu schweigen: je stabiler und gefestigter die Macht, um so stolzer der Stil der Provokation. »Sie wissen, meine Herren Verleger«, sagte da einer zu unseren versammelten Buch-Kapitalisten, »daß wir Sie zu gegebener Zeit enteignen werden. Im Augenblick bitten wir um Ihre Solidarität. Gehen Sie mogen früh . . .« — Sind das infantile Omnipotenzphantasien, die solche Worte beflügeln? Wuschelhaare, Bärte, Felle — ein Hauch von pubertärer Großmannssucht geht sicher durch ihre Reihen. Ihr Verhältnis zur Masse, zur Macht ist emotional, unkritisch, aber wäre es nur pubertär, so würde es kaum Krisen von solchem Umfang in unserer Gesellschaft auslösen.

Was ist eigentlich mit dieser schönen Revolution? Warum schreibt niemand eine Soziologie dieser Soziologie-Besessenen? Ganz offenbar sind diese Zwanzigjährigen doch die ersten Vertreter einer neuen Generation in Deutschland, die unter wirtschaftlich sehr stabilen und familiär relativ liberalen Verhältnissen heranwachsen konnten. 1948 geboren — das Stichjahr der Währungsreform scheint nicht ganz zufällig. Es sind Kinder der Deutschen Mark, einer der stabilsten Währungen der Welt, eines funktionierenden Kapitalismus — zum erstenmal in Deutschland. Zwanzig Jahre intakte Gesellschaft, das gab es in diesem Jahrhundert bei uns noch nicht. Sie wissen nichts mehr vom Krieg und Faschismus, weshalb ihnen das Wort Faschismus so leicht und mühelos von der Zunge geht, sie haben keine Erfahrungen mit wirklichen Polizeistaaten, weshalb ihnen unsere Polizei, die einmal unsicher, einmal grobschlächtig, aber meistens doch nur ungeschult ist, ein unerläßlicher, ja lieber Spielpartner ist. Wirtschaftskrisen, Arbeitslosigkeit, Hunger kennen sie höchstens aus Büchern und von Fotos. Sie hantieren mit einer »dritten Welt«, die nur aus der Ferne so einheitlich aussieht. Fanden sie in ihrem Elternhaus auch keine Vorbilder, so blieben sie sich doch auf eine für Deutschland unerhörte Weise selbst überlassen: frei, unreglementiert, ökonomisch gesichert. Frei zu leben, zu lieben, zu reisen, zu konsumieren. Endlich einmal konnte hierzulande eine Generation intakt und gesichert aufwachsen — wann hat es das in Deutschland schon gegeben? Während die Kinder der Arbeiter und Bauern weiterhin unter dem

Zwang ihrer harten Produktionsformen stehen, ist diese Generation großbürgerlicher Jungakademiker im Grunde die erste Frucht eines gelungenen Liberalismus in Deutschland.

Hier, genau hier liegt der Schlüssel zu ihrer Revolte. Jung, stark und in den meisten Fällen ökonomisch gesichert ist diese erste, wirklich gelungene Generation unseres Volks sozusagen berauscht und betäubt von ihrem neuen, subjektiven Freiheitserlebnis — und zugleich frustriert von den objektiven Elementen autoritärer Herrschaft, die sie in Politik, Gesellschaft und Wirtschaft vorfinden. Studentsein ist ja seinem Wesen nach etwas Transitorisches. Es dauert höchstens fünf oder sechs Jahre. Sie stehen an der Schwelle zur Berufspraxis. In drei oder vier Jahren werden sie in das Joch dieser Gesellschaft eintreten müssen. Sie stehen vor dieser Schwelle und protestieren noch einmal, bevor sie sich beugen, den Rücken krümmen müssen, gegen die Sozialstrukturen, die da in unserem öffentlichen Leben auf sie zukommen. Gerade weil sie aus relativ liberalen Elternhäusern kommen, sind sie übersensibilisiert in den Fragen der Freiheit, reagieren sie allergisch gegen eine Gesellschaft, die überall Reste autoritärer Herrschaft mit sich herumschleppt.

Wer wollte leugnen, daß an unseren Universitäten noch immer autoritäre Formen in der Vermittlung von Wissenschaft vorherrschen? Es ist nicht abzustreiten, daß unsere Justiz, unsere Verwaltung, unsere Schulen, Kirchen, Betriebe nicht wirklich demokratisch organisiert sind. Die Gesetze des Kapitalismus heißen noch immer: Hast du was, bist du was. Profitmaximierung, Aufstieg durch Unterwerfung, Anpassung an den Markt sind immer noch die Spielregeln unserer Wirtschaftsordnung. Konkurrenzgesellschaft: das heißt, sich durchboxen, den anderen, wenn nicht den Hals abschneiden, so doch an die Wand spielen — das alles ist unverändert die Voraussetzung sozialen Aufstiegs in unserem Land.

Die Studenten sehen das mit ihrem geschärften Auge, mit ihrem kritischen Sinn und mit dem Absolutheitsanspruch aller Jugend nicht ganz ohne Entsetzen auf sich zukommen: Countdown — noch drei Jahre, noch zwei Jahre, jetzt ... Sie sind heute frei und wissen doch, daß sie es morgen nicht mehr sein werden. Von dieser sozialen Schwellenangst her kommt, wie ich meine, die Leidenschaft, die verstiegene Kraft ihres Widerspruchs. Es gilt also zu begreifen: Wir selber haben diese neue Generation so freiheitlich, so unabhängig und kritisch erzogen, daß sie uns nun dieses Spiel der schönen Revolution vorspielen kann. Sie hassen den Liberalismus, wie man Väter haßt. Später wird man dann selber Vater, wird selber gehaßt. Sie tragen die Bilder von Mao und Ché Guevara wie Heiligenbilder des Katholizismus vor sich. Sie haben sich, weil sie die Revolution in Europa nicht in Gang setzen können, diese fernöstliche Ideologie einer befreiten Gesellschaft zusammengebaut, eines neuen Jerusalem: exotisch und fern. Man muß daran glauben, und Gläubigkeit ist in dieser Jugend. Diese Utopie einer von allem Zwang befreiten Gesellschaft wird nicht Wirklichkeit werden — leider. Aber indem diese neue Generation ihre Utopie in unsere bundesrepublikanische Gesellschaft hineinträgt, trägt sie zum Abbau überalterter, autoritärer Herrschaft in Deutschland bei. Sind sie auch subjektiv im Irrtum, so bewirken sie doch objektive Veränderungen, die bleiben werden und unseren Demokratisierungsprozeß vorantreiben. Man muß sie annehmen, umfunktionieren nach Deutschland.

(1968)

## Verschärfter Klassenkampf

Auf Literaturtagungen, Schriftstellerkongressen, bei kritischen Diskussionen kann einem das widerfahren. Ein Dichter, der lange schwieg auf dem Kongreß, der bisher eigentlich nur auffiel durch sein grimmiges und wirklich radikales Aussehen: durch einen Anarchistenbart also, eine Nickelbrille mit hellblauem Glas, ein zottiges Hemd und andere Attribute der Revolution, er erhebt sich plötzlich nicht ohne Grimm und teilt dem Plenum folgendes mit: Ihn ginge das alles nichts an, was hier seit Tagen über Literatur geredet werde: bürgerliche Konvention. Es gäbe nur eine Wahrheit heute: Es sei Klassenkampf. Leider, fügt er bedauernd hinzu, leider teile sich die Gesellschaft jetzt wieder in Klassen. Es gäbe folglich nur Klassenliteratur, und da hier die bürgerliche Klasse vertreten sei, gäbe es auch keine Gemeinsamkeit zwischen den Versammelten und ihm, leider. Es gäbe nur noch Klassenkampf — auch in der Literatur.

Dann setzt sich der stille Mann. Er setzt sich befriedigt und mit historischem Gewicht, sozusagen. Er hat schließlich den Klassenkampf ausgerufen — unter Schriftstellern. Er hat daran zu tragen. Es entsteht eine hörbare Stille im Raum. Verdutztes Schweigen, bourgeoise Ratlosigkeit, aber auch schmaler Applaus aus der linken Ecke, wo einige anmutige Revolutionskinder hocken mit Wuschelköpfen. Das Plenum ist merklich beeindruckt von diesem Tropetenstoß.

Da ich viel Sinn für Artistik, Clownerie und die feineren Künste von Taschenspielern habe, bin auch ich immer beeindruckt, wenn auch auf andere Weise. Wie geschickt, wie gewinnträchtig, wie wirklich vorteilhaft für den Dichter, geht es mir immer durch den Kopf. Das hat er schon sehr gut gedreht: Hat er auch keine Klasse, die hinter ihm steht, lesend, so hat er doch jetzt eine eiserne Position unter seinen Kollegen. Er ist unangreifbar geworden. Er ist mehr und größer: überlebensgroß, ein Klassenkämpfer — auf Papier.

Man muß sich die Vorteile deutlich vor Augen führen, die sich nun einstellen für den Dichter. Zunächst umgibt ihn die Aura des Täters, des Aktivisten, des mannhaften Kämpfers. Potenzzuwachs ist zu registrieren. Jedenfalls auf Frauen geht eine deutlich erotisierende Wirkung aus. Während die anderen bleich und blutarm, vergrübelt und hamletisch-zerrissen herumsitzen im Saal, eben bürgerliche Intellektuelle, mit all ihren Skrupeln und Stil-Schmerzen, Kopf-Reflexen, ist er nun von Bewunderern umgeben: ein einsamer Held in der Schlacht, sich manchmal auf eine Walküre im Klassenkampf stützend. Ein ganzer Harem emanzipierter Mädchen wird ihn fortan begleiten. Die sozialistische Revolution hierzulande war ja immer auch eine sexuelle gewesen. Man nennt das die linke Lust in der Branche. Man wird also in Kneipen sitzen, dann schlafen gehen, sozialistisch, also in Kommunen, massenhaft. Endlich ein Mann im Kollektiv, ein richtiger Kerl, unter lauter Literaten.

Bestechender für den Schriftsteller ist der literarische Vorteil, den ihm der Klassenkampf einbringt. Es versteht sich: Er ist nun jeder Kritik enthoben. Sagt man: Aber das ist doch ein ganz miserabler Roman, eine verluderte Prosa, die Sie da veröffentlichten, so bekommt man, übrigens meist in ganz überraschend bescheidenem Ton, die Antwort, man könne dies nicht beurteilen; man sehe das nur vom bürgerlichen Standpunkt aus. Es handele sich bei solchen Werturteilen um ein typisches Klassenurteil, sozusagen um die bürgerliche Klassenjustiz der Kritik. Tatsächlich sind heute ästhetische Urteile bei uns nicht mehr notwendig. Die Frage nach dem Schönen, Gelungenen, Wohlorganisierten eines Textes ist unstatthaft, weil latent faschistisch. Je miserabler, je banaler der Text, um so deutlicher spiegle er doch die miserable und ausgebeutete Lage der Arbeiterklasse wider. Sprachlosigkeit heißt das jetzt. Es handelt sich also um ein Dokument der spezifisch politischen Sprachlosigkeit heute, bitte.

Ja, selbst wenn der Mann überhaupt nichts schreibt, so bleibt das ein Phänomen von eminenter politischer Wichtigkeit. Gerade sein Schweigen, seine Sprachlosigkeit artikulieren ja, daß es um mehr als Literatur geht im Augenblick. Es geht um verschärften Klassenkampf.

Merkt ihr denn nicht, daß sein Nichtschreiben die letzte und radikalste Form des Widerstandes ist: die wirklich ganz große Verweigerung? Er verweigert der bürgerlichen Klasse das geheime Komplizentum, mit dem sich andere noch schmücken, eitlere Künstler. Er nicht. Er spielt nicht mehr mit der Vermarktung des Geistes. Er hat das alles durchschaut und schweigt also im Zentrum des Orkans, der um ihn tobt. Zeit der Scharlatane, Zeit der Roßtäuscher, der griffigen Taschenspieler. Es ist ein schöner Trick, finde ich immer wieder, wie deutsche Schriftsteller heute ihre eigene Bedeutungslosigkeit, ihre Mittelmäßigkeit, ihr Stück künstlerische Unbegabtheit mit soziologischem Kleister aufmotzen. Man nennt das politisieren. Der Mann hat sich eben mächtig politisiert, in den letzten Jahren.

Ich sehe überall in unserem Lande junge Autoren herumsitzen. Sie haben kaum etwas Nennenswertes geschrieben, sind dafür aber eminent politisiert — als Schriftsteller. Sie haben tatsächlich das richtige Bewußtsein, nur arbeiten sie damit nicht. Es kommt nichts heraus, was buchenswert wäre, um mit Thomas Mann zu sprechen. Könnte die Klassenkampfparole eine soziale Verschleierung privater Faulheit sein? Ich frage ja nur, und füge hinzu: Ich habe nichts gegen Faulheit. Sie kann sehr human und erholsam sein. Ich habe nur etwas gegen deren Politisierung. Manchmal meine ich, es ist einfach eine Ideologie, eine Ausrede der Minderbegabten geworden. Von Schriftstellern von Rang hört man dergleichen Trompetenstöße nicht.

Zeit der Scharlatane, der Roßtäuscher, der griffigen

Taschenspieler. Daran gemessen, waren die aufgeregten zwanziger Jahre noch grundsolide und ehrliche Zeiten. Damals mußte sich ein Schriftsteller, ganz gleich, wo er politisch stand, noch ausweisen durch Arbeit, durch Werke, durch sehr viele Bücher, bis er überhaupt das Forum der Öffentlichkeit erreichen konnte. Ich denke an Thomas und Heinrich Mann, an Feuchtwanger, Döblin, Wassermann, die frühe Elisabeth Langgässer, auch sie zum Teil damals mit Klassenfragen befaßt. Man mußte auf jeden Fall sehr viel geschrieben haben, um gehört zu werden. Heute ist das nicht mehr nötig. Heute wäre ein junger, aufstrebender Autor schlecht beraten, sich den umständlichen Weg zur Öffentlichkeit durch Bücher zu bahnen. Warum denn so literarisch?

Tatsächlich kommt seiner ideologisierten Faulheit sehr viel entgegen in unserer elektronisch vergrößerten Öffentlichkeit. Aufstrebende Schriftsteller sollten modern, also politisch, agieren, ungefähr so wie die Palästinenser, nur nicht mit Granaten. Man muß sich ein großes, sehr prominentes Forum der Öffentlichkeit suchen. Man muß im richtigen Augenblick eine Fahne entrollen, das Mikrophon an sich reißen und dann den Saal provozieren mit Schock und Protest. Man wird etwas von Unterdrückung und Ausbeutung hinzufügen, nicht nur durch Verleger, überhaupt — ›die Gesellschaft‹. Ein unerschöpfliches Zauberwort heute; man wird auch den weltweiten Befreiungskampf der Arbeiterklasse nicht vergessen. Man stellt den Antrag, statt über Literatur zu reden, sich mit politischen Gefangenen in der BRD zu solidarisieren, und zwar sofort, natürlich einstimmig.

Der Mann ist dann gemacht, als Schriftsteller, meine ich. Am nächsten Tag wird es in den Feuilletons stehen. Es wird stehen: »An sich eine müde und magere Tagung. Plötzlich aber kam politische Brisanz hoch. Es entstand Klassenkampfstimmung im Saal.« Ei, war das schön. Wer war das? Wie hieß doch der Mann? Müller oder Möller? Auf jeden Fall ein neuer Gott, eine Persönlichkeit der Zeitgeschichte, auf die man jetzt achten muß. Es ist wieder einmal ein junger Dichter zu pflegen, wie man früher sagte. Wie macht man das?

Man wird ihn zu Interviews, zu kurzen Einspielungen in Kulturmagazine bitten. Evangelische Akademien werden ihn laden: »Der Geist und die Revolution« stehen zur Debatte. Würden Sie bei uns ausführlicher wiederholen, was Ihnen neulich verwehrt wurde zu sagen? Die bürgerliche Presse hat Sie doch auch ganz falsch zitiert? Jetzt wird sein Name wirklich bekannt. Der Schriftsteller X, ein Werk liegt nicht vor, wird auch gar nicht erwartet, äußert sich über den Klassenkampf in der BRD. Er schäumt vor Empörung und Widerstand. Es ist ein Wort, das müde Männer munter macht, hierzulande. Der Mann ist also gemacht?

Man kann sagen: Du übertreibst, du überschätzt Randphänomene, du überhöhst, was doch längst Vergangenheit ist. Ich bin nicht so sicher, die Schelmenkappe des Linksradikalismus, die rote Revolutionskapuze, den alten Klassenkampfhut betrachtend. Der ist sehr attraktiv. Nicht bei der Arbeiterklasse, nicht bei den Bauern des Landes, also den Betroffenen, wohl aber im Kreis des bürgerlichen Mittelmaßes, das schreibt oder auch nicht schreibt, je nachdem, wie fortgeschritten es ist. Das putzt ganz ungemein. Es ist der beste Slogan der Werbebranche geworden. Man sollte sich seiner Verkaufsreize nicht begeben. Man sollte vor jeden schwer verkäuflichen Buchtitel einfach das Zauberwort »Klasse« setzen. Statt »Liebe« spricht man jetzt eben von »Klassenliebe«. Man kennt das und seine Erfolgskraft. Was hätte aus Stifters *Nachsommer* werden können, wenn das Buch »Nachsommer einer Klasse« hieße, nicht wahr? Es wäre brandneu.

Also zum letztenmal: Zeit der Scharlatane, der Roßtäuscher, der griffigen Taschenspieler. Ich will mich da gar nicht ausnehmen. Warum denn? Ich wäre auch gern mit von der Partie. Ich werde also ein Buch schreiben, das meinen großen Erfolg begründe, endlich ein Bestseller. Es wird einfach »Das Klassenbuch« heißen. Man wird darin die feineren Verstrickungen von frühen Schülerängsten und Spätbürgertum erkennen. Tatsächlich wurde ich als Schüler öfters gerügt, notiert und getadelt in unserem Klassenbuch, wegen Zuspätkommens zum Unterricht. Auch dieses Phänomen, scheinbar zufällig und aus privater Langschläferlust geboren, wird man jetzt in seiner tieferen Klassenbedeutung zu würdigen wissen. »Das Klassenbuch«, wird man schreiben, »ist mehr als eine private Biographie. Es signalisiert einen Augenblick im Spätkapitalismus. Der Autor fand nicht mehr hin zu seiner Klasse. Er war eben verspätet, gesellschaftlich gesehen.«

(1969)

## Das Wappentier der Republik

Der Veranstalter war etwas sorgenvoll, beinah vergrämt. Er saß in dem neuen, strahlenden Haus, einem Hochhaus für Geist, modern und luftig gebaut: eine herrliche Akademie im Grünen zum immerwährenden Diskutieren. Aber die Gäste kamen nur spärlich, eigentlich nur tröpfchenweise. So sind eben die deutschen Schriftsteller — sind sie nicht so? Aufrührerisch und widerborstig auf dem Papier, aber wenn man dann sagt: Samstag um 14 Uhr, da treffen wir uns mit den Politikern, den Männern der Macht, da könnt ihr ihnen einmal eure Quittungen präsentieren — dann kommen sie nicht. Dann bleiben sie lieber zu Hause, haben eine Krankheit, den Geburtstag der Tochter, eine Terminarbeit, die sie plötzlich verhindert. Leider, telegraphieren sie, leider, im Prinzip aber immer gern. Einige sind gar beleidigt. Einer schrieb doch tatsächlich: Auch CSU-Politiker? Mit so etwas setzt man sich nicht an den Tisch.

Plötzlich, während man so herumsaß im hohen Haus, veränderte sich das Gesicht des Veranstalters. Es kam etwas Angestrengtes und Blinzelndes hinein: die scharfen Züge der Kurzsichtigen, die in der Ferne etwas Wichtiges ausmachen — ein Wild zum Beispiel, vielleicht einen kapitalen Hirsch? Der Veranstalter lehnte sich vor, blinzelte noch einmal und sagte dann leise, und in dieser Zurückgenommenheit lag schon der Ton vollkommener Befriedigung: »Grass ist eben gekommen. Da vorne an der Rezeption steht er ja.«

Lockerung, Entspannung, Zuversicht. Es war wie eine

Schlacht, die nun schon entschieden war, obwohl sich nun gar nichts änderte. Grass kam, schüttelte viele Hände. Er sah wieder genauso aus, wie alle Welt sich Grass vorstellt. Man ist immer wieder verblüfft darüber. Andere verändern sich oft, sehen einmal jünger, dann gealtert, einmal frisch, ein andermal ziemlich erschöpft aus. Man denke nur an die vielen Gesichter, die Böll, Enzensberger, Adorno haben: Kindergesichter, Schalksgesichter, traurig, ironisch, manchmal auch zornig. Grass — das ist die perfekte Identität von Individualität und Image. Ein Reklamebild, das stimmt. Er sieht tatsächlich so aus, wie ihn die Massenmedien reproduzieren; es fällt da nichts durch. Sehr individuell, etwas fremdartig, und in beidem ungemein einprägsam, wie ein Wappentier. Sein Gesicht hat etwas von der Ausgereiftheit eines hervorragenden Markenartikel-Zeichens. Nationale Repräsentanz schwingt da mit, etwa so wie bei dem Mercedes-Stern. Den kennt man auch überall in der Welt und weiß, was man daran hat.

Kleinigkeiten fielen mir auf. An den Mundwinkeln hängen die Barthaare jetzt noch etwas kräftiger, strähniger nach unten. Sein Zug ins Martialische und Gewaltsame wird dadurch verstärkt. Die Haut schien mir gelblicher, etwas lederner. Sind das die Zigaretten, die er sich nicht nur in Augenblicken, wenn es spannend wird, umständlich-bescheiden selber dreht? Ist das der immerwährende Kampf für die SPD? In die kleinen, dunklen Augen kommt manchmal etwas Scharfes, Stechendes. Mausaugen, sagt man, aber sehen Mausaugen wirklich so aus? Das müßte man erst untersuchen. Bei aller

Kraft und Vitalität, die man immer kaschubisch nennt (auch das kann ich schwer nachprüfen), wirkt er doch überraschend bürgerlich: höflich, korrekt, überschaubar. Er hat so gar nichts von den gespreizten Gebärden der Eitelkeit, die doch bekanntermaßen die Berufskrankheit der Schriftsteller sein soll. Kein Narziß schimmert da durchs Hemd. Sein Ruhm, märchenhaft, wenn man bedenkt, wie Schriftsteller sonst in Deutschland beachtet werden, ist ihm nicht zu Kopf gestiegen, obwohl er natürlich auf eine sehr deutliche Weise weiß, wer er ist und was er will. Dabei ist ein Zug ins Ordentliche, Gesetzte, beinah Altväterliche spürbar, zum Beispiel beim Gehen. Er geht älter, als er ist. Trägt er nicht auch eine Weste?

Die Veranstaltung also war gerettet. Sie wurde doch noch zu einem Erfolg, wie alle Veranstaltungen mit Günter Grass eigentlich Erfolge sind. Er ist ja da: eine Stimme, die Gewicht hat, die für viele zählt und ihre Kreise zieht. Die anderen kommen dann schon von selbst, oder sie haben eben etwas versäumt, das wichtig war.

Im Saal an den langen Tischen der Diskutierer bildet er einen deutlichen Schwerpunkt, obwohl er nichts dazu beiträgt, sich nicht an den Vorstandstisch setzt. Er sitzt da wie alle anderen, aufmerksam, locker, einer von vielen. Wenn er seinen Diskussionsbeitrag spricht, tritt eine Stille ein, die stiller ist, als wenn andere im Saal sprechen. Fraktionsvorsitzende blicken gespannt auf, Präsidenten nicken zustimmend mit dem Kopf, Staatssekretäre hören scharfohrig zu. Man spürt nicht nur Respekt, sondern fast einen Hauch von Autorität. Sie akzeptieren ihn, den deutschen Schriftsteller. Wo gab es das je zuvor? Der Künstler: ein Wappentier der Republik — ist er das für Minister?

Was er sagt, ist eigentlich so aufregend, so neuartig nicht, auch nicht sehr subtil in der Reflexionshöhe, will mir scheinen. Unsereiner, der in Frankfurt die zerebrale Intelligenz der Adorno- und Habermas-Schüler schlukken lernte und dabei eher schüchtern wurde, würde seine Ausführungen gern als befreiend-schlicht bezeichnen. Es sind handfeste und überschaubare Dinge, ein Katalog von Themen, den er wiederholt. Der Gegensatz von Geist und Macht zum Beispiel, ein deutsches Thema, das ihm recht verstaubt und eigentlich undiskutabel erscheint. Darüber geht er schnell hinweg. Wenn ihm etwas zu prinzipiell moralisch erscheint, sagt er gern: deutscher Idealismus, basta. Er haßt die Emotionen, plädiert für die Vernunft, weist auf Realitäten hin, zeigt kleine Schritte, die jetzt zu machen wären, verurteilt, daß die Studenten sich für Ho Chi Minh, nicht aber für Prag begeistern. Dabei läuft er sich manchmal in den Sackgassen eigener Emotionen fest. Irgendwie kommt er zum Beispiel oft auf Enzensberger zu sprechen. Wie macht er das, daß er immer dahingelangt? Er spricht über die politischen Traumtänzereien dieses leptosomen Revolutionärs. Ach, er hat wohl so recht, aber man spürt Tieferes hochkommen: Verachtung, Sarkasmus. Da zittert ganz unten noch etwas anderes mit. Was?

Er weist nach, wie sehr die Revolutionäre vom SDS der NPD in die Hände spielen; das ist auch so ein feststehendes Thema. Einiges daran ist bedenkenswert, aber er hat eine Art, das so klipp und klar, so formelhaft-unangefochten zu behaupten, daß ich mißtrauisch werde. Dann hat er einen Tonfall, Worte wie Demokratie, Parlamentarismus, Bürgerinitiative so treuherzig und zuversichtlich zu sagen, daß einem ganz hoffnungsfroh und warm ums Herz wird. Wenn Grass diese Begriffe in den Mund nimmt, sind sie intakt, funktionstüchtig und durchaus unbeschädigt. Die Frage, ob der Parlamentarismus denn noch wirklich funktioniert, stellt sich einfach nicht.

Dann ist da seine Freundschaft, ach, seine Treue zu Willy Brandt. Sie ehrt ihn; eine richtige Männerfreundschaft — auch so etwas gab es zwischen Politik und Literatur bei uns nie. Nur, was hat sein Plädoyer für Willy Brandt, überzeugend und nobel vorgetragen, im Augenblick eigentlich mit dem Diskussionsthema zu tun? Das könnte man fragen. Es ist ganz still jetzt im Saal, obwohl man das Gesagte eigentlich schon kennt. Bei anderen Rednern, die zum Schluß gern abschweifen, würde jetzt eine leichte Unruhe im Saal entstehen, man würde mit dem Stuhl rucken, nach der Uhr sehen, sich beim Nachbarn erkundigen, wann es das Abendbrot gäbe. Es ist aber mäuschenstill — nur er spricht: langsam, überlegt, manchmal macht er größere Pausen. Man spürt, hier spricht einer, der nicht nur Macht hat, sondern sie auch einzusetzen und auszuüben weiß. Kann er nicht auch sehr gut hassen?

Seine Bereitschaft, mit der großen Öffentlichkeit umzugehen, zeigt bereits alle Fertigkeit kluger Politiker.

Auch das ist meistens dasselbe: Hinterher, wenn die anderen Teilnehmer etwas erschöpft und ratlos in den Fluren herumirren, auf das Abendessen warten, zieht er sich mit Journalisten zurück und gibt Interviews fürs Fernsehen, für den Funk, für die lokale Presse, irgendwo in der Ecke stehend. Er sagt nie nein, ist sich nicht zu schade, ist auch nicht müde oder einfach mißgelaunt, wie das doch Schriftsteller sein dürfen: nach außen gestülpte Innerlichkeiten, das sind sie. Er ist vollkommen präsent, spricht in die Kamera kurze, kraftvolle Sätze, die handfest sind und überzeugen sollen. Er sagt zum Beispiel: Ich plädiere für die Vernunft. Die hat es schwer unter deutschen Intellektuellen.

Und wenn er dann verspätet, die anderen sitzen schon beim Essen, in den Speisesaal kommt, ist er wieder einer unter vielen. Er setzt sich nicht an den Tisch der Erlauchten, bildet keinen Prominenten-Zirkel, sondern setzt sich irgendwohin, wo es leer ist, zu einem Studenten, einer älteren Dame, die hungrig ist. Er ist jetzt entspannt, obwohl er genau weiß, was er nachher noch zu tun haben wird. Politik ist immer auch eine Sache der Taktik, also des Drehens an vielen kleinen Knöpfen. Also: Er wird nachher diesen kurz loben, jenen etwas bremsen, dem anderen sein Interesse, ja vielleicht seine spätere Mitarbeit in Aussicht stellen. Das fördert. Gesellschaft ist wie ein Fischernetz, das man an vielen Strippen ziehen muß. Er zieht sehr bewußt und gut kalkuliert.

Und dann wieder der Umschlag, diese private Schallmauer, die Stellen, die taub in ihm sind. Kurz vor Mitternacht, als man so herumsaß, kam das Gespräch auch auf seine Theaterstücke. Abweisung, Verachtung, etwas wie Zorn werden bei ihm wieder wach. Er sieht hier eine Verschwörung der Kritiker. Er meint, sie würden ihn einfach nicht begreifen, was er auf der Bühne wolle. Er verteidigt sein Stückeschreiben, das wenig glückhafte, auf eine leidenschaftliche Weise, wie er nie seine Romane verteidigen würde — warum auch? Warum kann er nicht einräumen, daß Epik ein Handwerk und Dramatik ein anderes ist? Man muß doch nicht alles können. Er kann doch sehr viel und ist überdies ein guter Lyriker. Man muß doch nicht alles können — oder?

Er bringt keine Fähigkeit zur kritischen Introspektion mit, so fährt es mir durch den Kopf. Er kennt nicht die Lust aller Intellektuellen, sich selber in Frage zu stellen, sich selber ins Wort zu fallen, zu fragen: Wer bin denn ich? Das fragte man in der deutschen Literatur immer, seit Hölderlin. Davon ist gar nichts in ihm. Er ist sehr bewußt, ganz intakt und fertig als Persönlichkeit. Er hat die perfekte Identität, die man braucht in der Arena der Öffentlichkeit. Er setzt sich der Öffentlichkeit aus, reibt sich an allem. Nicht an sich selbst.

(1968)

## Die Höchsten

Oft ist es nicht gewesen in meinem Leben, zugegeben. Vielleicht vier- oder fünfmal, nicht mehr. Leute meiner Art kommen mit den wirklich Großen der Zeit, den Industriekapitänen, den Besitzern von Konzernen und kleinen Imperien, kaum in Kontakt. Elite, die Blüte der Nation: Sie leitet in diesen hochaufgeschossenen, neonstrahlenden Wolkenkratzern in Düsseldorf, in Hamburg, in Köln eine Armee von fleißigen und eilfertigen Angestellten. Man merkt es kaum, wie sie ihre Milliarden verwalten, zusammenhalten und mehren: lautlos. Sie sitzen in ihren vornehmen, weitläufigen Zimmern einsam hinter blank aufgeräumten Schreibtischen und drücken nur gelegentlich auf Knöpfe — die Schalthebel der elektronischen Macht.

Und gelegentlich, ganz selten, wie gesagt, geschah es, daß ein solcher Druckknopf tatsächlich mir galt. Nanu? Es ging ein Zittern, ein Hauch von Erregung durchs hohe Haus und teilte sich den Niedergang enger Redaktionsstuben unten freudig mit. Ein Sturm entstand. Er ergriff Lektorenherzen, Redakteursgehirne, die nun fiebernd telefonierten und herumsuchten, Materialien und Expertisen bereitstellten: »Mein Lieber, es ist nun soweit: Das Außerordentliche ist geschehen — Herr Mertens persönlich will Sie sprechen.«

Die ganz oben, die Höchsten, die Besitzer vom ganzen Laden, erkennt man zunächst daran, daß sie keine Titel mehr führen, sondern sozusagen barhäuptig einhergehen. Sie sind wieder ganz schlicht. Es wäre keine Steigerung, auf dem Türschild zu lesen: Konsul Blessing oder Professor Springer. Der Name bürgt für Qualität. Solange man in Zimmer eingelassen wird, an deren Türen Titel und Ränge notiert sind, handelt es sich nicht um die, die ich meine. Direktoren und Chefzimmer gibt es wie Sand am Meer in Deutschland. Gehobene Führungskräfte haben allen Grund, sich ihrer Würde und Stellung bewußt zu bleiben. Nicht so die ganz oben. In ihrer einsamen Höhe herrscht wieder jenes milde und zivile Klima, das man auch aus den Kreisen kommandierender Generäle kennt. Die reden sich alle nur mit »Herr« an und planen eigentlich auch ganz zivile Kriege.

War es nun ein Zufall, daß die wenigen Mächtigen, bei denen ich vorsprechen durfte, sich alle in so leidendem und kränkelndem Zustand befanden? Man war mit dem Schnellift durch vierzehn Stockwerke in die höchsten Höhen geschossen, man hatte Vorzimmer und dann noch einmal Vorzimmer passiert; im letzten sitzen immer diese blanken und glatten Jungens, die persönliche Referenten heißen. Es wird immer vornehmer und weiträumiger, stiller und feierlicher um einen, schon versinkt man in frohe und schmeichelnde Teppiche. Jetzt hat man für einen Augenblick eine wunerbare Aussicht über das Panorama der Stadt, und dann öffnet sich die Tür zu dem Gewaltigen — und was ist? Wer versucht vergebens, sich zu erheben? Ein alter, gichtbrüchiger Mann, der einen Augenblick mit seinem Sessel wie mit einem Rollstuhl kämpft. Er möchte sich erheben, aber schafft es nicht ganz, er hat sich für eine Sekunde mühsam hochgereckt, aber ist schon wieder zusammengesunken. Dicke Brillengläser funkeln einen wie Insektenaugen an. Sie wirken böse und traurig zugleich. Er zittert etwas am Leib. Die Hand, die er reicht, ist kraftlos und weich und faßt sich wie eine Semmel an. Drück nur nicht zu: Er stirbt. Er fällt in den Sessel zurück. Erst jetzt bemerkt man, wie klein und hilflos er hinter der mächtigen Schreibtischplatte ist. Wie einsam. Eben. Oben ist alles ganz anders, als wir es uns unten vorstellen.

Es ist die Art mancher Mächtiger, nicht ihre Macht, sondern ihre Schwäche zu kultivieren. Damit regieren sie. Sie herrschen durch Schwäche über ganze Imperien, wie kranke Frauen über ihre Männer — rigoros. Der Eindruck ist fesselnd in seiner Art. Man ist gekommen, um etwas Naheliegendes und Begrenztes, einen Plan, den der Mächtige gut und fördernswert fand, zu besprechen. Man hatte feste Vorstellungen und konkrete Fragen mitgebracht, und dann ergibt sich alles ganz anders. Der Mächtige ist gar nicht scharf auf Geschäftliches. Er ist von überraschender Freundlichkeit, ja Privatheit, fast intim. Milde Humanität strömt von ihm aus, ein Hauch von gebrochener Väterlichkeit. Man hatte das so hoch oben gar nicht erwartet.

Er denkt gar nicht daran, den Anlaß dieser Vorsprache in Erwägung zu ziehen. Er ist vollkommen uninteressiert an Geschäften. Er plaudert. Er klagt über das Wetter, fragt nach dem Befinden der Familie, erwähnt, daß er sich bei seinem letzten Urlaub in Portofino einen bösen Rückenschmerz zugezogen habe: Ob ich auch in Portofino solche Erfahrungen gesammelt habe? Des öfteren flicht er die unschätzbare Hilfe von Desy ein. »Wenn Desy nicht wäre, lieber Herr, ich lasse ihr immer die letzte Entscheidung.« Wer ist Desy? Er hüstelt etwas dabei, sein Atem geht schwer und rasselnd. Er entschuldigt sich jetzt, schraubt ein Fläschchen auf, entnimmt ihm zwei Pillen, schleppt sich zur Hausbar an der

Wand, läßt alle Whiskys und Wodkas unberührt stehen, schenkt sich etwas Mineralwasser ein, schleppt sich wieder zum Schreibtisch zurück und beginnt, das Wasser in vorsichtigen Schlückchen hinunterzukippen. Sein kurzer Hals zuckt dabei nervös. Adern springen vor, verschwinden dann wieder wie Schlangen in Sandgruben, in Falten. Jetzt klingelt er und läßt mir von einer hochbeinigen Dame einen Drink servieren. Der Mächtige fragt, ob ich auch diese Pillen nähme? Sie seien von milder und wundersamer Wirkung. Er könne sie mir empfehlen.

Warum ist es so mühsam, mit diesen Leuten ins Gespräch zu kommen? Zunächst, weil sie so leise sprechen. Man versteht sie immer so schwer. Das ist das Schweigen der Macht. Sie brüllen nicht wie die unten auf Kasernenhöfen. Sie verfügen nur über eine sehr poröse und etwas brüchige Stimme, die ungewöhnlich hoch liegt. Kastratenhaftes schwingt mit. Sie neigen Erinnerungen, Rückblicken, melancholischen Bilanzen zu. »Ja, 1931, Sie werden es nicht glauben, lieber Herr, damals leitete ich noch die ›Rote Fahne‹ in Berlin, ja.« Etwas wie schwermütiger Stolz breitet sich über seinem zerknitterten Gesicht aus. Heute ist er sicher katholisch, denke ich. Sie sind eben schon immer für das Ideale und Zeitgemäße gewesen — ganz oben.

Man ist gekommen, um über Honorare, Verträge, Auflagenziffern zu sprechen, verläßliche und solide Dinge, aber die Mächtigen schweifen immer ins Ideale und Allgemeine ab. Sie liegen so hoch — das ist es. Sie haben bestimmte moralische Grundsätze und geistige

Anliegen, die sie in unserer so verwirrten Zeit gern befördern möchten. Nein, sie seien gar nicht wirklich mächtig, ach, das täusche doch. Das sei eine Illusion. Es geht ihnen nur um das Gemeinwohl und um den Fortschritt des Guten, den sie in ihren bescheidenen Grenzen ein klein wenig unterstützen wollen. Wenn man bedächte, in welch einer furchtbaren und fugenlosen Zeit wir heute lebten, nichts gelte mehr, kein Wert, kein Ideal, alles sei doch ins Wanken gekommen. Man müsse eben der Jugend helfen, wieder die Mitte zu finden. Die verlorene Mitte, das sei es. »Industrielle sind immer Idealisten«, sagte schon Gottfried Benn und fügte hinzu: »Nur Künstler sind Zyniker.« Das ist es wohl auch.

Aber dann bricht der große Plan plötzlich zusammen. Wieso eigentlich? Der Mächtige war eben dabei, mit leiser Stimme etwas über die Verantwortung des Unternehmers für die Freiheit zu meditieren, er blickte dabei etwas gekränkt und wie verglast zum Fenster hinaus. Irgendein Lichtsignal auf seinem Schreibtisch muß ihn verschreckt haben; zweimal blinkte ein grünes Birnchen auf. Er wischt mit seinem kurzen und steifen Kinderarm ein letztes Staubkörnchen von seiner Schreibtischplatte und erhebt sich plötzlich mit überraschender Energie und reicht die Hand zum Abschied und sagt, was zum Schluß alle Mächtigen der Welt eben zum Schluß sagen und worin wohl ihre Macht beruht: »Bitte, betrachten Sie mich als Ihren Freund, lieber Herr!« Sein Blick hat jetzt etwas Hilfesuchendes, fast Flehendes. Und ruft einem, während man schon an der Tür ist, mit sehnsüchtiger Stimme nach: »Wenn Sie wieder in unsere

Stadt kommen, lieber Herr, besuchen Sie mich! Ich rechne mit Ihnen, ja?«

Ja, und das war es dann auch: die Macht. Sie ist oben wirklich anders, als wir sie uns unten vorstellen.

(1967)

## Das Ende einer Liebe

Seit Jahren schon beobachte ich bei mir das Abflauen einer Liebe, die einmal heftig war. Als diese Passion vor bald zwanzig Jahren begann, hatte ich allen Grund, sie für stabil und verläßlich zu halten. Ich meinte damals, sie würde mein Leben begleiten, hochglanzlackiert. Zwanzig Jahre sind eine lange Zeit, die manche Faszination erlöschen, manchen Glanz verblassen läßt. Aber diese Liebe war ewig jung, präsentierte sich jeden Sommer, wenn die internationalen Salons in Genf, in Paris und Frankfurt ihre neuesten Modelle vorstellten, mit frischer und atemberaubender Schönheit. Man konnte sich da schon verlieben in diese kraftvollen und eleganten Modelle, die die Italiener, die Franzosen, die Engländer als ihre neuesten Schöpfungen vorstellten.

Wenn nicht alle Zeichen der Zeit trügen, so ist es aus mit dieser Liebe. Das zärtliche Spiel geht zu Ende; das Ding läßt mich zunehmend kalt. Ich sehe ihn kommen: den Tag der Scheidung. Abschieds-Sentimentalitäten melden sich nicht. Die dröhnenden Treueschwüre unserer pubertierenden Schlagerhelden wollen sich nicht einstellen: »Marmor, Stein und Eisen bricht, aber unsere

Liebe nicht.« Solche Beschwörungen signalisieren nicht meinen Fall, den Fall eines Bundesbürgers, der sich von seiner alten Liebe, dem Auto, trennen möchte. Nicht von dieser oder jener Marke, nicht von diesem oder jenem Typ, sondern von diesem Gebilde überhaupt, von diesem Ding mit vier Rädern. Ich bin es leid; ich mag es nicht mehr. Des Bundesbürgers liebstes Kind, das Auto, wird verstoßen — wie?

Immer noch kommen Prospekte ins Haus. Sie laden zu einer Probefahrt ein, unverbindlich. Wenn ich mein Haus verlasse, komme ich an einem eleganten Autogeschäft vorbei, wo mich jeden Morgen beim Milchholen der Slogan begrüßt: »Ihr nächster Wagen — ein Mustang!« Mich läßt das heute spürbar kalt. Es kam ein Brief aus Berlin. Die Freundin des Freundes schrieb: »Und Franz hat sich einen neuen Lancia gekauft; wir sind so glücklich!« Ich kann das Glück nicht mehr teilen. »Kommt doch einmal in unsere Stadt«, müßte ich antworten, »da wird Euch das Glück schon vergehen.« Etwas wie blanker Hohn, wie kalter Sarkasmus will in mir hochkommen.

Beim Aufräumen der Bücherregale fand ich kürzlich die schweren, bunt bebilderten Ausstellungskataloge der Internationalen Automobil-Ausstellungen in Frankfurt: 1961, 1963, 1965 — dann reißt meine Sammlung schon ab. Wie sonderbar: Dafür gab man einmal Geld und Zeit und ziemlich viel Libido her. Das blätterte man alles respektvoll und sehnsüchtig durch. Jawohl, auch ich, ein ausgesprochener Einzelfall — ein Massenmensch in dieser Sache. So etwas sieht man sich heute wie vergilbte Familienfotos aus alten Schachteln kopfschüttelnd an. Das gab es einmal, diese Liebe, und nun ist sie aus. Warum eigentlich?

Wenn ich ehrlich bin: aus purer Enttäuschung. Es ist ein echter Fall von Frustration. Es ist nicht die lange Gewöhnung, die natürlich jede Liebe verändert und sie schließlich in die geordneten Bahnen vernünftiger Koexistenz einmünden läßt. So nicht, nicht so. Meine Kälte, meine Verachtung, meine geheime Wut auf das Ding mit vier Rädern kommen aus enttäuschter Liebe, also aus sehr tiefen Schichten. Schlechte Erfahrung ist da im Spiel. Führt mir heute jemand seinen chromblitzenden Straßenkreuzer stolz vor, so sehe ich das Ding einfach nicht mehr. Ich bin wie erblindet. Ich sehe, was war, was täglich ist und immer so bleiben wird. Ich sehe lange, staubige Kolonnen auf der Autobahn, in die der Straßenkreuzer eingeklemmt ist. Ich sehe hohe, schmale Schilder mit bösartigen Schlangenlinien darauf: Umleitung nach 2000 Metern! Achtung, Baustelle! Stoppschilder, Ampeln und drohende Polizisten auf allen Wegen. Bußgelder, Strafmandate, Schuldbescheide von vielen Ämtern. Es kommen in mir all die zerbeulten und zusammengedrückten Wracks hoch, an denen ich in gemessenem Trauertempo — Tempo 10 — gleichmütig und doch verschreckt vorbeifuhr. Wie viele Tote habe ich eigentlich in diesen zwanzig Jahren auf der Autobahn gesehen? Und wie viele Tode bin ich dabei selber gestorben? Das schluckt man nicht folgenlos ein Leben lang brav hinunter.

Ich denke an qualvolle Sonntagnachmittage, wo man

auf nassen, überfüllten Landstraßen vom Spessart, vom Taunus zurückrollte. Erst im dritten Gang, dann im zweiten und dann schön langsam im Schritt. Der Kühler kochte, und der Kopf war wie eingeschläfert von den sanften Auspuffgasen der Vordermänner. So etwas nannte man damals »Sonntagsausflug«. Ich sehe endlose Rastplätze mitten auf Autobahnpisten im August. Schweißbedeckte Männer Mitte Vierzig steigen in Hemdsärmeln aus, zupfen an ihren Hosenträgern und gehen auf der Fahrbahn ein wenig spazieren. Ihre turnerischen Lockerungsübungen vergrämen mich zusätzlich.

Ich denke an die zahllosen, ohnmächtigen Versuche, in die City zu fahren, vielleicht sogar mit dem verwegenen Ziel, den Hauptbahnhof zu erreichen? Welch ein frivoles Ziel! Für unsereinen ist das ein Verlangen, so abartig, so absurd wie Kafkas Sehnsucht nach dem Schloß. Da kommt man nicht hin. Man träumt nur davon. Man wird immer abgetrieben. Die ganze Bahnhofszone ein einziges Parkverbot, eine Sperrzone wie für die leichten Mädchen der Stadt. Warum muß man sich eigentlich als Autofahrer fast so rabiat wie eine Prostituierte behandeln lassen? Überall Verbotstafeln, Warnungen, Drohungen, ein Wald von Schildern: Schuldbeschwörungen, Einschüchterungsversuche gegen mich. Die ganze Innenstadt eine einzige Tabuzone, ein frecher Angriff auf mich und meine Bürgerfreiheit anzuhalten, auszusteigen, wegzugehen. Man darf das nicht.

Weiter: Der Umzug mit einer Dreizimmerwohnung in eine andere Stadt ist mit der richtigen Speditionsfirma beinah ein Kinderspiel — aber das später dann fällig werdende Ummelden des Autos, das ist nach meinen Erfahrungen in unserem Land ein Canossagang zu den Ämtern, für den nüchterne Köpfe mindestens zwei bis drei volle Arbeitstage einkalkulieren sollten. Da gibt es draußen am Stadtrand sehr penible Ämter, die in langen Listen Zylinderblocknummern, Fahrgestellziffern und Tonnagefragen gründlich geklärt haben wollen. Unsereinem ist das ziemlich fremd. Das Amt hat sieben Schalter, aber nur einer ist für den Publikumsverkehr heute geöffnet. Vor diesem Schalter stehen lange, geduldige Schlangen, die nach Verwaltung und Abschmierfett riechen. Der Schalter schließt um zwölf Uhr mittags; Vorsprachen nachmittags sind zwecklos. Man muß also am nächsten Tag wiederkommen. Am nächsten Morgen stellt man sich frohgemut mit seinem frisch gestanzten Nummernschild in der Schlange wieder auf, aber nach einer Stunde des Wartens stellt sich heraus, daß ein Versicherungs-Duplikat nicht vorhanden ist. Das Original, das vorhanden ist, interessiert nicht. Das Duplikat ist wichtig. Es ist also jetzt an der Zeit, im Stadtbüro der Allianz nachzufragen. Hat man Glück, so kann man am nächsten Mogen am Stadtrand erneut vorstellig werden. Man steht jetzt vor einer Tür, die tatsächlich »Ummeldung« verspricht.

Übertreibe ich? Das alles war so und ist so und muß vielleicht auch so sein; das ist nicht meine Sache. Ich untersuche nur meine neue Auto-Unlust. Ich befrage mich ganz privat in einer sehr öffentlichen Sache. Ich lasse Verdrängtes, jahrzehntelang Heruntergeschlucktes endlich nach oben kommen. Es muß ja wohl seinen Grund haben, warum mir kein Straßenkreuzer mehr imponieren will. Schmerzen des Wohlstands; man sollte sie nicht unterschätzen. Ressentiments der Geprellten: Einmal wird alles zurückgezahlt, jetzt ist es soweit. Ich räche mich, also weiter: Der Service zum Beispiel — ist das eine Art? Warum nahm man das immer so stillschweigend hin? Dieses Anflehen und Beknien der Werkstätten, damit sie sich überhaupt zu einer eiligen Inspektion entschließen. Ich spreche nicht von den Rechnungen, die dabei entstehen. Auch tägliche Taxibenutzung würde solche Summen nicht erbringen. Ich spreche von den Akten der Unterwerfung, die ich leistete. Ruft man in der Werkstatt an, merkt man von Dienstleistung wenig. Eine hohe, spitze Stimme, die mechanisch wie vom Tonband klingt, schneidet mir jedes Wort ab, ruft nur: »Einen Augenblick, wir holen unser Auftragsbuch.« Und nach einer Pause heißt es dann in einem etwas milderem Befehlston: »Bringen Sie Ihren Wagen am Montag, dem Zwölften, um sieben Uhr früh. Aber bitte pünktlich, mein Herr!« Ende der Durchsage. Ende auch meiner Liebe. Das bin ich leid. Ich will es nicht mehr.

Auf dem Höhepunkt unserer Massenmotorisierung wird jetzt offenbar, daß eine ganz neue Elite im Entstehen ist. Es sind die Auto-Asketen, die Auto-Neinsager, die das Ding wegwerfen mit großer Entschlossenheit. Ich wünschte, zu dieser Elite zu gehören. Freie und glückliche Menschen müssen das sein, die das Zeitalter des eigenen Autos schon klug hinter sich haben. Männer, die umsteigen können: in den F-Zug, den TEE, ins

Düsenflugzeug und höchstens in den Mietwagen, der am Ausgang der Flughalle für ein paar kurze Stunden bereit steht. Unglückliche Menschen, die sich in ihren Blechbüchsen millionenfach weiterhin durch das City-Gewühl, durch Autobahnengpässe, durch Umleitungen hindurchwinden müssen. Das sind die neuen Proletarier unserer Zeit: entrechtet, bedroht, ausgebeutet bis aufs Blut — und sie merken es nicht einmal.

(1968)

# Moden

## Kleiderfragen

Man stelle sich dies vor: Einer steht auf einem großen, belebten Platz. Sagen wir: Frankfurt am Main. Sagen wir: vor dem Hauptbahnhof, draußen, wo auf der anderen Seite die Kaiserstraße beginnt, berühmt und berüchtigt. Es ist neun Uhr vormittags. Immer noch viel Berufsverkehr, Massen, die jetzt, aus der Provinz kommend, in die Stadt einpendeln.

Man stelle sich weiter vor: Dieser Mensch sei nicht von hier. Er käme von weit her, vielleicht aus einer ganz anderen Geschichtsepoche? Nehmen wir der Einfachheit halber an, er wäre durch eine wundersame Zeitmaschine aus dem Jahr 1880 direkt in unsere Weltstunde befördert worden. Was würde ihm zunächst auffallen mit seinen so alten und doch frischen, auf jeden Fall unendlich erstaunten Augen?

Ich vermute: Kleiderfragen. Wie merkwürdig leger und ungezwungen und etwas heruntergekommen die Leute jetzt angezogen sind! Es gibt keine Kleiderordnung und offenbar auch keinen Epochenstil mehr. Alles

Enge und Bedrängende ist weg, alles Steife und zeremoniell Umständliche verschwunden. Keine straff gezogenen Mieder bei den jungen Frauen, kein strenger Vatermörder mehr um den Männerhals. Der Mensch hat sich aufgeknöpft, hat es sich bequem gemacht, würde er denken.

Eine aufgeknöpfte Gesellchaft — hat dies der Sport bewirkt? Die Menschen bewegen sich auch anders: lokkerer, freier, ganz ungeniert. Obwohl sie hier alle zur Arbeit strömen, würde er spüren: Mit der Arbeitsmoral seiner Zeit von 1880 hat dies nichts mehr zu tun. Dies ist eine Arbeitswelt, aber sie wird zugleich von einer ganz neuen Freizeitgesellschaft überwölbt. Sie dominiert. Sport und Spiel, also privater Lustgewinn, bestimmen die Grundfarben. Alles wirkt lockerer, bunter, improvisierter.

Die Menschen sind sich auf schwer erklärbare Weise ähnlicher geworden. Wie soll man sie unterscheiden, vor allem die Geschlechter? Die jungen Mädchen tragen ganz kurze, die jungen Männer ganz lange Haare, und beide zusammen tragen jene hellblauen, seltsam zerlumpten Hosen, die auf nackte Armut schließen lassen, dann aber doch wieder zu modisch-schick, zu prall sitzen, um als Elendsbekleidung ganz geheuer zu sein. Irgendwie schamlos, würde unser Betrachter denken. Nichts verhüllt mehr die Anatomie.

Dazu oben merkwürdig exotische Phantasien: wilde Lederjacken, bunte Westen, Blousons, T-Shirts. Selten eine Krawatte, vorwiegend offene Hemden, dafür aber verwegene Halstücher, am besten im Palästinenserlook.

Mädchen in weiten, knöchellangen Gewändern, die an Indien, auf jeden Fall Orient erinnern. Nur die finsteren Bärte der jungen Männer würden ihn an seine Zeit erinnern: 1880. Anarchistenbärte oder Bärte von kaiserlichen Offizieren und Geheimräten? Es fallen ihm da und dort junge Männer auf, die mit altmodischen Westen und schmalen Nickelbrillen einem grotesken Opalook huldigen. Was ist geschehen?

Es würde ihm weiter auffallen, daß keine Klassenstrukturen mehr zu erkennen sind. Gibt es keine Armen und Reichen mehr? Es gibt sie natürlich, aber sie sind nicht mehr so gekleidet: ständisch. Wenigstens auf dem Textilsektor hat eine totale Egalisierung aller sozialen Schichten stattgefunden. Der klassenbewußte Proletarier von 1880 mit zerlöcherten Schuhen, zerbeulter Hose, geflickter Jacke und Schiebermütze, wie ihn noch Zille und Käthe Kollwitz zeichneten, ist verschwunden. So elend, allerdings ungleich eleganter und deutlich versnobt, kleiden sich heute, sehr vereinzelt, höchstens noch klassenbewußte Intellektuelle und Jungschriftsteller, die für ihr Sozialprestige als Aufsteiger etwas Originelles tun wollen, im Udo-Lindenberg-Look sozusagen. Proletkult aus der Herrenboutique, das putzt ganz ungemein, jetzt.

Es gibt aber auch den wirklichen Herrn nicht mehr, den wohlhabenden Bürger, den Reichen, der mit Cut und Gehrock, mit Monokel und Silberkrückstock das Flair und die feinere Lebensart der gehobenen Stände erkennen läßt. Wie schon gesagt: Es gibt diese Reichen durchaus, zum Beispiel in den Vorstandsetagen der großen Konzerne und Banken. Aber sie zeigen es nicht mehr, textil. Graue Diskretion dominiert. Schon ein leichter Nadelstreifen läßt einen modischen Sinn erkennen, der zum Gewagten neigt. Die Gegensätze sind eingeebnet. Die Fahrer der Industriekapitäne, wenn sie in den Hotellobbys herumstehen, sind von ihren Chefs kaum zu unterscheiden: alles Grau in Grau. Nur Augen von Kennern können die verschiedenen Qualitätsstufen der Tuche unterscheiden.

Die Hierarchien der Arbeitswelt sind eingeebnet, ja manchmal schon ins Groteske verkehrt. Der Tonmann vom Fernsehen, der das Mikrophon halten muß, also eigentlich nur Hilfsarbeiterfunktionen erfüllt, ist heute der Typus des Künstlers. Er sieht viel genialer aus als der Autor des Films, der, klein, glatzköpfig und etwas zerknittert, neben der Kamera steht in sehr großer Nachdenklichkeit. Es gibt heute bildhübsche junge Mädchen, die sich in türkischen oder afghanischen Pumphosen bewußt häßlich dekorieren, um sich nicht der Männerwelt als Lustobjekt zu offerieren. Der junge Mann in perfekter, schwarzer Ledermontur mit rassigem Motorrad — ist er ein reicher Playboy, ein Arbeiter von Opel aus Rüsselsheim oder gar eine Art Transvestit? Von außen ist das nicht mehr zu erkennen.

Auch die Altersstufen, also die Unterscheidungsmerkmale der Generationen, haben sich eingeebnet. Früher ging alt eben alt: also schwarz, würdig und etwas gebrechlich. Man sah es einer Frau an, wenn sie Oma war. Allein schon ihr schwarzer Topfhut sagte: Mein Leben ist vorbei. Als Fest ist jetzt nur noch die eigene Beerdigung zu erwarten. Heute ist das ganz anders. Eine berufstätige Frau Ende Vierzig kann unter Umständen attraktiver wirken als ihre progressive Tochter, die zwischen Hafergrütze und Reformsandalen, leicht verhascht, in Dritte-Welt-Läden herumwühlt. Vor allem die mittlere Generation hält sich viel länger frisch und aktiv. Ich vermute, das hängt mit dem Berufsleben zusammen. Eine Frau, die in einem Konzern eine mittlere Führungsaufgeabe hat, kann noch Anfang Sechzig »mitten im Leben stehen«, wie man so sagt. Zu Hause nur als Hausfrau würde sie längst zum alten Eisen gehören. Nirgendwo altern Frauen schneller als vor Kochtöpfen und Bergen von schmutziger Wäsche.

Das gleiche gilt für die Männer. Großvater ist heute kein Merkmal mehr. Es spielt keine Rolle, ob es in dieser Familie schon Enkel gibt. Mein Kollege Martin Walser, ein Idol der kritischen Jugend, ist in seiner Familie längst Großvater, aber niemand würde das vermuten, sagen, öffentlich. Rudolf Augstein, der Herausgeber des gewissen Hamburger Nachrichtenmagazins, ist längst über Sechzig, wirkt aber immer noch zierlich und keß wie ein verspäteter Knabe, sagen wir: Ende Dreißig. Das ist ein höchst denkwürdiges Phänomen unserer Zeit: Die Jungen altern schneller, und die Alten bleiben länger jung. Und zwar nicht durch modische Verkleidung, von innen her, im Lebensgefühl. Die Generationen sind also aufeinander zugerückt. Die junge Generation liebt den nostalgischen Look der Großväterzeit. Die echten Großväter aber geben sich immer noch beschwingt und progressiv und sind es oft auch: jung.

Weiter: Die Menschen sind größer geworden im Wuchs. Sie überragen ihre Vorfahren mindestens um eine Kopfeslänge. Wer heute vor den Sakophagen alter Herrscherdynastien steht in Kirchen, Krypten, auch auf Friedhöfen, ist immer wieder erstaunt, wie klein die Großen früher waren. Die Menschen heute werden auch älter. Die Lebenserwartung seit dem Mittelalter hat sich fast verdoppelt. In den letzten hundert Jahren wurde sie im Durchschnitt um fast zwanzig Jahre erhöht. Man sollte das bei unserem Klagen über die Zerstörung der Umwelt, die Vergiftung unseres Lebens nicht ganz vergessen. No future? Rein persönlich gesehen, also auf die Lebenserwartung des einzelnen umgelegt, hat der Mensch noch nie so viel Zukunft wie heute gehabt.

Für Kleiderfragen waren früher der Textilladen um die Ecke oder der Schneider zuständig. Heute sind es Boutiquen, die uns versorgen. Schwer zu verstehen, worin eigentlich der diskrete Charme und der besondere Zauber dieser Institute bestehen. Im Grunde hängen da ja auch nur Hosen und Jacken herum, also Konfektionsware, massenhaft, wie im Textilladen meiner Jugend. Und doch ist eine Boutique etwas ganz anderes, weit Vornehmeres. Eine richtige Boutique strahlt mindestens den Glanz und die Kultur einer Kunstgalerie aus. Ist es das viele Glas, die raffinierte Lichttechnik, der sanfte Discosound im Hintergrund? Ist es die elegante Dame, die im Inneren wie bei einer Party empfängt: ungemein schön, überaus liebenswürdig, zugleich ganz unverbindlich, fast cool? Auf alles würde man kommen, nur nicht darauf, daß sie ganz schlicht die Verkäuferin ist. Und auch die Besitzer sind keine Hosenverkäufer. Es sind Repäsentanten jener feinen Society, die sich abends zum Drink im »British Pub« trifft. Beim Skiurlaub kann man sie in den Hotelbars von St. Moritz treffen. Feine Gesellschaft heißt das.

Die Boutiquen der Jugend, das versteht sich, sind unverändert auf Protestgewänder spezialisiert. Was trägt man denn jetzt in der Szene, wenn man abends auf die Barrikaden steigt? Daß die Jeans die Grundlagen des Kampfanzugs geblieben sind, ist erstaunlich, wenn man bedenkt, wie rasch Moden wechseln. Seit über dreißig Jahren halten sie sich, zäh und reißfest wie Drillichzeug, als Grundausstattung aller, die sich jung fühlen und lässig-frei geben. Es handelt sich um einen Textilfetischismus höchst pardoxer Art. Noch nie kleidete sich die Jugend der Welt so eintönig, so gleich, eben wirklich uniform, und noch nie wirkte sie zugleich in diesen blauen Hosen so salopp und ins Individuelle befreit.

Jeans sind offenbar die einzige Mode, die jede Mode übersteht, obwohl ihre Geschichte von vielen Wandlungen, Verfeinerungen in Zuschnitt und Paßform erzählen könnte. Jeans sind auf jeden Fall die Kleider der Freiheit und als solche hautnah praktizierte Demokratie. Was ist da links, was rechts? Es wird heute immer schwerer, einen bayerischen Jungfunkionär der Schülerunion, CSU-nahe, von einem Frankfurter Jungfunktionär des Spartakus, DKP-nahe, sauber zu unterscheiden. Beide langhaarig, beide bärtig und beide natürlich im bläulichen Jeanslook. Vielleicht, daß der Rechte etwas versonnener blickt, etwas nachdenklicher argumentiert als der Linke? Das wäre möglich. Konservatismus ist nie so glasklar gewesen wie Marxismus-Leninismus. Aber sonst?

Sonst findet in den Boutiquen der Jugend eben das Kostümfest jener Freizeitgesellschaft statt, von der ich schon sprach. Im Grunde alles brave, ordentliche Azubis aus Gießen oder Aschaffenburg, die Bäcker oder Dreher, Verkäufer oder den mittleren gehobenen Postdienst lernen. In ihrer Freizeit jetzt aber sind sie zum Äußersten entschlossen. Es hat etwas von Politkarneval an sich.

Und so treten diese Jungbürger unserer Leistungsgesellschaft an ihrem freien Mittwochnachmittag mit großer Entschlossenheit in diese Revolutions-Boutiquen ein, um sie nach langem Suchen, Wühlen, Herumprobieren als komplette, ja wütende Stadtguerillas zu verlassen. Endlich runter mit dem faden, glatten Bürgerzeug. Man trägt jetzt das Rauhe, Wilde, das kunstvoll Gezottelte. Es soll das Wölfische im Spätkapitalismus offenbar werden. Cordhosen sind auch möglich. Besser ist blankes Leder. Tierhäute sind deutlich im Kommen.

Am besten, man nimmt für kalte Protestnächte im Freien eine endlose, pelzgefütterte Windjacke mit hochklappbarer Löwenmähne, die gleichermaßen erschreckt und vor Wasserwerfer-Regen schützt. Man kann aber auch kräftige Lederjacken aus Paris haben, die einen Hauch von SS und gegerbtem Faschismus haben. Dazu empfehle ich hochhackige Schaftstiefel im Cowboylook oder jene weißen, hurtigen Tennisschuhe, die auch mit 200 DM nicht zu teuer bezahlt sind. Sie sind zum Spurten, ich meine zum Endspurt bei einer

Demo, wenn die Polizei in Aktion tritt, ungemein vorteilhaft und sportiv.

Wichtig in dieser Subkultur ist der Schmuck. Gold und Silber sind unerwünscht, Eisenbeschläge, rasselnde Ketten, vor allem Fahrradketten aber ungemein dekorativ. Für kultivierte Sadisten kommen auch Lassos in Frage oder Handschellen der Polizei. Sie sind ein Armbandschmuck, den nicht jeder trägt. Man muß bei den modischen Handschellen die aus der Bundesrepublik und die noch perfekteren aus Sing-Sing in den USA unterscheiden. Mit beiden werden auf jeden Fall Faschismus-Aspekte der bürgerlichen Demokratien freigelegt.

O schöner, starker Widerstand unserer fröhlichen Freizeitgesellschaft — ich frage: Was hält er noch alles verborgen an kreativen Phantasien?

(1983)

## Auf dem Podium

Tagungen, Kongresse, Wochenend-Seminare — daran ist kein Mangel in unserem Land. Zum klärenden Abschluß so vieler Zusammenkünfte erwartet uns stets jene oratorische Großveranstaltung, die man Podiumsdiskussion nennt. Sie wird bei uns seit über zwei Jahrzehnten mit erstaunlicher Zungenfertigkeit und wachsender Fröhlichkeit praktiziert: evangelisch, katholisch, liberal und vor allem auch links. Und einiges spricht dafür, daß sie mitten auf diesem Höhepunkt auch schon in die Krise geraten ist.

Immer öfter werden bei uns Podiumsdiskussionen gestört, gesprengt, schlankweg umfunktioniert. Immer öfter sieht man die Diskutanten sich ratlos und verstört von ihren Stühlen erheben, über das Podium irren, schwankend zwischen Sprachlosigkeit und Empörung. Was nun? Wie soll es weitergehen? Man sieht Artisten — in der Zirkuskuppel: ratlos.

Es kündigt sich die Epoche totaler Öffentlichkeit an. Einmal werden alle mit allen diskutieren, jeder wird jeden aufklären: über Herrschaft, Taschengeld und den Orgasmus, das ist sicher. Jeder Versammlungssaal ein Pfingstfest der Geistausgießung. Die totale Diskussion in der totalen Demokratie ist deutlich im Kommen. Noch ist es nicht soweit, noch wird sie erst in kleinen Kreisen westdeutscher Kommunen praktiziert, aber dies genau ist der Augenblick, Rückschau zu halten, sorgenvoll an das Krankenbett zu treten. Man sollte der Podiumsdiskussion jetzt einmal den Puls fühlen.

Die Institution an sich ist ungemein begehrt, ja beliebt: beim Publikum und bei den Veranstaltern. Die Mitwirkenden unterhalten eher ein schnöde-ironisches Abwehrverhältnis zu ihr: also, wenn es denn sein muß — bitte. Als Einrichtung ist sie unangefochten. Es ergeht der Podiumsdiskussion wie manchen Schriftstellern in Deutschland: Ihr immer neues Mißlingen kann ihre wachsende Reputation und allgemeine Wertschätzung in der Öffentlichkeit nicht in Frage stellen — im Gegenteil. Die Institution geht aus jedem Scheitern gestärkt und noch etwas berühmter hervor — wie Martin Walser. Sind sich auch alle Beteiligten darüber einig, daß leider gar nichts dabei herauskommen werde, so wird doch niemand auf den absurden Gedanken kommen, das Schauspiel heute abend abzusetzen. Etwas bleibt immer hängen, wie schon die Alten sagten, und niemand ist so klug, daß er nicht doch etwas zulernen könnte. »Fruchtbar« nannte man früher solches Scheitern in evangelischen Akademien. Das muß lange her sein, will mir heute scheinen.

Man kennt die klassische Szene: den großen, gutgefüllten Saal. Auditorium maximum; zu so etwas kommen die Leute. Die Scheinwerfer, die Mikrofone, der langgestreckte Tisch, an dem nun die Experten mit funkelnden Brillen Platz genommen haben. Klugheit ist hier versammelt, Autoritäten werden sich äußern: verteufelte Klugheit. Im Hinterzimmer hatte man sich zuvor darauf geeinigt, nicht zu weit zu gehen. Die Betonung lag auf dem zu. Diesen Punkt solle man ausklammern, auf jene Kontroverse verzichten. Einer sagte grinsend: Also für das Honorar muß man ja auch nicht alles sagen, nicht wahr, Herr Professor?

Man sitzt also da, räuspert sich, zieht etwas an seiner Krawatte, probiert einmal vorsichtig mit dem Kugelschreiber das Mikrofon aus: Klick. Manche haben sich zuvor zu Hause Notizen gemacht, andere wollen gleich am Anfang ein Statement verlesen, die meisten warten einfach, was kommt. Der Diskussionsleiter hat zuversichtlich und frisch mit der Vorstellung der Teilnehmerrunde begonnen. Es kommt dann immer unweigerlich der stereotype und verquälte Satz: der Herr zu meiner Rechten, was aber bitte keineswegs als Anspielung ...

Früher lachte das Publikum schon an dieser Stelle. Auch das, will mir scheinen, muß lange her sein.

Ja, wo kommen eigentlich mein Unbehagen, meine sanfte Ironie in dieser ehrenwerten und notwendigen Sache her, die doch zugegebenermaßen in allen demokratischen Gesellschaften zum Informationsspiel der Öffentlichkeit gehört? Ich spreche, das muß gesagt werden, von Literatur und von vorwiegend literarischen Diskussionen. Kann man meinen skeptischen Vorbehalt in den Satz fassen, daß die, die am meisten zu sagen hätten, die Kunst der öffentlichen Rede eben nicht beherrschen, während die glanzvollen Rhetoren soviel zu sagen nicht haben? Der Satz stimmt zuverlässig höchstens in seiner ersten Hälfte. Schriftsteller, die für die Entwicklung der poetischen Sprache heute am meisten geleistet haben, Autoren wie Celan, Eich, Böll, Ingeborg Bachmann, Wolfgang Koeppen, auch Arno Schmidt sind keine guten Diskutierer. Es ehrt sie. Offenbar gibt es eine Intensität des kreativen Wortes, die nur aus dem Monolog und der Isolation zu erzeugen ist. Nicht sehr ergiebig im Gespräch — war Benns Devise. Wolfgang Koeppen, in dieser Sache befragt, erklärte kategorisch, er sei von Beruf Schriftsteller, nicht Redesteller. Das zeigt eine Differenz, die nachdenklich stimmt. Jedenfalls müssen Beklommenheit, Stottern, Sprachlosigkeit im Scheinwerferlicht kein Zeichen von idyllischer und unpolitischer Innerlichkeit sein. Koeppen und Arno Schmidt, die jedes Mikrofon scheuen, schrieben Romane, die sich auf eine beißende und böse Art nur mit Politik und Gesellschaft befassen.

Die Podiumsdiskussion wiederholt Elemente des öffentlichen Spiels und der Theaterszene: halb sportlicher Wettkampf, halb Schauspielbühne — das ist es. Geistesgegenwart, Präsenz der Argumente, Formulierfähigkeit, Sinn für Ensemblespiel sind notwendig, auch ein Gespür für Massenführung. Die Leute sind unglaublich leicht zu behandeln. Als Kollektiv können sie nur mit ganz elementaren und ambivalenten Emotionen reagieren. Sie können nur buhen oder klatschen, eine eindeutige und simple Kindersprache, bestehend aus zwei Worten: wunderbar, grauenvoll. Die idealen Diskutierer wissen damit zu spielen. Es sind beschlagene und gebildete Zeitgenossen, Intellektuelle mit einem heimlichen und lange unterdrückten Hang zur Bühne. Wären sie nicht so verteufelt gescheit, so wären sie vielleicht erster Liebhaber oder Heldentenor an den Städtischen Bühnen geworden. Sie sind nur zu klug dafür. Sie führen sich jetzt selber als Rolle vor. Sie setzen eine Stegreifkomödie in Gang. Die heißt: Seht mich als Schauspieler meiner selbst! Ich spiele mich jetzt selber als Rolle, ich trete auf als fragendes, grübelndes, argumentierendes Wesen.

Es gibt Autoren, die diese Kunst der öffentlichen Selbstdarstellung faszinierend beherrschen, meist aus dem essayistischen und kritischen Fach: Walter Jens, Enzensberger, Joachim Kaiser, Hans Mayer, Reich-Ranicki. Nicht ganz ohne Staunen beobachte ich ihren gut kalkulierten Spürsinn für wirksame Massenauftritte, ihre Selbstregie der guten Einsätze, der geschickt gestreuten Pointen, um für einige entscheidende Sekunden die Lacher im Saal auf der Seite zu haben. Hat man den ersten Saalapplaus hinter sich, so ist das Spiel schon gewonnen. Es ist fast wie auf einer Opernbühne: »La Traviata« oder »Der Bajazzo«, die Arien kommen jetzt in vollkommener Schönheit. Da capo, ruft jemand im Saal.

Merkwürdigerweise versagen in solchen Höhepunkten immer die Mikrofone im Saal. Es wird einen Augenblick still. Auch das scheint mir mit zum Ritual zu gehören. Jemand aus den hinteren Reihen ruft: Lauter, wir hören ja nichts! Unruhe, Gelächter, Bewegung im Plenum. Die strenge Konsumentenhaltung wird plötzlich aufgelockert. Man ruckt mit dem Stuhl, verändert die Beinstellung, sagt etwas zum Nachbarn. Jetzt beginnt also die Beteiligung des Publikums. Es kommen die berühmten Fragen aus dem Volk, die die Diskussionsleiter immer in Schrecken versetzen. Auch unter den Leuten sitzen natürlich Bühnentalente — unentdeckt. Und die ringen und rudern nun mit den unsicheren Saalmikrofonen auf jene liebenswert-verbissene Weise spätberufener Talente, die endlich zum Zuge kommen. Jetzt werden Rechnungen beglichen, Quittungen ausgestellt. Ein beträchtliches Potential latenter Aggressivität kann da hochkommen.

Und es kommt immer die Dame in den mittleren Jahren mit der berühmten Frage an den Dichter, was er mit seinem Werk eigentlich sagen wolle? Und der Dichter muß noch einmal umständlich und indigniert erklären: Nichts, gar nichts, was nicht im Werk schon drinstecke. Die Dame möchte es aufmerksamer lesen. Dann steht plötzlich ein Herr auf, es ist meistens ein Studienrat vom örtlichen Gymnasium: Sein Fach ist Geschichte oder

Deutsch, und er stellt die ganz unvermeidliche Frage, die in Deutschland überall kommt, von Flensburg bis Passau. Die Leute wollen eine Lehre, eine Botschaft, einen praktischen Heilsweg wissen, den man zuverlässig im Schulranzen nach Hause tragen kann: Also, wo bleibt das Positive in dieser Diskussion? Es ist alles so zersetzend heute, sagt jemand. Und am Tisch der Erlauchten räuspert ein Kritiker leise: Faschismus. Bitte, das ist doch purer Faschismus, was hochkommt.

Schließlich das Ende der Szene, das will auch bedacht sein. Im Maße der allgemeinen Fröhlichkeit ist das Niveau der Diskussion deutlich gesunken. Es ist die Kunst des guten Diskussionsleiters, diesen Augenblick kreativer Ermattung aller geschickt abzufangen, um auf das Schlußwort überzuleiten. Manches wäre zu sagen noch, sicherlich. Man hört es im Saal aufatmen und stöhnen zugleich. Es ist spät geworden: schon beinah elf. Wir kommen also zum Schlußwort, ruft der Meister fröhlich. Meine Damen und Herren, es war uns natürlich nicht möglich. Ich möchte keine Zusammenfassung versuchen: die Fülle der Aspekte, die Komplexität der Perspektiven — aber vielleicht war es uns doch möglich? Das ist auch so ein Ritual, das durchgespielt werden muß. Es könnte auch von Computern besorgt werden. Früher, das ist festzustellen, zog man immer Bilanzen, faßte zusammen, bot klare Ergebnisse. Heute muß alles offengelassen werden. Vielleicht aber doch eine Anregung zum eigenen Nachdenken?

Die Streiter erheben sich. Es kommt dann immer noch ein älterer Herr auf das Podium geklettert, mühsam, aber rüstig, der auf sein eigenes dramatisches Werk den Kritiker aufmerksam machen möchte — noch unveröffentlicht. Manchmal kommt auch ein bleiches Mädchen, das nur ein Autogramm will. Das gibt es auch noch im Lande: Frauen, die für ihr Album sammeln — Prominenz. Die Diskutierer verschwinden hinter dem Vorhang, nicht ganz so graziös wie Ballerinen. Jetzt muß man sich noch im kleinen Kreis zu einem Umtrunk zusammensetzen. Das ist auch unerläßlich: überall.

Ja, so ungefähr ist das überall in Deutschland und ist doch nun deutlich in die Jahre gekommen, ist vielleicht selber etwas gichtbrüchig und lendenlahm geworden — in dieser Form. Es kommen junge, blanke, verwegene Gesichter, die handliche Flüstertüten und eine verblüffende Fertigkeit in der Kunst der öffentlichen Rede mitbringen. Das sind keine stotternden Schriftsteller mehr — es sind Revolutionäre — hurtig. Sie funktionieren um. Sie verlangen eine Abstimmung darüber, ob man statt des angesetzten Themas nicht lieber zum Hauptbahnhof, zu den Städtischen Bühnen oder zum Polizeipräsidium eilen wolle. Frischer Wind weht herein: Straßenluft, Straßenkampf, Klassenkampf: jetzt, hier, sofort.

Dann findet die Abstimmung statt, und ich bin immer wieder verwundert, wie blitzschnell die hochgestreckten Arme ausgezählt werden können. Ich hätte das gern doch genauer gewußt; auch die Zahl der Stimmenthaltungen hätte mich präzis interessiert. Aber wahrscheinlich ist die Mehrheit ohnehin immer für die Mehrheit? Das ist ja die Demokratie, die einmal kommen wird, die totale.

Das ist aber auch der Augenblick, wo man der ehrwürdigen Institution ein Denkmal setzen sollte. Denk doch mal drüber nach, was da geschieht, hoch oben!

(1968)

## Muß Theater so sein?

Natürlich geht man immer wieder hin. Immer wieder, wenn man unterwegs ist: In München, in Hamburg, in Berlin oder Köln geht man eines Abends dahin. Ich gönnte mir öfters in letzter Zeit das, was man in der Sprache der Ämter einen Theaterabend nennt. Rückblickend stelle ich fest, daß diese Abende eigentlich wenig hinterließen, was über den nächsten Tag hinausdauerte. Dafür aber entstanden oft ein Unlustgefühl, eine frühe Ermattung, eine Art von Langeweile, manchmal schon nach dem zweiten Akt. Einige Male ging ich schon in der großen Pause. Es fiel mir auf, daß mir draußen die frische Luft so guttat. Ich wurde so schnell wieder wach auf der Straße; einmal ging ich danach noch ins Kino. Der Streifen bewegte mich lange. Also irgendein Widerstand? Eine neurotische Art von Müdigkeit, die etwas sagen will? Die Inszenierungen waren manchmal recht gut. Trotzdem diese leichten Absencen, diese allmähliche Gereiztheit: Wie viele Bilder kommen denn noch? Oft war der Grundeindruck Gleichgültigkeit — ein böses Vorzeichen.

Man mißverstehe mich nicht. Es geht mir hier nicht um Theaterkritik im klassischen Sinn. Ich bin kein Professioneller. Ich beklage nicht, was Professionelle von

Zeit zu Zeit tun müssen, schlechte Spielpläne, unkluge Kulturpolitik, Intendantenhochmut oder Inszenierungsfehler. Ich sage nicht: Das Gretchen hätte man keineswegs für Fräulein A. besetzen dürfen. Man kann das und muß das sagen: Geschäft der Theaterkritik, kein beneidenswertes Geschäft, von dem ich kaum etwas verstehe. Ich sehe diese vielbeschäftigten Männer mit funkelnden Brillengläsern und kleinen Köfferchen von Stadt zu Stadt eilen. Ich treffe sie manchmal in D-Zügen, in Speisewagen, zwischen Münster und Hildesheim pendelnd. Aus ihren erschöpften und vergrämten Gesichtern entnehme ich, wie leidvoll dieses Amt sein muß, den Musen auf allen Bühnen unserer Republik dauernd auf der Spur zu bleiben. Auch Osnabrück, sagt einer, war gestern abend eine herbe Enttäuschung. Ein anderer winkt ab: und vorige Woche der Romeo in Braunschweig — unbeschreiblich.

Ich spreche auch nicht von dem schwankenden Niveau unserer Stückeschreiber. Ich bin kein Dramaturg. Ich bin nur wie die meisten von uns ein schlichter Theaterbesucher, der es von Zeit zu Zeit immer wieder versucht mit dieser Institution Theaterabend. Mit gewissen Nuancen, die ich anerkennen will, war es doch immer wieder dasselbe, das mich so nervös machte. Ob Dürrenmatt oder Frisch, ob Schiller oder Hochhuth — es blieb eben immer ein Theaterabend. Was ist das, frage ich mich besorgt, und warum ist das so, wie es ist?

Mich stört eigentlich alles an dieser ehrwürdigen Institution. Ich weiß, ich berenne ein frommes Geheimnis, ich schände einen Tempel des deutschen Bürgertums, ich schlachte eine heilige Kuh der Nation: den städtisch subventionierten Heiligen Abend unserer Theatergemeinde. Alle Verantwortlichen, die das Höhere und die Kunst verwalten, sind sich einig, wie notwendig, erhebend und läuternd so ein Abend für die Seele der Bürgerschaft ist: Brot für die Herzen. Es geht um die ästhetische Erziehung des Menschengeschlechts. Was irritiert mich an diesem edlen Ritus?

Im Grunde alles. Es stört mich zum Beispiel schon die Notwendigkeit, mich abends gegen halb sieben plötzlich umziehen zu müssen. Sich fein machen: der dunkle Anzug aus dem Schrank, das frische Hemd, die silbergraue Krawatte, auch gut lackierte Schuhe sind wohl vonnöten. Sonst fällt man auf unter den anderen, wirkt allzu schäbig. Warum eigentlich? Mit solchen Verkleidungen setzt schon mein Unbehagen ein. Warum kann ich nicht mein Strickhemd, meinen Pullover anbehalten? Ich möchte ja kein anderer, kein besserer Mensch werden, wenn ich Kunst erfahre. Ich sähe sie gern in meiner richtigen, alten Haut.

Es stören mich dann die welken Gesichter der Garderobenfrauen, die überall auf der Welt gleich verschafft und sozial deklassiert aussehen: Witwenstand. Die Frauen haben so eine pedantische Art, die Nummern auszuteilen, auf ihrem Recht der Entkleidung und Bekleidung zu bestehen, wie Mütter. Nach Schluß der Aufführung laufen sie und trippeln sie so emsig, daß es einen erbarmen müßte, wäre man wirklich durch das Stück geläutert. Es ist jedoch niemand. Dieses Drängen und Schieben, dieses Schubsen und Sichvorstehlen, dann das Märkchen-Halten mit vorgestrecktem Arm, an dem die Frauen wie angstvolle Hühner immer so rasch vorbeiflattern, das alles weckt in mir Fremdheit, Unlust. Ist das unsere Welt?

Nein, ich werde jetzt nichts gegen die beiden älteren Damen sagen, die neben mir, kaum ist es dunkel geworden, raschelnd die berühmte Tafel Schokolade aus steifem Silberpapier langsam entblättern. Das ist schließlich menschlich. Lustzufuhr ist notwendig: zusätzliche. Ich sage auch nichts gegen die festlichen Programmhefte mit Staatswappen oder herunterbaumelndem Stadtsiegel in Silber. Man weiß nur immer nicht, wohin damit, wenn es dunkel geworden ist. Am besten, man klemmt es sich zwischen die Beine. Doch dann fällt es bald.

Aber die große Pause zum Beispiel stellt für mich immer wieder eine ernsthafte Krise dar. Sie ist eine Heimsuchung eigener Art. Warum sind große Pausen eigentlich immer so groß? Jedermann weiß, daß sie sehr wichtig sind. Da hat das Publikum seinen Auftritt, da spielt es sein Stück: Wir alle, Gesellschaft, die Kunstsinnigen, wir Feinschmecker der Moral, jetzt sind wir einmal dran. Man geht, nein, man schreitet, etwas steif und schüchtern zunächst, ins türkisblaue Foyer. Man tauscht vorsichtig erste Urteile aus. Wie ist das eigentlich gemeint vom Dichter? Was ist seine Aussage, sein Sinn? Man muß wohl noch abwarten, was kommt, sagt ein anderer nachdenklich. Der Schluß soll sehr gut sein. So?

Ich staune immer wieder, wie viele kunstinteressierte und theaterliebende Menschen es in unseren Städten gibt. Sind das die, die in den Heiratsannoncen das immer erwähnen: kunst- und theaterliebend? Man kennt diese Leute gar nicht; es sind ganz fremde Kreise, mit denen man sonst nie in Berührung käme. Es gibt eben so viele Menschen, die Leute, das Publikum — das vergißt man meistens. Hier sind sie versammelt: bleiche Primaner, die eben Schiller durchnehmen im Deutschunterricht; junge, blutarme Mädchen, die zu Hause Klavier spielen und manchmal in Kunstgeschichten blättern; ältere, funkelnde Damen, die mehr zu Rommé neigen oder Bridge spielen des Nachmittags. Es gibt so viele stattliche Herren im besten Alter, die auch abonniert sind auf Kunst und sich nun ein Glas Sekt erlauben im Vestibül — mit Gattin. Es hat alles einen so glanzvollen und gehobenen Stil, der mich irritiert. Man hat das Grau aller Dienstzimmer und Kontore hinter sich gelassen und ist für drei Stunden in einer besseren und höheren Welt, die in vier Akten und zehn Bildern vom Schnürboden heruntergelassen wird und an Strippen hängt. Der Alltag ist unten, aber die Kunst schwebt von ganz oben herab. Offen gesagt: Mir paßt die ganze Richtung nicht. Ich bin nicht so fein. Ich hätte gern eine Kunst, die wie ich wäre: nicht festlich, alltäglich.

Dann das Klatschen zum Schluß, das macht mich auch wieder gereizt. Die Leute sind unglaublich dankbar, will mir scheinen. Sie klatschen zu viel, zu lang und zu laut. Sie sollten sparsamer, geiziger sein mit dem Beifall. Ob das nun Goethe oder Genet war, obszön oder absurd, Grillparzer oder etwas Zeitdokumentarisches, zum Schluß muß man immer durch diese Stürme von Applaus, die in zyklischen Wogen orkanartig auf und ab branden, wie Meeresrauschen. Sieben Vorhänge waren nun schon. Man hofft, nun aufbrechen zu dürfen, da gelingt es einer kleinen Gruppe von Enthusiasten im zweiten Rang, den dünnen Applaus noch einmal anzuheizen. Er rauscht wieder auf, wird zu einem neuen Orkan, schwillt hoffnungslos an. Zum achten-, zum neunten-, zum zehntenmal verneigen sich die Vaganten: Künstler, habt Dank! Neuer Applaus. Künstler, habt noch einmal Dank! Eure bunte, schöne, andere Welt, die Welt der Bühne, die Bühne als Welt mit ihrem ewigen Lächeln und Weinen. Es ist fast wie bei Ingmar Bergman: Großelternwelt. Das klingt doch alles nach Puccini, hätte Gottfried Benn gesagt.

Dann werden die Operngläser zurückgegeben, der Kampf um den Ausgang beginnt, das Gedränge an der Garderobe, die Szene mit den ratlos vorbeiflatternden Hühnern — vorbei an meinem ausgestreckten Arm. Zum festlichen Ausklang geht man dann in die »Künstlerklause«.

Ach, es ist vielleicht doch etwas zu frivol, wie ich das hier beschreibe? Bin ich zu unmusisch? Bin ich ein Kleinbürger, eine Händlernatur, eine Krämerseele, die abends lieber ihr Geld zählt, Skat spielt, ein Bier trinken geht? Es gibt natürlich solche Leute. Nein, ich erinnere mich nur, ich registriere. Ich ziehe Erfahrungen zusammen, versuche vorsichtige Schlüsse, Bilanzen. Ich beschreibe doch nur, was ich sah und erfuhr und was mich so störrisch und müde machte: Riten eines Theaterabends — wer glaubt eigentlich noch daran außer einigen gichtbrüchigen Logenschließern und vielleicht die zweite Souffleuse in Wien? Ich frage: Passen diese halb höfische, halb betuliche Art, dieser Zopf drumherum eigentlich noch in unsere Zeit?

(1968)

## Fröhlicher Sex

Irgend jemand hatte sie mitgebracht von der Reise — war es Kopenhagen, Stockholm oder Oslo gewesen? Irgend jemand hatte gesagt: Also, da gibt es jetzt im Norden ganz neue Qualitäten. Eine andere Epoche hat dort begonnen. Etwas von Comics, etwas von Pop und dem Kult der Blumenkinder ist dabei: heiterer, fröhlicher, farbiger Sex. Ein eigener Stil wurde da kreiert: schöne, frische Bettgeschichten, vollkommen gelöst, dabei nordisch unterkühlt. Ich war etwas skeptisch.

Ich erinnerte mich an meine Jugend, Berliner Knabentage, da ich, neugierig-ratlos unter den Fiebern der Pubertät, mich mit den Statuen der alten Griechen aus dem Konversations-Lexikon befriedigen mußte. Später kamen alte Chinesen dazu, noch später alte Römer. So etwas bleibt nicht ganz ohne Folgen. Ich erinnerte mich an eine Nacht auf dem Place Pigalle, wo dem Touristen, dreißigjährig, in einer Hausnische diese kleinen Fotoheftchen zugespielt wurden. Pariser Ramsch für die Provinz — auf Dollarbasis. Eindeutig und klare Tatbestände, das ist wahr, keine Marmorbüsten, nicht Leda mit dem Schwan, trotzdem uralt, vergilbt, mit einem grobkörnigen Stich ins Lächerliche. Die Männer trugen drahtig angespitzte Schurrbärte und Sockenhalter, die unter dem Knie etwas verrutscht waren. Die Damen durften das Hütchen dabei aufbehalten. An einer weit ausladenden Straußenfeder konnte man rekonstruieren, daß dieses freundliche Zusammentreffen etwa 1905 stattgefunden haben mußte, wahrscheinlich in Mitteleuropa. Ein Schüler von Toulouse-Lautrec vielleicht, cinematografisch heruntergekommen? Ich dachte, das ist ein zeitloses Thema, fast wie Altern und Tod: Opas Sex, eigentlich traurig, langweilig. Im Grunde läuft es doch immer auf dasselbe hinaus.

Aber dann kam der Reisende. Er brachte eine ganze Aktentasche mit Neuestem, Jüngstem aus dem Norden mit: Fotos, Magazine, Bücher, Bilder. Es wurde sozusagen ein reizender Abend, ein Abend für Freunde und Kenner, für jeden Geschmack, beinah geschlossene Gesellschaft in Deutschland. Ich war überrascht über den enormen Fortschritt, die schöne und delikate Entwicklung, die man inzwischen jenseits der Grenzen in diesem zeitlosen Thema gemacht hat. Ich war verblüfft. Mensch bleibt natürlich immer Mensch, und Körper bleibt Körper, das ist wie mit grünem Salat und Kartoffeln — die machen auch keinen Fortschritt an sich. Die Zubereitung macht es, die Kochkunst, die Art, den Salat zu servieren, zu garnieren. Es sind die feineren Fragen der Präsentation. Jetzt endlich kann man das präsentieren.

Es ist alles hell, freundlich, farbig, beinah fröhlich geworden — zwischen den Menschen. Es geht immer noch um das alte Thema, natürlich. Das tritt auf der Stelle, seit sehr langer Zeit. Es geht immer um die Frage, wie sich da zwei oder drei oder vier vereinen. Die Möglichkeiten sind reich und begrenzt zugleich. Bei noch mehr Personen wird es zu unübersichtlich, also schamlos. Aber wie ironisch-verspielt, wie heiter-gebrochen dieses kraftvolle Thema heute paraphrasiert wird: schön. Endlich vorzeigbar. Da ist nichts mehr von der schwitzenden Impotenz-Angst unserer Großväter im muffigen Federbett einer Mansarde, die abgedunkelt wurde mit schlechten Gardinen. Es ist alles wie aus bester Designerhand, fast so wie Werbung für Coca-Cola oder Attika: Es war schon immer etwas teuer, einen besonderen Geschmack zu haben. Etwas swinging London, etwas Knoll International mit Schwedenlook: süßer Kitsch.

Die Sache ist viel appetitlicher und kultivierter geworden, registrierte ich. Endlich sauber — und keine Leinwand mehr, kein Lakenzeug. Das Bett ist eben kein Bett mehr, sondern eine breite, formschöne Liege in modischem Blau und mit Mustern aus neuesten Kollektionen. Ein cremefarbener Teppich, eine popgrüne Wand, an der anmutige Collagen der Hippiekunst hängen. Jemand legte eine Platte der Beatles auf — warum nicht? Und in dieser gehobenen und lockeren Atmosphäre, bei aller Abstraktheit doch sinnlich und etwas jugendstilig, trollten sich drei junge Menschen nach lustigster Menschenart: eine Blonde, eine Braune, beide mit langen, gelösten Haaren. Ein anmutiger Bursche, sehr schlank, aber gut gebaut. Seid nett zu einander? Ach, es war schon mehr, was da im Spiele war. Sie liebten sich auf die innigste und eindringlichste Weise. Das muß man schon sagen. Mehr noch: Phantasie war am Werk.

Seit diesem Abend frage ich mich öfter, worin eigentlich der Reiz solcher Bilder beruht. Ihrer schönen Verlockung, ihrer kurzen, rasch erlöschenden Faszination erliegen wir alle, wenn wir nur aufrichtig, bei Trost und guter Gesundheit sind. Frauen sollen das anders empfinden, sagt man. Was hat man nicht alles über Frauen gesagt, nicht wahr? Aber Männer? Wie soll sie das kalt lassen? Man kann sagen: Na ja, ein Tabu wird gebrochen. Die Sexualität, trotz aller Konsumwellen noch immer die am meisten gefesselte Kraft der Gesellschaft, wird plötzlich freigegeben, Schamgrenzen werden rabiat zerbrochen, Mauern der Angst für einen Augenblick eingerissen, Träume der Nacht werden Wirklichkeit. Eine tiefe, lange unterdrückte Phantasie kann schöpferisch werden. Wer solche Geschichten nicht träumt, ist nicht gesund. Der Körper als Kunstwerk, der Trieb als schönes Happening, wie soll das, verstärkt noch durch den feinen Reiz des Obszönen, nicht faszinieren? Es ist förderlich wahrzunehmen, daß andere unsere Spiele auch gern spielen. Sexualität und was sich damit alles machen läßt: Offenbar ist diese Sache doch weiter verbreitet, als man dachte. Man neigt ja immer dazu, sein eigenes Verlangen für etwas unendlich Privates, Geheimes, nur mir Zugehöriges zu halten — und eigentlich unstatthaft. Es gibt einen Sozialismus der Triebe, der wird hier offenbar. Die Tugenden der Revolution: Freiheit, Gleichheit, Brüderlichkeit, in solchen Umarmungen werden sie erst erotisch eingelöst.

Doch das ist es nicht. Der Reiz des pornographischen

Bildes kommt aus seinem Darstellungscharakter. Es ist Showbusiness. Was sonst nur Natur ist, dunkel und blind, wird jetzt als helle Kunst gespielt. Ein Schauspiel wird zelebriert. Das pornographische Bild gehört in die Reihe der darstellenden Künste: Skulpturenkunst, Gruppengenre, eine Art von Ballett mit eigener Choreographie, mit festgelegten und begrenzten Figurationen und Positionen und einer Ästhetik der Leiber, die schöpferisch sind — in Grenzen. Es ist eine denkwürdige und interessante Verstärkung der klassischen Theaterszene. Die Schauspieler sind Exhibitionisten, die Zuschauer Voyeure, natürlich. Das sind Schauspieler und Zuschauer im Grunde auch schon bei Schillers »Wallenstein«. Aber jetzt sind die Rollen absolut und total gesetzt. Pornographie ist Theater pur, nur Zeige-, nur Schautheater: Es ist nur Sehen und Gesehenwerden. Es ist die Aufgabe des Darstellers, alles zu entblößen, das Verborgene offenbar werden zu lassen, alle Möglichkeiten wirklich zu machen. Das Geheime soll publik, das Dunkle soll hell, der Trieb soll öffentlich demonstriert werden. Aus dieser kraftvollen Verkehrung der Konvention kommt die heftige, kurze Faszination des Pornographischen.

Doch das ist es immer noch nicht ganz. Der subtile Reiz dieser Gattung stellt sich erst durch unsere veränderte Optik ein. Wir erfahren es anders. Wir sind nicht mehr handelnd untergegangen in diesem Geschehen, wir agieren es nicht selber: betäubt, stöhnend, unten, wir konsumieren es jetzt aus der hohen Distanz der Erkenntnis. Was wir sonst am Leibe vollziehen, erkennen wir jetzt über den Kopf. Die Augen, der ganze komplizierte Wahrnehmungsapparat unseres Gehirns registrieren es als Technik — bei anderen. Das Stück ist herausgerückt aus seiner Naivität, der dunklen Identität des Fleischlichen. Es wird raffinierter, subtil verfremdet im Kopf. Voyeur: Der Kopf nimmt wahr, woran er sonst wenig beteiligt wird. Der Kopf wird in eine Dimension unserer Natur eingeweiht, die ihm lange sträflich vorenthalten wurde. Mit Bewußtsein, mit kritischem Verstand die Freuden der Leiblichkeit registrieren, nicht handelnd, sondern erkennen, was da geschieht: Aus dieser neuartigen und ungewöhnlichen Optik kommt der zerebrale Reiz dieser Gattung.

Jeder Voyeur ist ein Theaterkritiker auf Zeit. Das Stück ist bekannt und, wie man nun weiß, ziemlich weit verbreitet, aber die Besetzung, die Regie, die Interpretation sind immer wieder neu. Da kann man herbe Enttäuschungen und ganz unerwartete Meisterschaften erleben. Es gibt Könner und Dilettanten der Szene, wie überall. Das Stück ist von Shakespeare und die Besetzung aus Hildesheim: So etwa war das in meiner Jugend.

Das alles, man weiß das, sind sublime und lange verschüttete Freuden des Geistes. Sie waren immer lebendig von den Tempeln der Inder bis zu den Freudenhäusern der Römer, von den Festen der Renaissance-Päpste bis zu den diskreten, kichernden Herrenabenden im Hochkapitalismus: Zylinder, Spazierstock, Monokel. Der Geist wird nicht aufhören, die Natur zu erforschen, auch so. Der Geist ist grenzenlos neugierig. Er ist schamlos von Natur. Er will immer alles.

Ich schlage diese munteren, bunten Hefte auf, die der Reisende aus dem Norden mitbrachte, diese fröhlichen, handgreiflichen Feste junger Verbindlichkeit. Sie scheinen mir anmutiger, lockerer, sinnlicher als je zuvor. Eine Heiterkeit, ein artistischer Zug von Selbstironie liegen darüber: Obszönes mit Augenzwinkern. So lockert, so löst sich allmählich ein Klassenprivileg; so sickert das, was früher den Mächtigen, den Fürsten, Päpsten, den Herren immer zugänglich war, schließlich ins Volk ein. Ein Vorrecht der Stände wird demokratisch.

(1968)

# Selbstgespräche

## Geschäftsbericht

Einer fährt weg, um darüber zu schreiben. Einer hat sich das Reisen als literarisches Geschäft angewöhnt. Er bricht nicht mit dem ferienfrohen Strom in der Hochsaison auf, um zu baden, im Sand zu liegen, Ferien zu machen im Familienkreis, meistens mit Kind und Kegel. Reisen ist seine Arbeit, sein Job, sein Beruf sozusagen, jedenfalls zeitweise. Ich berichte von einem Geschäft.

Ein feiner Job, eine vergnügliche Arbeit, beneidenswert ist das schon, höre ich sagen. Ich weiß nicht so recht, muß ich erwidern. Einerseits schon, andererseits aber? Wenn man berufsmäßig verreist, wird alles anders. Denken Sie nur an den Vertreter für Papier- oder Miederwaren, der alltäglich auf Achse ist, reisend, wie man sagt, ein Reisender in rosa Trikotagen. Er reist meist allein, und, nicht wahr, was wissen wir von seinen Abenden in fremden, tristen Gasthäusern? Was von seinen Nächten in öden Hotelzimmern, die schmal und lieblos sind? Ich will sagen: Es verfliegt so viel Anmut. Die Fremde ist nicht mehr azurblauer Himmel, das Dolcefarniente, ein Ferienidyll mit Vollpension. Sie ist nicht zauberhaft — sie ist ein Ziel, das erarbeitet und allein erobert sein will. Eindringen, erforschen, verstehen, darum geht es. Es hat etwas von einer Expedition, wenn man reist, um später darüber schreiben zu können: Landnahme. Es hat etwas von Strategie, wie man seine Landschaft einkreist, belagert, dann einzunehmen versucht im Handstreich. Kriegerisches ist im Spiel: Eroberungslust. Oder ist es nur eine Variante des erotischen Prozesses donjuanesker Neugier und Weltumarmung?

Auf jeden Fall fällt die Arbeit hinterher an. Man sitzt vier Wochen am Schreibtisch zu Hause, tief gebückt. Man hat etwas gesehen, erfahren, in Augenschein genommen, vielleicht sogar verstanden von diesem fremden Stück Welt und versucht nun, es zu Papier zu bringen, es in Worte, in Sätze, in Sprache zu fassen, zu sagen, was war auf der Reise. Sag es doch! Was war denn? Wie kehrt das denn wieder: die Fremde im Medium der Sprache? Mindestens das ist harte Arbeit: das Abenteuer des Sagens. Davon wird noch zu reden sein.

Warum tue ich das? Wie kam es dazu, und was will ich damit: über fremde Städte, Landschaften, Länder schreiben? Hat das überhaupt einen Sinn im Zeitalter totaler technischer Kommunikation? Ist das nicht ziemlich hinterher angesichts der Mobilität unserer industriellen Gesellschaft, des Massentourismus, des Flugverkehrs, der, rund um den Globus, immer schneller und billiger wird im Chartersystem? Angesichts dieses dauernden Informationsstromes, der uns durch Funk,

Film und Fernsehen allseitig auf dem laufenden hält, wie man doch sagt?

Es läuft alles heute viel besser, was man Kommunikation nennt. Wir sind immer unterwegs, irgendwie. Ist die Welt nicht erkannt und ausgeleuchtet bis auf den Grund? Ist der Reiseschriftsteller im Jetzeitalter nicht längst eine modische, ziemlich überflüssige, beinah komische Figur geworden, ein Relikt aus den Tagen des 18. und des 19. Jahrhunderts, damals, als Alexander von Humboldt, Goethe, Heine ihre Reisebilder schrieben, aus gutem Grund? Auch an Sterne, an Kipling und Conrad wäre zu denken. Ich meine, was wußte man noch um die Jahrhundertwende von der Welt draußen, nicht wahr? Aber ist das wirklich mein Job? Bin ich das überhaupt: ein Reiseschriftsteller? Paßt diese traditionelle und fixe Kategorie, die das Abenteuer des Unterwegsseins in eine so massive, sozial anerkannte Berufssparte ummünzt, zu meinem Tun? Deckt sie das ab, was ich meine?

Ich stelle ihn mir vor, den Reiseschriftsteller heutzutage. Es gibt ihn immer noch, für Verlage, die auf Touristisches spezialisiert sind, für Magazine, Illustrierte, die in bunten Serien den Duft der großen, weiten Welt reproduzieren in Hochglanz und Vielfarbendruck. Fast jede Woche gibt es Reisebeilagen in der Presse. So etwas muß auch erfahren, erarbeitet, erreist werden. Ich treffe ihn manchmal unterwegs. Der Reiseschriftsteller professionellen Typs ist seltener geworden, aber es gibt ihn noch als Spezies. Er sieht respektabel aus, wettergebräunt und welterfahren. Es ist meist ein Herr in vorgerückten Jahren, dem man Weltläufigkeit, Kosmopolitismus und Geschicklichkeit im Überwinden kritischer Situationen, plötzlicher Fatalitäten, wie sie auf Reisen auftreten, nicht absprechen kann. Er kennt sich aus auf den Flughäfen, in den internationalen Hotels, den großen Schiffslinien der Welt. Er ist erfahren, mehr noch: abgebrüht in der Fremde. Damals, als wir im Golf von Mexiko beinah abgesoffen wären, damals, als wir in Pakistan auf der Paßhöhe diese Autopanne hatten, in der einbrechenden Nacht beinah erfroren wären. Er erzählt das heiter und gleichmütig zugleich. Er lächelt wissend, ihn kann nichts erschüttern. Er kennt die Welt. Man sieht ihm dieses Zuhausesein überall an. Er trägt eine Schiebermütze, Wickelgamaschen, leichtes und doch festes Schuhwerk, einen grauen Allwettermantel, mit einem Wort: beinah ein Brite, ein englischer Globetrotter. Er hat mehrere Fotoapparate um den Hals gehängt, Notizbuch und Taschenrecorder zur Hand. Er ist wie ein Reporter, der ein Leben lang herumjagte um die Welt: überall zu Hause und doch nirgends geblieben. Süchtig nach Fremde und doch niemals getroffen, verunsichert vom Schock der Fremde. Das Gesicht des Reiseschriftstellers verrät das: Es ist braun, es ist faltig, gegerbt vom Wind und von den Wassern der Zeit. Es wirkt trotzdem leer, nicht erfahren, sondern nur aufgetrieben. Es wirkt voll, aber nicht erfüllt.

Ja, sicher, man kann sagen, ich baute mir ein Zerrbild, einen Popanz auf, eine etwas hämische und boshafte Karikatur, obwohl ich, wie schon angedeutet, auch in dieser Hinsicht meine sehr konkreten Reiseerfahrungen habe. Es gibt diesen Typus tatsächlich, er ist nicht erfunden. Ich beschreibe ihn, ich skizziere ihn, ich werfe ihn auf das Papier, ich baue ihn vor mir auf, gewiß, um mich zugleich davon abzusetzen, um zunächst einmal sagen zu können: das also nicht. Das ist es sicher nicht, was mich herumtreibt von Zeit zu Zeit, reisend, schreibend. Ich fühle mich nicht als professioneller Reiseschriftsteller. Die Kategorie, so legitim, so ausgewiesen, so bekannt sie ist, trifft nicht meine Sache. Sie vergröbert, verfälscht sie. Sie ist untauglich für meinen Versuch in Fremde. Ich bin ein Schriftsteller, der öfters auf Reisen geht. Das ist wahr. Ich bin deshalb aber kein Reiseschriftsteller. Was denn?

Annäherungsversuche also, Versuche, sich selbst zu erkunden, sich selbst auf die Spur, mehr noch: auf die Schliche zu kommen. Was ist es denn? Bist du etwas Besseres, etwas Feineres, ein exklusiver Einzelfall? Nimm dich auseinander, zerlege dich, schraub dich auf, wie man ein Spielzeug, eine Uhr, einen Motor zuweilen aufschraubt, um nach dem Rechten zu gucken. Zerlege dich fein säuberlich in lauter Einzelteile. Man wird dann ja sehen. Ein etwas heikles und riskantes Geschäft.

Ich muß sehr tief, ganz unten ansetzen, an der Basis sozusagen. Das ist nicht nur erfreulich. Am Anfang steht nämlich etwas wie Unbehagen, wie Verdunkelung, vielleicht Melancholie. Bei mir ist das immer zuerst. Man hockt zu Hause, man macht seine Arbeit, geht seinen Geschäften nach, eigentlich lustlos. Man spürt, wie der Tag fahler, leerer wird trotz aller Arbeit. Man ist es satt, immer dieselben Bewegungen beim Einfahren in die Garage, beim Öffnen der Wohnungstür, beim Herunterlassen der Jalousien zu machen. Mein Gott, ist das denn das Leben, dein Leben? Ist das denn die Welt, deine Welt?

Sicher ist, daß bei mir am Anfang jedes Aufbruchs das Gefühl der heimischen Sackgasse steht. Da erschöpft sich etwas, wird blaß und leer und irgendwie lustlos. Jede Reise ist natürlich von der Hoffnung getragen, der Banalität des eigenen Daseins entfliehen zu können. Man fährt sich fest zu Hause, immer nur dort, an einem Ort. Es ist wie ein Schiff, das auf Grund liegt. Es geht nicht weiter. Irgend etwas blockiert in der Tiefe. Man spürt plötzlich Ketten im Keller. Sie klirren leise. Man müßte jetzt Lockerungsübungen machen: wegfahren, wegwerfen, irgendwo anders ganz neu beginnen, alles vergessen und wegwerfen; Turnen in Leerräumen, also die Abenteuer der Fremde. Ich sage mir: Es ist wieder Zeit, es geht wieder los, deine Art Weltverdunkelung. Du mußt weg, eine Reise planen: Prag oder Stockholm, Tel Aviv oder New York oder nur Nürnberg oder nur das Ruhrgebiet — die Welt wird dich heilen. Die Welt ist wie ein Arzt, der dich kurieren kann. Sie ist ein Rezept, das immer wirkt. Welt ist es, was du brauchst. Wieviel Welt braucht eigentlich der Mensch?

Ja, ein Einzelteil, ganz unten, ganz verborgen, die Basis sozusagen oder die unterste Schraube, wie man will, fast noch privat: Melancholie heißt das wohl oder Weltverlust. Ich habe Hunger auf Welt, auf das Land Anderswo. Ich suche, ich brauche das Neue, Unterbrechung, den Reiz der Veränderung. Blutzufuhr ist vonnöten — von außen. Tauch ein in die Fremde. Sie heilt.

Fahr doch nach Schweden zum Beispiel, für dich ein vollkommen fremdes Land. Du wirst dann darüber schreiben, vielleicht. Je fremder, je besser vielleicht.

Ich verschaffe mir einige Bücher. Ich lese zuvor, also noch zu Hause, etwas Historisches, etwas Politisches, einiges zur Geographie und Natur des Landes: Land und Leute, wie man sagt. Aber nicht zuviel, nicht erschöpfend, nicht wirklich systematisch. Ich will es nicht wirklich exakt und präzis vorher wissen, nur Umrisse, Leitplanken, Positionslichter. Ich will das Planquadrat, das ich meine, ja selber ausfüllen. Der Augenschein ist mir wichtig, die Sprache der Sinne: die Augen, die Ohren, die Nase, der Gaumen und das, was man unwägbar das Klima, die Eigenart einer Stadt, einer Landschaft, eines Volkes nennt. Du willst es nicht vorher wissen. Wissen können wir alles durch Bücher, durch Filme, durchs Fernsehen. Man kann heute bequem in der Wohnung bleiben, um sich genau und zuverlässig etwa über Israel zu informieren. Das eben nicht. Du muß hin. Du mußt es sinnlich erfahren: Wie riecht es denn, wie schmeckt es denn in der Fremde? Du mußt es erfahren, wie es das Wort ursprünglich und noch bildhaft meint: unterwegs sein auf Rädern, fahren, immer nur fahren mit dem Auto, dem Bus, der Bahn.

Also Planung des Reiseziels vorweg; aber nur locker, ganz improvisiert. Man geht zu Redaktionen. Reisen ist auch ein Geldproblem, natürlich. Man sagt: Ich will jetzt nach Schweden oder Israel fahren — wie wär's denn, bitte? Nichts Verbindliches, nichts Festes, kein juristisch einklagbarer Vertrag zuvor. Keine Mark vorweg bar in die Hand. Danke, lieber nicht. Es würde mich nur verpflichten. Ich weiß ja selber nicht, was ich finde und ob es überhaupt zu schreiben lohnt, und wenn es sich lohnt: ob es mir wirklich gelingt, das zu fixieren, in Sprache. Also das Abenteuer des Sagens, von dem ich schon sprach. Das ist auch noch offen.

Ich war einmal vier Wochen in Hamburg, nur um über Hamburg zu schreiben, und schrieb dann nie eine Zeile. Die Stadt lag mir nicht. Sie gab nichts her für mich. Sie provozierte mich nicht zum Schreiben. Sie war so intakt, so ungeheuer bürgerlich und normal, unzerstört in der Substanz, daß mir nichts einfiel hinterher. Ich ließ die Finger davon. Es ist nur ein freundliches Nicken, eine stumme, aber wohlwollende Zustimmung, interessierte Aufmunterung, die ich brauche, ganz allgemein: ja, schon; ja, gut; warum nicht? Machen Sie doch einmal diese Reise, wenn Sie Lust haben. Man wird dann sehen, hinterher. Sie melden sich, wenn Sie wieder zurück sind, ja?

Wieder ein Einzelteil, eine kleine Schraube aus dem großen Motor des Unterwegsseins. Ich lege sie säuberlich hier auf den Tisch. Es wäre unredlich, diesen Aspekt späterer Verwertungsmöglichkeiten eines Reisetextes gänzlich zu unterschlagen. Ich lebe wie alle von meiner Arbeit. Man braucht Geld zum Reisen, natürlich, aber das Wichtigste ist: Ich will es nicht vorher haben. Ich mag keine Vorschüsse. Es liegt also keine Verpflichtung vor: keine zum Reisen, keine zum Schreiben. Die Sache bleibt offen. Das Risiko trage ich. Insofern bleibt es ein Abenteuer.

Ich nehme mich hier auseinander, ich zerlege mich in lauter Einzelteile: Was nun? Wie geht das weiter? Das Abenteuer heißt Fremde, das Land Anderswo. Man springt hinein in den Strom. Wie ist das, wenn plötzlich Welt auf einen zuströmt, einen überfällt, überwältigt: das andere? Ich denke an Italien, damals. Es ist lange her. Im Hotelzimmer wacht man auf am ersten Morgen. Es ist kühl und dunkel im Zimmer, aber durch die Ritzen der schweren Holzläden dringt schon Neapels Licht und Lärm. Das erste Erwachen auf Reisen, wenn man plötzlich da ist, in Neapel zum Beispiel. Man hört fremde Laute, eine andere Sprache, sehr schön, sehr kraftvoll und musikalisch.

Mit einer anderen Sprache ist schon ein anderes Volk präsent. Eine Frau singt nebenan leise. Oder ist es nur das Radio? Ein Bursche ruft etwas im Flur. Das muß wohl der Zimmerkellner sein. Er ruft: Un latte freddo senza zucchero, prego! Ach, eine Opernsprache, eine Oper von Verdi oder Puccini ist ganz Italien. Man schleicht im Schlafanzug zum Fenster. Man spürt an den nackten Füßen die Kälte der Marmorfußböden. Hier ist nicht mehr Deutschland: Holzkultur. Hier ist es lateinisch, nur kalt, nur heiß. Man stößt noch etwas benommen die Läden auf: Weißes, grelles, hartes Licht fällt ein. Man schließt die Augen betroffen. Man hatte so viel Licht nicht erwartet. Man öffnet die Augen langsam wieder, blinzelnd. Da hast du das Land. Da stehen lauter Vespas, lauter Fiats, lauter Südfrüchte unten auf der Straße. Der Himmel ist tatsächlich blau. Salzgeschmack kommt vom Meer. Neapel — ja, es ist eine Kitschpostkarte und ist doch das, was man suchte: Welt, fremde Welt, das Land Anderswo. Anderswo ist es doch immer anders, also besser, nicht wahr?

Der erste Augenblick in der Fremde ist wichtig. Ich denke an Schweden, die Einfahrt in Stockholm, an den ersten Abend, wo man fremd und voller Neugier durch die Stadt irrte. Stockholm ist nichts als ein Wort, ein Punkt auf der Landkarte, ein leeres, ganz unbeschriebenes Blatt, das sich nur langsam mit Zeichen, mit Chiffren, mit ersten Erfahrungen zu füllen beginnt. Es sind Lernprozesse. Wie anders hier alles ist: wie wohlhabend, wie reich, hochentwickelt und doch merkwürdig freudlos, wenn ich mich nicht täusche. Ist das Schweden: reiche Lustlosigkeit? Du mußt es prüfen, wägen, kosten. Jetzt schmeckst du es noch, am Anfang. Einmaliger, unverlierbarer Augenblick, zum erstenmal in ein fremdes Zimmer zu treten: Wie ist das hier? Wie riecht es denn? Also Don Juans Stärke wieder: erobern, umarmen im ersten Augenblick. Nur im ersten Augenblick sind die Sinne so wach, so aufmerksam, so beinah krankhaft geschärft wie bei Tieren im nächtlichen Wald. Man wittert. Reiz der Veränderung, Reiz alles Neuen — jetzt oder nie nimmst du es wahr.

Es beginnt jene Phase kritischer Extraversionen, die bei mir eine merkwürdige, kaum zu klärende Mischung aus Plan und Planlosigkeit ist. Ich breche aus. Ich breche auf. Ich spalte mich gleichsam in zwei Personen: in einen Journalisten und in ein Kind. Ich gehe mit doppeltem Gesicht durch die Stadt, eine Art Falschspieler. Ich weiß es wohl. Ich bin jetzt der Beobachter, der Forscher, der

Stratege, der seine Landschaft einkreist, belagert, erobern will, einerseits. Ich arbeite jetzt wie ein Journalist. Ich muß recherchieren. Was ist denn nun wichtig hier am Ort und wer und wo? Man wird es erkunden müssen. Man wird einen Plan entwerfen, Namen notieren, Adressen sammeln, Telefonnummern aufschreiben. Sie dann wieder abhaken nach dem Gespräch. Ja, mach nur einen Plan, denke ich morgens beim Frühstück, Brecht memorierend.

Ich war einmal in Belgrad, um etwas über die besondere Struktur des jugoslawischen Sozialismus auszumachen. Ich tat das wie ein Fachmann, wie ein Journalist, ein Reporter von Profession. Ich lief von Büro zu Büro. Ich sprach mit den Männern der Arbeiterselbstverwaltung, der Stadtverwaltung, der Kultur. Ich interviewte einen Minister, einen Parteisekretär und einen Bürgermeister. Ich tue das alles sehr ernst und gründlich. Ich meine: Wenn das Schreiben über fremde Länder etwas mehr als Feuilleton ist und Impression sein soll, muß man über sehr handfeste Informationen und Quellen verfügen. Man darf nicht im Vagen und Ungefähren bleiben. Was man später schreiben wird, muß zunächst einmal stimmen. Es muß zuverlässig und belegbar sein. Es muß gründlich recherchiert werden. Es sind also durchaus Plan, Arbeit und Absicht am Werk. Ich liege um Mitternacht im Hotel, mache mir Notizen, aber nicht zuviel. Ich blättere wieder in meinen Büchern zur Landeskunde. Ich lese in einem Geschichtsbuch kurz vor dem Einschlafen. Wie hat denn das Ganze begonnen hier? Wie kam es eigentlich zu Titos Sozialismus? Nicht wahr, das muß man schon wissen, zuvor. Also Partisanengeschichten. Geschichte ist nigends vom Himmel gefallen. Man muß sie erlernen, erwerben. Also Lernprozesse.

Ja, einerseits ist das so ohne Zweifel. Andererseits wäre ich unehrlich, wenn ich nicht zugleich einschränkend hinzufügte, daß das alles im Zustand einer merkwürdigen Entrücktheit, einer leichten Unwirklichkeit geschieht. Extraversionen eines Introvertierten? Wieviel Traum und Euphorie ist da auch am Werk? Soll ich sagen: Rausch oder Trance? Was ist die Wirklichkeit? Ich erfülle die Geschäfte des Reporters, ich recherchiere und glaube doch selber nicht so recht daran, an meine Rolle, meine ich. Sie stimmt doch nicht ganz. Ich sitze beim Parteisekretär, beim Bürgermeister im Dienstzimmer und komme mir eigentlich etwas komisch vor in der Situation des Journalisten, der nun fachkundige und kluge Fragen stellen soll. Der Mächtige mir gegenüber hat jene ernste und sehr konzentrierte Miene angenommen, die wichtige Funktionäre immer aufsetzen, wenn ausländische Reporter im Zimmer sitzen. Er gibt jetzt ein Interview. Man sieht es ihm an. Er wundert sich etwas, daß ich kein Tonband mithabe, mir kaum Notizen mache. Er redet druckreif, ein Vertreter und Mundstück des öffentlichen Wohls. Er legt Drucksachen vor. Er zählt die Schulen, die Fabriken, die Schwimmbäder auf, die in den letzten drei Jahren erstellt wurden, und mich macht das merkwürdig müde. Ich grüble darüber nach, warum Bürgermeister auf der ganzen Welt sich so ähnlich sind. Ich denke, du hast das doch alles schon einmal wortwörtlich genau so gehört. Wo war das nur? War das nicht in Lappland, Kiruna?

Bin ich ein Hochstapler, ein Felix Krull? Ich sitze auf jeden Fall noch einmal neben mir und komme mir wie ein Darsteller, wie ein Schauspieler vor. Ich spiele die Rolle des Journalisten, der dieses wichtige Interview gleich heute abend noch seiner Redaktion durchtelefonieren wird. Ach Gott, welch ein Mißverständnis. So wollt ihr es doch. So wird es doch überall auf der Welt erwartet, mit den Fachmännern plaudernd, oder nicht? Ein Gefühl der Zwecklosigkeit, der Sinnlosigkeit überfällt mich. Vom offenen Fenster her hört man Verkehrslärm, Kindergeschrei, Vogelstimmen. Ich weiß, ich werde mich gleich erheben, ich werde mich artig bedanken und dann alles rasch vergessen. Ich will wie ein Kind durch die Straßen gehen, von nichts als Neugier getrieben. Ich werde mich treiben lassen, irgendwohin. Ich werde auf einer Bank im Stadtpark sitzen und den alten Männern zugucken, wie die hier sitzen, reden, in die Sonne blinzeln. Ich werde die Reisenden am Hauptbahnhof und die Liebespaare unten am Fluß betrachten. Ist das hier anders, anderswo? Lauter Bilder, lauter Zufälligkeiten, Gesichter der Stadt. Mach doch die Augen weit auf. Die Stadt ist ein Bilderbuch für sehr große Kinderaugen.

Also, diese kuriose Mischung aus Absicht und Zufall, Plan und Planlosigkeit ist es, die mich umtreibt. Ein unwägbarer Zustand aus Reife und Infantilismus wäre zu diagnostizieren, rein psychologisch. Er macht mich produktiv und gespannt. Ich bin jetzt wie eine Antenne, wie ein Radarschirm, ganz nach außen gespannt. Ich ziehe an, kreise ein, sammle Reize. Ein Lumpensammler der Fremde, könnte man sagen. Ich fahre durchs Land und sammle lauter Reste, was so herumsteht im Land, an Hotelrezeptionen, auf Straßen, auf Denkmalssockeln. Die Häuser, die Städte, die Menschen. Es ist alles wichtig hier draußen: die Gangart der Männer, die Kleidung der Frauen, die Haltung der Kellner und wie sie servieren. Es ist alles Zeichen, Chiffre für mich. Anderswo ist es eben immer anders, und ich sammle das.

Ich nehme mich hier auseinander. Ich zerlege mich in lauter Einzelteile. Jetzt kommt wieder ein wichtiges Bauelement des Ganzen: der Abschied, die Trennung, das Vergessen. Irgendwann muß man sich losreißen, sich wieder freimachen von so viel Verlockung und Angebot. Also Rückzug und Abschied nach drei, höchstens vier Wochen, wieder etwas donjuanesk: Ihr kriegt mich nicht. Ich halt mich da raus, ich fahr jetzt zurück. Ade. Ich habe einfach genug, der Sack ist voll, voller Bilder, die ich nun vergessen will.

Ich weiß nicht, wie es bei anderen Autoren ist, die über Reisen schreiben. Bei mir ist das Wichtigste dieser Akt des Vergessens. Ich will es nicht im Kopf behalten, was war, dieser endlose, bunte Reigen der Impressionen, Zahlen, Ziffern, Zeichen. Versuch erst gar nicht, sie oben zu halten. Stell dir keine Reise-Souvenirs auf zur Erinnerung. Nichts sofort fixieren. Es soll gar nichts direkt von der Erfahrung auf das Papier transferiert werden. Ich bin also doch kein Reporter, kein Reiseschriftsteller? Laß es versinken, im dunkeln verschwinden. Vergiß doch das Ganze. Schwamm drüber. Du kommst zurück. Du bist wieder zu Hause, und das Beste ist jetzt Ablenkung, Alltag, Wiedereinübung der alten Riten: Post aufmachen, Zeitungen lesen, Fernsehen, also Nachholversuche zu Hause. Man staunt immer bei solchen Anlässen, wie wenig man versäumt hat zu Hause. Es ging alles unverändert weiter. Man muß den Mut zum Loslassen haben. Es ist wie nach dem Zeugungsakt. Inkubationszeit. Vergiß es. Schwamm drüber. Man wird ja sehen.

Eine Provokation zum Schreiben — erst nach zwei oder drei Wochen meldet sie sich vorsichtig an. Die Provokation heißt Erinnerung. Sie drückt, sie drängt, sie kommt langsam hoch, in Bruchstücken. Nur was man vergessen hat, kann man erinnern. Wie war die Reise nun eigentlich? Man weiß es noch immer nicht ganz genau. Erst wenn man wieder ganz in seiner gewohnten Umgebung, zu Hause ist, bei den Büchern, der Schreibmaschine, dem weißen Papier, in der Stille eines Nachmittags, so etwa nach zwei oder drei Wochen — erst dann ist es soweit: Jetzt setz dich hin, denk einmal nach, laß jetzt die Erinnerungen kommen. Steig ein in diesen Schacht der Vergangenheit. Wie war das draußen? Introversionen eines Extravertierten: Erinnerung. Schreiben ist eine ganz eigene Art, der Wahrheit auf die Spur zu kommen. Schreiben heißt immer nur eins: sich erinnern. Es ist nicht wahr, daß wir etwas vergessen könnten, ganz. Es gibt das Gedächtnis, dieses Archiv der Vergangenheit, in dem unten alles getreulich gespeichert ist wie in einem Schallarchiv. Man kann es jetzt abrufen, hochkommen lassen, schreibend.

Es ist eine merkwürdige Erfahrung am Schreibtisch: Es kehrt alles wieder, kraft Erinnerung. Schreiben ist wie das Aufschließen von Fächern, ein Öffnen von Tresoren. Es geht nichts verloren. Es ist alles bewahrt. Die ganze Reise kehrt wieder. Jetzt — jetzt beginnt sie sich zu ordnen, zu gliedern; das Chaos beginnt Struktur anzunehmen, das Kaleidoskop unterwegs beginnt sich nun in stabile und verläßliche Bilder umzusetzen, die bleiben und nun für das Ganze stehen. Ich will diesem Prozeß des Erinnerns und Schreibens nicht zu weit nachforschen. Es gäbe auch da noch Einzelteile, die ich nicht auseinandernehme. Ich lasse sie bewußt beieinander. Ich will in diese unterste Mechanik des Produzierens nicht einblicken: Wie und warum wird das nun so und nicht anders erinnert? Die Fächer sind offen, die Tresore weit aufgetan. Der Sack ist ausgeschüttet wie vom Weihnachtsmann, eine schöne Bescherung. Nun sag mal: Warum nimmst du gerade diesen Erinnerungsrest auf unter so vielen? Warum sprichst du von den Geräuschen im Hotelzimmer, als du am ersten Morgen in Belgrad erwachtest, und nicht von den Perspektiven der Produktion, die dir der Arbeiterrat doch vermittelte? Warum erzählst du jetzt von der hastigen, introvertierten Art, wie die Leute in den Straßen Stockholms gehen, und nicht von der großartigen Administration des Friedens, die du im Haus des Stockholm International Peace Research Institute doch auch sahst? Hier sind letzte Regulationen am Werk, die ich nicht aufdecken will. Ich stelle nur fest: Ein Lumpensammler der Fremde geht durch die Vergangenheit und montiert sich daraus seine Bilder. Ja, sie sind subjektiv. Das ist wahr. Aber ich habe in der Montage all dieser Reste doch die Hoffnung, das Objekt, meine Sache, zu fassen. Täusche ich mich?

Es wäre noch ein Nachtrag zu liefern. Ich nannte es einleitend das Abenteuer des Sagens. Noch ein Einzelteil, ein wichtiges Bauelement, das wichtigste, literarisch gesehen. Erinnerung kommt zurück, aber sie muß nun in Sprache übersetzt werden, in dieses Medium der Kommunikation, das uns allen gehört und eben deshalb eigentlich untauglich ist für meine eigene Erfahrung. Sprache ist ja nur Rohstoff für einen Autor. Er muß sie sich formen zu seinen Zwecken. Man nennt das dann Stil. Man muß also Wörter suchen, Sätze bilden, Perioden aufbauen. Rhythmen einführen, Dynamik und Takt erzeugen, eine Art von Musikalität vielleicht. Man muß die Sprache zum Material des eigenen Ausdruckswillens umfunktionieren. Es hat durchaus etwas vom Stil des Bildhauers: Da hast du nun deine Erinnerungen, das war deine Reise, da hast du diesen Steinbruch der Vergangenheit und schließlich die deutsche Sprache. Nun mach das. Nun bilde, bitte, rede nicht. Das ist meist harte Arbeit, die anstrengt, die erschöpft, nicht anders als Körperarbeit. Wenn man am Tag drei oder vier Seiten schafft, ist das viel. Auch Geschriebenes fällt nicht vom Himmel. Es will mühsam erarbeitet sein.

Ist das also mein Job, mein Geschäft: die Fremde als Provokation zum Schreiben? Ich weiß es nicht. Vielleicht sind das alles nur Versuche, Ansätze, Fingerübungen, Fingerhakeln, also Kraftproben. Von Zeit zu Zeit jedenfalls überfällt mich diese Melancholie zu Hause, diese Lust auf Welt, ein Hunger der Fremde. Ich breche auf. Ich beiße zu. Ich reiße mir ein Stück heraus aus dem Fleisch der Welt. Ich kaue es durch, ich verdaue. Ich weiß: Irgendwann wird es dich provozieren — zum Schreiben.

(1972)

## Wetterfühlig

Das Wort, das wußte er, war blanker Hohn. Er hatte immer wieder nach Wörtern gesucht, wenn er in diesen Zustand geriet. Er probierte Vokabeln, die ungefähr, wenigstens annähernd, das ausdrückten, was er erlebte. Er sagte: Ich bin wetterkrank, ich bin klimaleidend — kann man das sagen? Versteht ihr mich bitte? Was mich plagt, ist Anfälligkeit für den Barometerstand. Andere mögen ihre Grippe, ihre Bronchitis haben, einmal im Jahr. Ich auch. Aber ich bin auch das ganze Jahr wetterkrank. Ich reagiere auf jeden Hauch. Ich leide am Hin und Her, am Auf und Ab dieses Klimas in Deutschland. Für mich fallen dreißig oder vierzig Tage im Jahr aus, die ich auf der Nase liege: mit Freuchtigkeit, Föhn, Depressionen beschäftigt. Ich habe Seismographen, Luftdruckmesser, ach, ganze meteorologische Stationen in mir, die dauernd arbeiten; schrecklich. Das kann man doch nicht »wetterfühlig« nennen, oder? Ich sterbe dabei. Wie heißt das richtige, das wahre Wort?

Das Wort gab es nicht. Wörter gibt es nur für Zustände, die alle Menschen haben. Das ist ja das Geheimnis, die Gemeinheit der Sprache. Er konnte also nur vorsichtig zu beschreiben versuchen, was vorging. Bestandsaufnahme war möglich. Es war möglich zu sagen: Die Nächte zum Beispiel sind wichtig. Da wird alles vorentschieden. Wetter, das wußte er, fängt nicht am Morgen an, sondern bald nach Mitternacht. Er schlief eigentlich gut, tief, ziemlich fest, aber dann kamen auch diese Nächte, wo er zwischen drei und vier morgens plötzlich aufwachte. Die Haut war merkwürdig warm, irgendwie kribblig, wie ein lästiger Schlafanzug, den man abstreifen möchte. Es juckte. Es war plötzlich nervös und fahrig geworden — in ihm, und er wußte: Jetzt schlägt das Wetter um, draußen. Du spürst es in dir. Er schlief wieder ein, aber der Schlaf war nun flacher, höher, manchmal von bösen Träumen durchflattert. Er wachte morgens um sieben auf: verkatert, mit Rückenschmerzen, so daß er aufstehen mußte. Wie konnte Schlaf nur so erschöpfend sein? Ein Hauch von Föhn lag in der Luft.

Er wußte: Das würde ein böser Tag werden, heute. Nein, er blieb an solchen Tagen nicht im Bett. Wer macht das? Vielleicht Frauen, Künstler, Kommune-Kinder, nicht er. Er stand auf, wusch sich, rasierte sich, tat eine Weile guter Dinge und spürte schon, wie es werden würde. Es würde heute wieder nicht gehen — das Leben. Das Barometer war tatsächlich um drei Striche gefallen, heute nacht. Der schwarze Zeiger lag schlapp und schwach links außen auf 74. Er lag wie ein toter Fisch. Es war eine weiche, verwaschene Luft draußen. Riesige

Wolkenballen hingen unförmig und grau am Himmel, der zerrissen, planlos, täuschend wirkte. Der Himmel täuschte eine Zusammenballung, eine Katastrophe vor, die dann nicht kam. Es kam eben nichts — das war die Lähmung. Sie legte sich über den Körper, machte ihn schwer und müde. Eigentlich hatte er keine Kopfschmerzen. Der Kopf war eher wie mit Watte verpackt. Er war abgedichtet, umwickelt, eingenebelt. Hatte er auch nicht zugenommen heute nacht?

Er wußte, es würde nicht gehen. Er würde alles tun wie immer, aber im Grunde war es zwecklos. Ein reines Als-ob. Es drang nichts ein in den dicken Kopf. Er würde sich die Zeitungen wie immer kaufen, die Augen würden wie immer von Zeile zu Zeile gleiten, aber es drang nichts durch vom Strom der Welt. Kein Krieg, keine Konferenz, keine Gewalttat brachen zu ihm durch. Die Welt blieb draußen. Er spürte Vergeblichkeit.

Wenn er an solchen Morgenden telefonierte, mußte er höllisch aufpassen, nicht allzu rabiat zu werden. Es reizten ihn die langen Wartezeiten beim Wecken des Telefons; die Stimme, die so unverschämt gleichgültig immer vom Tonband sagte: Bitte warten, bitte warten, trieb ihn allmählich in stille Wut, und wenn dann der Mensch, der den Hörer abnahm, nicht sofort begriff, worum es ihm ging, konnte er ausgesprochen arrogant und patzig werden. Kommen Sie mir doch nicht mit diesen Redensarten, Sie Lümmel!, hatte er einmal erbost einem sehr wichtigen Mann der Kultur zugerufen und dann den Hörer erregt aufgeworfen. Er war total aus der Rolle gefallen, das spürte er hinterher. Ach, es war eine

Rabiatheit aus Schwäche. Es reizte ihn alles an solchen Tagen. Es war, wie man sagt, zum Ausderhautfahren. Und er tat so, als würde er etwas schreiben, aber warf es dann wieder weg. Die grimmige Wut, mit der er das Papier zerriß, gab leichte Linderung. An Nachmittagen allerdings wurde es etwas besser. An Abenden konnte er manchmal beinah normal und menschenfreundlich sein. Ein gutes Telefongespräch am Abend, das war eine Leistung an solchen kritischen Tagen.

Natürlich war er kein Naturwissenschaftler. Er war kein Meteorologe, kein Arzt. Auch von Psychologie verstand er nicht mehr als jeder Neurotiker. Vom Wetter wußte er eigentlich nur, daß es immer anders war, kam und ging und wechselte. In diesem Wechsel lag die Erlösung. Es gab also auch die Gegenprobe: die Fühligkeit für das gute Wetter. Gott sei Dank erlebte er auch das. Es gab Morgende, wo er gegen acht erwachte: erholt, frisch, stark in den Gliedern — aktiv. Es war alles zusammen, wie man sagt, und er spürte in seinen ausgeruhten und wohligen Gliedern, daß heute nacht ein Hoch eingebrochen sein mußte. Es war tatsächlich wieder Frost. Etwas Schnee, etwas Rauhreif waren gefallen. Es war fünf Grad kalt, und ein sauberer, blanker Sonnenhimmel sagte: stramm und intakt. Es wird heute alles gut über die Bühne gehen, gut beisammen. Heute geht alles leicht, es geht eigentlich von selbst, es hüpft und springt. Man hat abgenommen an Gewicht. Man fühlt sich jünger, an kalten Hochtagen, durch die Straße gehend. Man ist auch freundlicher, aufgeschlossener zu den Menschen. Er hatte nichts gegen Kälte, auch nichts gegen Hitze im

Sommer. Das Schlimmste, sagte er immer, ist dieses verwaschene Dazwischen: sieben Grad plus, und doch feucht und drückend — einfach niederdrückend, unser Klima.

Das Schlimmste waren natürlich die großen Föhntage, ach. Er nannte es Hitchcockwetter. Es gibt Bilder, die man niemals vergißt. Er hatte in Hitchcocks Film *Die Vögel* den Augenblick vor der Katastrophe gesehen — für immer. Das Mädchen aus San Francisco fuhr mit einem kleinen Motorboot über die Bucht hinüber zum Haus des Mannes, und der Regisseur, dieser Meister der kleinen Andeutungen, der nebensächlichen Vorzeichen, die viel bedeuten, hatte in seinem Farbfilm dazu ein glasiges, überscharfes Licht gewählt. Der See und das jenseitige Ufer wirkten viel zu nahe, ganz herangerückt und zugleich unheimlich entfernt. Es war diese falsche, gefährliche Klarheit des Föhns, der spiegelblanke Schärfen gibt, die gleich wie Glas zerbrechen werden. Das Mädchen tuckert mit seinem Boot hinüber, und obwohl noch gar nichts geschieht, sie auch nichts weiß, sieht man die ersten Tauben, die ersten Krähen schon anders durch die glasige Luft gleiten: bösartiger, Unheil verkündend. Die Angst fliegt schon mit. Es ist letzte Stille, Erstarrung in falscher Klarheit. Föhnwetter hat etwas von der starren Schönheit der Toten in Amerika, die gleich verwesen werden. Das ist Hitchcockwetter.

Er sagte: Es ist wieder Hitchcockwetter heute. Siehst du denn nicht, wie die Berge hier viel zu nahe sind in einem bösen Blau? Man kann ja den Taunus, den Spessart, den Odenwald sehen, als seien das Stadtgebirge.

Frankfurt wirkt heute wie Innsbruck; die Stadt ist von hohen Bergen umlagert. Wo kommen sie her? Es wirkt eigentlich schöner, viel freundlicher als sonst, nur eben total verrutscht. Es ist ganz falsch in den Proportionen. Der Feldberg ist ja zum Greifen. Eine schöne, böse Lüge, die bald zerplatzen wird. In der Hölle, dachte er, muß immer Föhn sein — ein teuflisches Klima.

Und so war es denn auch in der folgenden Nacht. Es war schon die Hölle, entsetzlich. Das Schreckliche war wieder das Unbestimmte, das Hin und Her. Es kam keine Katastrophe, sondern es regnete nur eine Weile, dann hörte man fernen Donner, es wurde kein Gewitter daraus, sondern es riß auf. Eine Weile war es sternenklar. Es riß und zerrte nach allen Seiten und wußte nicht wohin. Warme Luft strömte ein, das spürte man wieder am Kribbeln der Haut. Er lag lange wach, warf sich hin und her, fand keinen Schlaf. Es ging ihm die ganze Welt durch den Kopf, der schmerzte. Er hatte wieder ein Gefühl von Watte und Nebel. Erst gegen Morgen fand er Schlaf. Es war eine Kapuze, die über ihn gezogen wurde. Es war eine Narkose, die über ihn herfiel. Er war weg und begann ein mörderisches Zeug zu träumen. Er träumte von Häusern, die lichterloh brannten, von Häschern, die ihn verfolgten, er sah Abgründe, in die man sich stürzen konnte. Er spürte, halb schlafend, halb wach, sich werfend, einen unbekannten Zerstörungsdrang in sich: alles zerstören, zerbrechen, kaputtmachen — zuletzt sich selbst.

Daß es so etwas gab im Menschen, so viel Vernichtungsdrang: Ist das der Anarchismus? Er wachte erst spät am Morgen auf, tatsächlich zerschlagen, kaputt, so gegen zehn Uhr. Er fühlte einen lähmenden Drang liegenzubleiben, nicht aufzustehen, sich nicht zu regen. Wie ein Embryo immer so hocken bleiben, in Watte, in Leinen, in Laken gewickelt. Immer nur liegenbleiben, gelähmt, eine Art Sterben. Gut. Es hat heute keinen Sinn, sagte er. Siehst du denn nicht draußen? Es ist immer noch Föhn: Hitchcockwetter.

Später, nach Tagen, las er in der Zeitung, daß sich in dieser Nacht in der Stadt acht Menschen getötet hatten, zusätzlich. Zusätzlich zu den ein oder zwei, die sich in jeder großen Stadt jede Nacht sowieso umbringen, hatten acht Menschen Hand an sich gelegt. Sie hatten sich zum Fenster hinausgeworfen, erschossen, vergiftet, auf die Eisenbahngleise gelegt. Mein Gott: der Mensch — die Psycholabilen jeder Gesellschaft, die waren jetzt dran. Und jeder meinte, aus eigenen Gründen, aus eigenen Motiven und ganz persönlichen Entschlüssen so handeln zu müssen. Man nennt das wohl Freiheit und einen moralischen Akt, nicht wahr? Es war aber nur das Wetter. Es war der Föhn, der in diesen Tagen wie ein irrer, warmer Wahn durch das Land raste und die Menschen ziemlich verrückt machte. Es war etwas wie Triumph in ihm, als er das las, hinterher. Siehst du, sagte er, es war doch der Föhn neulich, nachts. Deswegen konnte man nicht schlafen, deswegen war uns so hundeelend. Es lag nicht an uns. Es stand in der Zeitung. Stand da nicht: Hitchcockwetter?

Solche dramatischen Höhepunkte sind beinah Wohltaten für den Wetterkranken. Sie sind schrecklich und doch eine Entlastung. An solchen Föhntagen ist er sozialisiert, mit der Gesellschaft in Einklang. Es geht allen nicht sehr viel anders. Die Wetterkrankheit ist ein kollektiver Zustand. Das beruhigt, versöhnt, entlastet. Es ist, wie wenn sich ein Neurotiker eine massive Grippe zugelegt hat, statt einfach neurotisch zu sein. Damit kann man sich sehen lassen, das ist gut Ding. Eine Grippe ist sozial anerkannt und gar nicht schändlich. Jede Krankenkasse akzeptiert und honoriert sie. Föhntage sind Tage der Rehabilitierung für Wetterkranke. Man ist wie jeder andere: heimgesucht. Doch das falsche Licht des Föhns trügt — auch hier.

Es kommen wieder die normalen Zeiten. Die Leute gehen zufrieden und froh durch die Straßen. Sie haben es so eilig, sind so beschäftigt. Sie wissen genau, was sie wollen. Es ging drei Wochen gut, auch bei ihm. Er war wie die anderen, nicht ganz, aber doch ungefähr. Er bemühte sich immer um Normalität. Er hatte vom Wetter, also von sich selbst, eigentlich nichts gefühlt. Es ging alles glatt. Woran lag das? Welches Wetter muß sein, damit man es gar nicht merkt? Er wußte: Es hatte mit Sommer und Winter und mit Frühling und Herbst eigentlich nichts zu tun. Es konnte jeden Augenblick einbrechen, obwohl es gute Monate wie den September und schlechte wie den Februar gab. Zuverlässig war auch noch der Oktober, meistens.

Er spürte nur nach drei Wochen Ruhe, als er morgens erwachte, eines Tages: Es geht wieder los. Es fängt wieder an — in dir. Ein Hauch von Qual lag heute morgen in der Luft. Spürt ihr denn nichts? Habt ihr es nicht gemerkt? Das Wetter ist wieder umgeschlagen, heute nacht. Er sagte: Es geht wieder los, das Ganze. Merkt ihr denn wirklich nichts?

(1971)

## Kranke Tage

Rückblickend kam es ihm merkwürdig vor — im Zeiterlebnis. Er schlug den Kalender nach. Er legte all die Blätter um, die liegengeblieben waren: Tag für Tag, Zeit, die er nicht dagewesen war, die er verschlafen, verschwitzt, verdämmert hatte — es waren achtundzwanzig Tage. Es schien ihm, als sei er viel länger fort gewesen: Monate, Jahre, eine endlose, nicht nennbare Zeit — für immer. Er war plötzlich weggewischt worden. Er war heruntergefallen von diesem Tablett, das Gesellschaft heißt. Wir alle agieren auf einem Tablett, hatte er gedacht. Man merkt das erst, wenn man runter ist. Waren es wirklich nur vier Wochen gewesen? Krankheit hat immer auch etwas von Sterben, Sterben auf Zeit. Man liegt eben. Eines Tages stehen wir wieder aufrecht. Man geht wieder unter die anderen. Man sagt: Ja, ich bin krank gewesen, eine Weile. Und die anderen: Nein, wie traurig, wie schade. Wir wußten es gar nicht. Geht es Ihnen wieder besser. ja?

Seitdem es ihm wieder besser ging, kam ihm das Ganze wie eine Geschichte vor, die sich erzählen ließ. Eine Geschichte, die Anfang und Ende, Kommen und Gehen, also das Leben, alles in sich abspulte, nur verkehrtherum, wie ein Film, der andersherum eingelegt ist. Am Anfang stand das Ende, das Kaputtgehen, und zum Ende hin kam wieder Anfang. Das Leben ging weiter — wie sonderbar.

Bei ihm hatte es mit einem leichten Pieken und Stechen unter der Haut begonnen. Eines Morgens tat ihm der ganze Körper weh beim Aufstehen. Es war, wie wenn er auf lauter Brotkrumen oder Kieselsteinen gelegen hätte, letzte Nacht. Was war? Es stach überall mit kleinen Nadeln. Oder bildete er sich das nur ein? Es könnte seelisch sein, dachte er, nichts als neurotisch. Man muß sich zur Wehr setzen. Widerstehe den Anfängen, hatte er unter der Dusche gedacht und sich noch heißer als sonst gebraust. Hatte er übersehen, daß eine gewisse Lust dazusein, diese scharfe und freudige Reizbarkeit der Sinne, die alles aufnahmen und scharf reflektierten, schon vorher verschwunden waren? Rückblickend wußte er, daß das Glas Wein, das ihm seit Wochen nicht mehr so recht geschmeckt hatte — es schmeckte zu säuerlich, beinah wie Essig —, daß die Zigarre, die merkwürdig strohig und leer auf der Zunge blieb, untrügliche Vorzeichen gewesen waren, Boten, die ihm sagen wollten: Merkst du nichts? Es geht abwärts mit dir, mein Bester. Paß auf, komm mit!

Warum achten wir nicht auf solche Vorzeichen? Natürlich, man will nicht runter. Wir wollen alle immer oben bleiben auf dem Tablett. Warum retuschieren wir an solchen Signalen herum? Unpäßlich, hatte er etwas ironisch gesagt. Er hatte gesagt: Ich bin nicht ganz auf der Höhe, als Gäste bei ihm abends eine gewisse Abgeschlagenheit, eine ungewöhnliche Gleichgültigkeit und frühe Müdigkeit bemerkten. Er war entfernter als sonst. Er konnte noch eben sakastische Sprüche machen, Selbstverspottung: Sie wissen doch — November, Dezember, meine kritischen Tage, sozusagen meine Monatsblutungen. Ich bin eine Pflanze, schlimm. Etwas will mich runterholen. War das noch Abwehr, war das nicht schon Frevel gewesen?

Eine Woche später lag er da: heiß, naß, keuchend. Er lag schwitzend im Bett. Das Bett war wie eine Höhle, ein warmer Sumpf, eine feuchte Kissengruft, in der man tief versinken konnte. Er lag unruhig, warf sich manchmal, hustete, versank dann und kehrte mit tiefen Erinnerungen, vergangenen Geschichten zurück. Er war ein Kind. Er war wieder ein Schuljunge, der sich drücken durfte vor allem: Regression sagt man wohl. Jede Krankheit ist regressiv. Er dachte: Es sind mindestens sieben Jahre her, daß ich das letzte Mal richtig krank war, richtig vom Arzt anerkannt, oder?

Es ist schlimm, plötzlich krank zu sein. Es ist aber, merkwürdig, auch erholsam. Vieles fällt ab. Es tut weh, macht aber auch alles einfach und klar. Es gab keinen Zwiespalt mehr, diesen höheren Schmerz, den man Zweifel nennt. Ein Gefühl von Stimmigkeit, ja von Zustimmung war dabei: Nun also ganz nach unten, auch hier gibt es Identität. Eine heiße Stirn haben, eine kalte Kompresse darauf, das Fieberthermometer fest zwischen Arm und Brust geklemmt, den Mund aufmachen, aah sagen, einen Sirup bekommen, daran schlucken, ein Rest von Klebrigkeit, der dann lange zwischen den

Mundwinkeln bleibt — das alles waren Erlebnisse, die es einmal gegeben hatte, die lange verschüttet waren. Jetzt waren sie wieder da. Man konnte auf sie zurückgreifen. Das meint ja Regression, psychologisch.

Die Nächte jetzt, Fiebernächte, waren unruhig, aufgelöst, verwirrt. Es gab keine Erholung im Schlaf, es gab kein tiefes Versinken, höchstens des Morgens für ein paar Stunden. Es war ihm immer zu heiß, er wälzte sich. Dann versank er wieder in flachen Schlaf. Manchmal war er von mörderischen Träumen durchzogen. Es gab eine Schicht, eine schmale, scharf begrenzte Etage seiner Person, die eigentlich verboten war. In den Fieberträumen kam sie hoch. Sie hieß Auflösung, Nichtsein. Es soll nicht sein. Mehr noch: Das Nichts soll sein. Immer wenn er diese Zone erreichte, war er für eine Weile willens, sich zu ergeben, sich fallen zu lassen, ganz. Nur runter. Es soll ja nicht sein. Nichtsein ist gut. Personale Voreinstellung nennt man das heute. Die Medizin spricht von letzten Willensakten. Ganz in der Tiefe sollen wir wollen können: Leben oder Tod?

Heutzutage ist mit solchen Versuchen gottlob nicht großer Staat zu machen. Es kommt der Arzt. Er kommt erst nach vielen Anrufen, immerhin. Er sieht müde, überarbeitet, etwas gereizt aus. Er horcht herum, klopft etwas auf den Rücken, drückt auf ein paar Stellen. Er sagt: Sagen Sie doch einmal neuneunneunzig. Er sagt: Ja, jetzt noch einmal, aber jetzt bitte kräftig dabei durchatmen, tief atmen. Bitte sagen Sie immer neuneunneunzig! Er murmelt etwas von der Lunge, ob denn da nichts schmerze, und holt eine Spritze aus seiner Ledertasche.

Er zerbricht eine kleine Phiole. Man kann die Aufschrift »Unverkäufliche Warenprobe« lesen. Er mischt kleine Essenzen, schüttelt alles kräftig, und mit diesem Penicillin wird dann der wilde, angstvolle Zaubergarten der Kindheit sehr schnell und kräftig weggespritzt. Heutzutage geht das ganz schnell. Wie machen die das, und wo geht das hin, die Vergangenheit? Sie ist einfach weg. Schon nach vierundzwanzig Stunden ist dieses feuchte Chaos lahmgelegt. Kühle breitet sich aus. Man trocknet ab und liegt nur noch flach. Das aber sehr.

Es beginnt die Zeit flacher Bettlägerigkeit. Wozu und warum eigentlich noch? Er hatte Stunden, die er verdämmerte, verschlief, versackte. Danach kam er sich aber beinah gesund vor. Er war doch fieberfrei. Er hatte jetzt Nachmittage, die ihm merkwürdig kurz gerieten, verrutschten. Plötzlich war schon wieder Abend. Die Tage schrumpften jetzt, und die Nächte dehnten sich zu endlosen, schwarzen Räumen aus, in denen man wunderbar weit verlorengehen konnte. Wie weit, wie tief? Man nennt das wohl Regeneration, vegetative Erholung. Er schlief fester als in gesunden Tagen, auch länger natürlich. Er war viel weg, genesungshalber. Wenn er sich morgens im Bad gewaschen hatte, kroch er sofort zurück ins Bett. Eine Weile spürte er den Geschmack der Zahnpaste im Mund. Es war ein sauberer, frischer Geschmack, der zuversichtlich machte, aber das reichte nicht weit. Eine Weile spielte er mit dem Fieberthermometer, das nur noch erbärmlich niedrige Meßwerte zeigte. Auch damit war kein Staat mehr zu machen. Er hörte die Geräusche der Stadt, den Straßenverkehr zu sich dringen, zum erstenmal wieder: die Welt da draußen. Es gab sie. Er wußte, es hatte ein neuer Tag draußen begonnen, ohne ihn. Er würde nicht in die Schule gehen.

Wann haben wir solche dummen Phasen krankhafter Regression überwunden? Und wie kehrt die Welt zurück? Wie ist das? Es sind vielleicht frühe Nachmittage, die sich plötzlich auf eine unerträgliche Weise in die Länge ziehen, Stunden zwischen drei und fünf, in die ein Gefühl von Leere, von Langeweile, von so viel unverbrauchter Zeit hineingerät. Man kann doch nicht immer im Bett liegen, dachte er. Und: Es ist alles leer, so öd jetzt und außerdem noch vier Stunden bis zum Abend. Wie soll man überstehen? Er hatte den Fernseher eingestellt. Der Fernseher stand bei ihm immer im Schlafzimmer. In den Wohnzimmern verabscheute er dieses Monstrum. Es sieht so schamlos, schamlos neugierig aus, hatte er beim Einzug gesagt. Stell es in das Schlafzimmer. Er sah also das Licht, wie es auf der Scheibe erschien, etwas zuckte, verrutschte, dann aber fest wurde und zu strahlen begann. Er ließ das laufen, stundenlang. Heinzelmännchen, Puppenspiele, Tiere, Kinderstunden, Märchentanten: eine Welt, eine Programmsparte, die er noch nie gesehen hatte — jetzt interessierte sie ihn. Eine Weile fand er das schön und possierlich. Es lief alles so weg, flimmerte herunter, füllte die Zeit pausenlos. Ach, war das bequem. Für solche Konstellationen der Gesellschaft wird das Nachmittagsprogramm gemacht, dachte er, so leben also viele. In dieser Zeit fand er es segensreich: etwas für Kinder, für Kranke und Alte, die Daheimgebliebenen, die Randzonen der Gesellschaft. Man bringt ihnen auf einem weißen, elektrischen Tablett die Welt ans Bett. Da war es wieder: Wir wollen alle oben bleiben auf dem Tablett, so gut es geht.

Natürlich täuscht man sich in solchen Zeiten leicht über seine Möglichkeiten. Nach zehn Tagen war er aufgestanden, schlich in der Wohnung herum. Eigentlich fühlte er sich wohl. Es war tatsächlich noch alles da wie damals, sogar etwas schöner, frischer, aufgeräumter, schien ihm. Er begann die Post zu sortieren, die sich auf seinem Schreibtisch gesammelt hatte. Er las zunächst die Postkarten, bunte Ansichtskarten: Grüße aus St. Moritz und Tunesien. Wo die Leute sich überall herumtrieben. Warum war der Himmel hier nicht auch so blau wie dort? Er ritzte einige Briefe auf. Er merkte, wie seine Hand noch etwas unsicher und zittrig war, auch feucht. Ein Funkmensch mahnte einen Termin an, an dem er mitdiskutieren sollte. Er sah das Studio vor sich, das Mikrofon vor sich hängen. Er wußte, er würde kein Wort herausbekommen. Der Steuerberater bat um die Angaben der letzten Monate für die Umsatzsteuer-Voranmeldung. Das verstörte ihn. Ich habe doch gar nichts gearbeitet, also auch nichts verdient, jetzt. Er spürte Wut. Jemand fragte aus München an, ob er sich nicht an dieser Anthologie beteiligen wolle. Es würden zehn Seiten genügen zur Klärung der strittigen Frage. Er spürte, wie sein Oberkörper kalt wurde, und über diese Kälte breitete sich zugleich eine feine Schicht Feuchtigkeit aus. Er zitterte am ganzen Leibe, lächerlich. Es war alles so fern und wirr und zu schwierig für ihn, wie manchmal früher in der Schule. Er wußte nicht, ob er ja oder nein oder überhaupt etwas sagen sollte. Er ließ die Briefe sinken, schlich wieder ins Bett zurück, ließ sich fallen. Hier fühlte er sich wohl und geborgen.

In dieser Zeit war es, daß er plötzlich zu lesen begann. Es kam ganz absichtslos, zufällig, wie von selbst. Er begann einfach in dem zu blättern, was herumlag. Er begann zu gucken, herumzuschnuppern. Es überfiel ihn eine planlose und ungerichtete Lust auf Gedrucktes. Lust? Ach, eher Wut. Er lag jetzt im Bett und entdeckte mit einer wütenden Lust die Welt der Bücher. Seit Jahren benutzte er zum erstenmal wieder seine Bibliothek. Er las eine Woche lang alles kreuz und quer: Kriminalromane, Proust, die Memoiren des Nachrichtenchefs Gehlen, er las Pornographie, über den Fortschritt der DDR, dann wieder Proust. Wie oft war er in der Welt der Guermantes steckengeblieben. Er hatte Proust nie geschafft. Man kann ihn am besten im Bett schaffen, dachte er, liegend. Proust hatte alles im Bett geschrieben, liegend. Das merkt man noch heute. Man braucht mehr Zeit, als wir im Sitzen haben. Man benötigt eine vollkommene Abgeschiedenheit. Man muß wie der Dichter die Fenster verdunkeln. Man muß Korkwände ziehen, damit kein Lärm eindringt, und sich dann ins Bett legen; dann wird die verlorene Zeit zurückkommen. Plötzlich ist Albertine sehr wichtig.

Später dann, als er schon erste Spaziergänge und Streifzüge durch die Stadt machte, schien ihm dieser Fortschritt wie ein böser Rückfall. Er ging durch die Straßen. War es nicht eher ein Schleichen? Die Leute liefen so eilig. Der Verkehr schien ihm schneller geworden. Er roch die Ausdünstungen der Stadt auf eine qualvolle Weise deutlich: Benzingeruch, Auspuffgase. Er roch die Wurstbratereien, die Brauereien und all die Warenhäuser. Es war ihm alles zu stark, zu scharf, zu bitter. Umweltverschmutzung, jetzt riechst du sie. Er lief durch die Parks, er sah alte Frauen und Rentner mit Hunden auf Bänken sitzen und fühlte sich wie sie und setzte sich neben sie, blinzelte in die Sonne wie sie, sprach mit den Hunden, die ihn nicht wollten, und atmete schwer. Merkwürdig, früher hatte er die Alten hier nie bemerkt. Es war ihm, als hätte er eine Milchscheibe, ach, eine dicke Glaswand vor seinem Kopf. Trennwände, Panzerglas wie in Banken und Taxis, die lagen dazwischen. Er war wieder draußen. Er ging unter den Menschen. Die kalte Luft tat ihm gut, aber es waren Veränderungen eingetreten. Es fühlte sich fern und abgerückt von der Gesellschaft. Er spielte nicht mit. Er war höchstens ein müder Zuschauer. Er sagte sich: So müssen Geister, so müssen Tote des Nachts heimlich durch die Stadt schleichen, daseiend und nicht daseiend. Er war im Zwischenreich.

Wie kommt es dann, daß wir uns eines Tages doch entschließen, wieder gesund zu werden, also sozial? Welche Alchimie mischt da mit? Und wie ist das mit unserem Willen, personale Voreinstellung genannt? Wann dürfen wir wieder wollen können? Eines Morgens: Ist vielleicht das Wetter besonders günstig? Sind Hochdruck, frische Kälte, klarer, blauer Himmel eingetreten? Oder war es nur der tiefe, traumlose Schlaf? Wir sind

Naturwesen, irgendwo, obwohl man das heute nicht mehr sagen darf. Heute ist doch alles Gesellschaft. Also, eines Morgens erwachen wir und spüren in allen Gliedern, daß es nun wieder aufwärtsgeht. Heute nacht war ein Ruck. Was ist mit den Gliedern? Sie fühlen sich ausgeruht, kräftig, wohlig an. Es stimmt wieder im Körper. Wahrscheinlich ist man auch etwas gewachsen in dieser Zeit. Es geht wieder leichter. Noch nicht ganz gesund. Gesund heißt ja, daß man sich nicht fühlt, sich nicht spürt. Man ist einfach. Er spürte, daß dies wiederkommen könnte.

Zum erstenmal ging er sicherer, selbstverständlicher durch die Straßen. Das Panzerglas war weg. Er fühlte die alte Kraft, die versunkene Lust dazusein, langsam zurückkommen. Er interessierte sich wieder für Einzelheiten. Die Welt war wie ein Ball zum Auffangen, zum Spielen und Zurückwerfen. Er dachte: Wie oft bekommen wir eigentlich diesen Ball zurück? Noch ist es Zeit zum Spielen.

(1972)

## Weggehen

Doch, es ist schon merkwürdig, wenn es dann plötzlich soweit ist — nach fünfzehn Jahren. Es ist jetzt soweit. Man räumt noch seinen Schreibtisch auf, sortiert in Regalen, durchstöbert Büroschränke. Was da alles hochkommt — nach fünfzehn Jahren. Man sagt auf Wiedersehen, aber meint es nicht so. So nicht. Ein paar Koffer und Taschen, Bücher, nie gelesen, vergilbt an den Rändern, eine Teekanne, die gesprungen ist. Das Auto läuft schon. Händeschütteln: Aber sicher, bestimmt, macht's gut, und, wie gesagt, auf Wiedersehen — bald. Aber so meint man es nicht, nicht ganz. Man sitzt schon im Auto, man fährt durch die Stadt zum letztenmal, sieht tatsächlich alles noch einmal im Rückspiegel schon etwas zerkleinert, zerhackt entfliehen. Das war es also? Das im Rückspiegel? Ich weiß, zum Schluß wird alles kleiner, handlicher, freundlicher. Es rundet sich. Zum Schluß bleibt meistens das Gute; das Schlechte fällt durch. Man übersieht nun das Ganze im späten Licht der Erinnerung, wird etwas still, wird etwas andächtig und sollte wohl sagen: Es sei, wie es wolle, du Türmer, es war doch so schön!

Wenn ich nun meinen Fall bedenke: Was war? Natürlich hat es sich nicht gelohnt, aber das weiß man eben immer erst hinterher. Hinterher ist man ja immer klüger. Man könnte natürlich sagen: morgens das Aufstehen, der Blick durchs Fenster, die Sonne, der Regen, der Schnee, das Frühstück im Stehen, dann das Auto aus der Garage fahren — fünfzehn Jahre lang: Das war schon ziemlich viel Aufstehen, ziemlich viel Frühstück und eine ganze Menge Autofahren dazwischen. So sortiert, war es schon eine ganze Menge Leben, das man wegschaffte. Man bedenke nur all die Minuten im Badezimmer, diese prüfenden Blicke in den Spiegel, der letzte Blick auf die Garderobe, das Zuwerfen der Wohnungstür, dann das Treppenhaus: Fünfzehn Jahre lang bin ich vier Stockwerke hinunter- und heraufgegangen.

Und dann all die Post, die man in dieser Zeit las und schrieb und erledigte. Das war schon etwas: ziemlich viel.

Ich fuhr immer kurz nach neun ins Amt, ins Amt für Kultur auf dem Berg. Es war ein guter, durchschnittlicher, nicht ungeachteter Job, der mir gefiel, eine Weile lang. Ich verwaltete Kunst. Ich saß angestrengt über das Schöne gebeugt, ich las, sortierte, urteilte, wählte aus, redigierte, strich ein und ergänzte: ein kritisches Geschäft. Das hielt mich. Ich diktierte Briefe, empfing Besuche, ging manchmal auf Dienstreisen, sah mich in fremden Städten um und kehrte bereichert zurück. Mit einem Wort: Ich war ein Mensch, der förderte. Ich förderte das Gute, dämpfte das Mittelmäßige und setzte mich mit Entschiedenheit gegen das Schlechte ein. Es oblag mir, der Kunst zu mehr Öffentlichkeit zu verhelfen. Ein notwendiges und wichtiges Geschäft, das Umsicht, Takt, kritischen Spürsinn und eine pflegerische Hand erfordert. Ich war ein Kulturpfleger. Mir schien das wichtig — damals.

Mittags um eins ging ich immer ins Kasino — fünfzehn Jahre lang. Ich saß auf einem dünnen Holzstühlchen unter lauter anderen Kulturpflegern, die sich jetzt etwas erholen und stärken wollten und doch etwas aufgeregt wirkten. Es klapperte und schepperte immer so laut im Kasino. Bin ich deswegen weggegangen? Man kennt das: Geschirr, das auf Glas, auf Resopal, auf diese unglaublich harten Kunststoffe gestellt wird und dann immer etwas wegrutscht, weil alles so glatt und so lieblos ist. Wir klagten meistens über das schlechte Essen, aber dann schmeckte es doch, leidlich. Es gab Essenbons. Hinterher den Pudding oder den Obstsalat mußte man selber bezahlen. Manchmal fuhr ich auch nach Hause, machte rasch ein paar Büchsen auf, lag eine halbe Stunde auf dem Balkon in der Sonne, verbrachte wieder etwas Zeit im Bad und kehrte dann kurz vor drei ins Amt zurück, etwas erfrischt. Ich unterschrieb jetzt die Briefe vom Vormittag, diktierte neue, sah manchmal ratlos zum Fenster hinaus. Merkwürdigerweise wurde vor meinem Fenster so oft Gras gemäht. Ein junger Bursche hockte fröhlich auf so einem grünen Maschinchen und fuhr mit einem frechen Summen wie eine Hummel kreuz und quer über den Rasen, den sonst niemand betreten durfte.

Und fünf Uhr war immer Konferenz. Manchmal im kleinen, manchmal im großen Sitzungssaal. Ich kann nicht sagen, daß mich die Konferenzen gelangweilt hätten. Trotzdem fiel mich oft eine gewisse Schläfrigkeit an. Eigentlich ging es immer glatt. Ich bin nie angeeckt, nie gerügt oder vermahnt worden, sondern kam immer so durch in der guten, gehobenen Mittellage. Sie ist, im ganzen gesehen, so unvorteilhaft nicht. Einige Male hatte ich auch deutliche Höhepunkte: mein Referat vor dem Aufsichtsrat über die Lage der Kultur heute und die Verantwortung unseres Amtes in bezug auf diese. Das wurde später gedruckt. Einmal wurde ich auch in die Landeshauptstadt geladen, um über die Möglichkeiten des Geistes heute zu sprechen. Ich sah die Möglichkeiten begrenzt. Das gefiel, es leuchtete ein, obwohl es auch Widerspruch gab, bei der anschließenden Aussprache. Auch dieses Referat wurde später gedruckt. Im Amt hieß es, man werde darüber noch diskutieren müssen, das Thema sei noch nicht ausdiskutiert. Aber dann kam man nicht mehr dazu. Das Leben rollt eben immer weiter.

Natürlich war das nicht alles in fünfzehn Jahren. Das war sozusagen nur meine Wirkung im großen. Dazwischen gab es eine ganze Menge Privates. Man sagt: Das Kleine, aber ist es das? Ich bin jeden Freitag auf die Bank gegangen, um Geld abzuheben. Es entging mir nicht, wie der Kassierer im Laufe der Jahre immer älter wurde. Sein Gesicht, das zu Anfang noch einen Rest jungenhafter Frische zeigte, wurde fahler, scharfzügiger, faltiger. Auch beim Vorsteher der Filiale, der etwas abgetrennt hinter einer Glasscheibe saß, fiel mir das Älterwerden auf. Zeit hat ja so etwas Wegwischendes. Im Laufe der Jahre wurde so viel weggewischt aus seinem Gesicht. Jetzt ist es fast leer. Das war immer am Freitag. Am Montag, nachmittags meistens, so gegen drei, bin ich immer mit dem Wagen zu unserer Fahrbereitschaft gefahren, um Benzin zu tanken. Man bekommt es hier drei Pfennig billiger. Das summiert sich auch in fünfzehn Jahren. Einige Male, als ich so in der Autoreihe vor dem Zapfhahn stand, überfielen mich Fluchtphantasien, Ausbruchsideen. Benzin hat ja diesen eigentümlichen Geruch der Freiheit, aber dann blieb doch alles beim alten. Ich fuhr wieder hinauf auf den Berg. In einem Sommer — wann war das? — habe ich mir einmal ein Fahrrad gekauft, um zusätzlich Bewegung zu haben. Das Fahrrad war federleicht, elegant, hellgrün und erfreute mich einige Zeit. Ich plante sogar eine Radtour nach Italien, aber daraus wurde nichts. Ich ließ es bald stehen. Im nächsten Frühjahr habe ich es dann verkauft — mit Verlust. Einmal — das muß im folgenden Winter gewesen sein — fing ich auch mit Skilaufen an. Auch wegen der Gesundheit. Die Skier waren auch federleicht, modern und hellblau, aber das Wetter war dann doch nicht so, oder lag es an den Bindungen? Daran erinnere ich mich nicht mehr genau. Ich weiß nur, daß ich die Skier später auch verkauft habe, auch mit Verlust.

Man könnte natürlich auch alle Abende zusammenzählen. Ich sortiere, ich stelle zusammen, addiere. Es müssen etwa fünftausendfünfhundert Abende gewesen sein: eine erdrückende Zahl, die schon beim Anhören müde und schläfrig macht. Es liegt da so vieles aufeinander, abends. Man sollte also nur etwas herausgreifen, Winterabende zum Beispiel. Die kalte Wohnung, der Ärger mit dem Ölofen, der entweder nur schwachbläulich glomm oder sofort wie wütend hochflackerte. Es muß wohl am Wetter liegen. Es war jedesmal wie ein Lotteriespiel. Einmal hätte ich beinah die Feuerwehr holen müssen, so rasend zog das Öl an. Heizöl hat ja, einmal erhitzt und kräftig entflammt, eine höllische Kraft. Der Ofenzylinder glühte plötzlich in einem bösartigen Hellrosa. Er summte, fing laut an zu singen wie Hochöfen, ich riß den Teppich weg, stellte den Fernseher ab; die Tapete hinter dem Ofenrohr verfärbte sich gelblich, blätterte auf, wurde bräunlich und fing dann an zu kohlen. Es roch schon nach Brand, aber dann schaffte ich es doch, diesen wütenden Brand zu besänftigen. Ich habe es eigentlich immer geschafft. Plötzlich knackte es im Zylinder, seine Färbung ging von Hellrosa auf Orangerot zurück, fiel dann in einem faden Dunkelrot kraftlos zusammen. Es knackte immer mehr, zum Schluß stand das Eisen in seinem alten, aschgrauen Ton wieder da. Man sah eigentlich nichts mehr. Man spürte nur die Erschöpfung nach solcher Glut. Ich war damals sehr glücklich und stellte dann auch den Fernseher wieder an. Es ging um unsere Wiederbewaffnung — damals. Daran erinnere ich mich noch. Adenauer sprach. Das muß sehr lange her sein.

Natürlich wäre es töricht zu sagen, das sei nun schon alles gewesen. Ich habe gegessen und getrunken, bin ins Kino gegangen, habe viel Zeitung gelesen, habe Besuche empfangen, manchmal blieben sie ein oder zwei Wochen. Über Besuche würde ich gern noch etwas sagen. Es waren schöne und abwechslungsreiche Tage: manchmal, wie gesagt, eine ganze Weile lang. Was ist der Sinn aller Besuche? Daß man sich näherkommt — natürlich. Und wo kommt man sich näher als im Bett? Also: auf Körpern liegen, unter Körpern liegen, neben Körpern liegen, das ist nur natürlich, sagt man, natürlich. Das kommt auch so zusammen in fünfzehn Jahren. Das Beste ist vielleicht hinterher: die Zeit des langsamen Zurückfindens, der Griff nach dem Handtuch, der Zug an der ersten Zigarette danach, auch der Gang ins Bad, etwas zuversichtlicher als sonst. Man erkennt sich im Spiegel nur schwer wieder.

Mein Gott, wenn ich es rückblickend bedenke, so gab

es Ernsteres, Bedeutsameres in dieser Zeit. Ich stand dreimal vor Gräbern von Freunden, die sich das Leben genommen hatten — hier am Ort. Das scheint bedrükkend, man spricht gern von Tragik, aber wenn man sie auf fünfzehn Jahre umlegt, ist es auch wieder nicht zuviel Tragik gewesen. Es war in fünf Jahren immer nur eine. Das hält sich in Grenzen. Einmal wurde ich selber krank an der Lunge, oder waren es nur die Bronchien? Das wurde nie ganz geklärt. Ich lag zwei Monate im Sanatorium. Es besuchten mich Freunde, Kollegen, es kamen einige Blumen und Bücher, und später, als ich das Bett verlassen durfte und unten im großen Speisesaal mit den anderen Patienten die Mahlzeiten einnahm, geschah mir das, was seitdem geblieben ist und weshalb ich die ganze Geschichte erzähle: Ich wurde mit dem Phänomen unserer Sterblichkeit konfrontiert. Sagen wir es schlichter: Ich sah mein Ende.

Es saßen so viele, uralte Damen im Speisesaal. Sie röchelten, sie ächzten, sie rangen nach Luft — qualvoll. Sie kamen gebrechlich, sie gingen gebrechlich, sie schleppten sich unendlich mühsam durch den Saal, auf Tische, auf Stühle, auf Servietten gestützt. Es waren zu viele Spiegel im Saal. Man sah überall immer alles. Manche kamen an Stöcken, einige an Krücken, andere wurden in blinkenden Krankenstühlen hereingefahren. Sie blinkten fast wie mein Fahrrad. Und gleich nach dem Abendessen wurden sie von der Bedienung direkt vor den Fernseher geschoben. Es war eine siebenundachtzigjährige Greisin aus Essen, wie ich später erfuhr, die mir diesen Schock beibrachte. Es knackte bei ihr und bei mir. Sie wurde in ihrem blinkenden Krankenstuhl, wenn man so sagen darf, direkt unter den Fernseher geschoben. Sie war noch nicht blind, aber beinah. Sie griff manchmal bei der Tagesschau oder beim Fernsehspiel, wenn es besonders dramatisch wurde, mit ihrem mageren, perlengeschmückten Arm etwas zittrig von unten direkt in den Bildschirm hinein, tastete mit ihren langen Fingern über das Glas, um zu prüfen, ob sie auch recht im Bilde sei. Damals gab ich den ständigen Besuchen des Allianz-Vertreters nach. Ich versicherte mich gegen den Tod. Ich sagte mir: Das also ist unser Ende? Mir war das neu.

Ja, und das war es dann auch — rückblickend gesehen. Man sortiert und sortiert, und zum Schluß kommt eben das Ende heraus. Das Leben wird plötzlich so wichtig: der Rest. Man möchte ihn nützen, den Rest. Man möchte noch etwas. Es wäre natürlich ganz gut so weitergegangen mit Briefeschreiben und Kunstfördern, mit enttäuschenden Mittagessen, mit Dienstreisen und gelegentlichen Besuchen, die etwas erfrischen. Der junge Mann auf seinem Maschinchen würde weiter Rasen mähen. Der Kassierer auf der Bank noch älter werden. Der Ölofen würde vielleicht durch Zentralheizung ersetzt, der Fernseher könnte bunt werden. Ich möchte solche farbigen Aufhellungen unseres Lebens nicht unterschätzen. Ich sehe den Wert: Sie bringen schon etwas Freude in unser Dasein hinein.

Nach fünfzehn Jahren bin ich also gegangen, weil ich mir sagte: Das war es dann also? Also das — das Leben?

(1967)

## Älter werden

Eigentlich begann alles auf einer Party. Sie war gelungen, wie Partys der feineren Kreise bei uns immer gelingen: kühl und glatt, streng und alles sehr fein. Ein Hauch von Snobismus vermischte sich mit dem Gin, in dem eine Olive bitter kullerte. Die Gastgeberin hatte ihre Wohnung gerade auf den neuesten Stand gebracht: den ganzen Teakholzramsch raus, statt dessen nur ganz weniges, ganz in Weiß und Glas und viel Draht dazwischen. »Askese im technischen Zeitalter«, sagte sie bescheiden lächelnd. Alles war auf letzten Knollstil und Braunton hochgestimmt: Man saß sozusagen vollgeometrisch, hörte vollstereofonisch auf beiden Seiten, trank Gin dazu, und auch die Gäste bewegten ihre Arme, wenn überhaupt, nur ganz funktional — wie Ulmer Muster. Auch die Gespräche bewegten sich auf dem letzten Stand: Pop-Kultur und die manieristischen Kniffe der Beatles: ohne Hocke und die Spätphasen von Byzanz doch nicht zu verstehen, nicht wahr? Eine Dame wollte immer über Andersch sprechen, das vergrämte die Runde. Es wurde dann später ausführlich vom internationalen Comic-Kongreß in Paris berichtet. Mir war das neu.

Ja, danach begann es. Ich saß etwas erschöpft in meinem Auto, rutschte so richtig bequem und ganz unfunktional in den Sessel, fuhr etwas wehmütig heim und dachte: Reizend, diese Partys in unserem Land, wirklich nett, nur — warum langweilen sie dich so zunehmend? Was ist denn los? Du bist vor der Zeit gegangen, und bei der Verabschiedung — »Meine Liebe, wir müssen das bald wiederholen!« — wußte ich: nie wieder, danke, nie mehr! Das ist ja entsetzlich, dieses Getue. Was geht es dich an? Und während ich so langsam in die Garage reinrollte, es war längst nach Mitternacht, durchfuhr mich in dieser Dunkelheit zum erstenmal der Gedanke: dein Alter, mein Lieber, du bist einfach zu alt. Zum erstenmal in meinem Leben kam mir diese Erkenntnis: Das ist eine andere Generation, eine junge und neue: Die ist nun mal so. Es war, wie wenn du bei deinen hochindustrialisierten Kindern zu Besuch gewesen wärest. Ein gelungener Abend, wie man so sagt. Nur, was geht's dich an? Ihre Probleme sind nicht die deinen. Du bist nicht mehr zwanzig, mein Lieber, du könntest ihr Vater sein, natürlich. Jede Generation hängt so an ihrem eigenen Galgen. Du bist nun schon Ende Vierzig und damit einfach zu alt für die. Dieser Gedanke machte mich merkwürdig froh.

Seitdem meditiere ich öfters darüber, was das eigentlich ist: älter werden. Es ist ein angenehmer Zustand, ein so lobenswerter Vorgang; man sollte ihn nicht verschweigen. Ich beobachte mich, sehe mir sozusagen selber über die Schulter, sage mir: So bist du nun? So schlecht ist das nicht. Was ist los mit dir? Was hat sich verändert, was ist denn geschehen? Ich denke an die Zeit, als ich zwanzig war: War das wirklich schön? Man sagt es, aber stimmt es wirklich? Mit zwanzig turnt man ganz ohne Netz, jeder Schritt auf schwankendem Seil ist bodenlos neu. Die Welt ein unheimlicher Dschungel von Möglichkeiten. Man irrt da herum, probiert dieses und jenes, ist begeistert, läßt's wieder fallen, sucht weiter. Man möchte heute ein berühmter Dirigent und morgen ein Weinbauer in der Provence sein, und meistens wird dann nur ein Studienrat in Stuttgart-Böblingen daraus — ist es das vielleicht?

Älter werden, glaube ich, heißt einfach: seinen Ort finden, seine Sache, seinen Weltausschnitt. Es ist Begrenzung und Intensivierung zugleich. Das macht diesen Zustand so angenehm und lebbar; man hat seinen Punkt, um den sich alles dreht. Man hat wie das Kind nun endlich seinen Ball, wie der Hund seinen Knochen gefunden und knabbert nun eben daran —: Das nennt man leben. Man weiß endlich, was man will. Wußte man das je mit Zwanzig? Man weiß, wer man ist, und auch, wer man nicht ist — wußte man das je zuvor? Man weiß, was man will; das gibt eine neue Standfestigkeit. Man läuft den Reizen und Angeboten von draußen nicht mehr so sehnsüchtig nach. Man wählt aus, sagt danke und nein, selektiert. Die Sache ist jetzt zentriert und begrenzt: Bis hierher darfst du gehen, nicht weiter. Das ist dein Stück Welt, nicht mehr. Zugegeben, das ist nicht viel, nicht soviel, wie du früher vielleicht träumtest. Es ist sehr begrenzt. Aber was du in diesen Grenzen hast, ist wirklich deine Sache. Sie mußt du betreiben. Nichts sonst.

Andere Wandlungen sind wichtiger. Ich beobachte sie nicht ohne Verwundern. Das Zeiterlebnis zum Beispiel, wer hätte das je gedacht? Wenn man jung ist, hat man so schrecklich viel Zeit, haufenweise. Es gibt eigentlich nur Gegenwart, leben ist pure Präsenz, eine immerwährende

Party, ein ewiges Heute — und so wird es immer weitergehen. Wird man älter, so zerfällt diese infantile Zeitachse. Drei Dimensionen werden sichtbar. Man weiß plötzlich, daß das Leben sehr kunstvoll aus Vergangenheit, aus Gegenwart und Zukunft gebaut ist. Die Sache hatte irgendwo ihren Anfang und wird irgendwann ihr Ende haben, tatsächlich. Die Zeit ist limitiert, das Leben begrenzt. Das gibt ihm eine ganz neue Intensität und Unwiederholbarkeit. Deshalb bin ich so früh von der Party gegangen. Ich hatte eigentlich keine Zeit mehr. Ich besaß nun nicht mehr das Zeitmaß der Jugend, dieses Gummiband, das Ewigkeit heißt. Ich dachte: Es verrinnen hier deine Stunden, du kannst sie so sinnlos nicht mehr verrinnen lassen. Für dich ist die Zeit wichtig geworden. Die Jungen hier wissen doch nichts von der wirklichen Zeit. Sie leben noch zeitlos wie die Wilden.

Es ist eine neue Stufe, die Zeit in ihrer realen Struktur zu begreifen. Dir ist die Zeit nicht ewig gegeben, sondern zugeteilt: deine Zeit, bemessene, gestundete Zeit, Sanduhr und Sonnenrad, jetzt oder nie. Sie fließt nicht ewig so weiter. Vielleicht zwanzig oder dreißig Jahre noch, dann ist es aus — auf ewig. Weißt du, was das heißt: auf ewig? Kaum, das Erlebnis der Grenze ist wieder da. Deine Zeit ist begrenzt. Durch das Wissen um diese Grenze bekommt die Gegenwart eine neue Leuchtkraft und Leidenschaft. Sie ist kostbar geworden. Man geizt mit der Zeit. Man geht öfters weg, sagt wieder danke und nein und ist glücklich, gehen zu dürfen. Man ist jetzt auch öfters gern allein.

Dann die Sache mit der Wahrheit. Mein Gott, was hat

sich da alles geändert! Mit Zwanzig war ich ein Fanatiker der Wahrheit und wußte wirklich alles viel besser als die Studenten. Ich meine, ich hatte unheimlich viel Wahrheiten zur Hand, mit denen ich blitzschnell alles erklären, deuten, einordnen konnte. Mein Kopf war gespeichert mit ganzen Systemen, Theorien und Formeln. Für jedes Problem hatte ich eine blanke Antwort bereit: Das ist doch ganz klar, das ist so oder so. Man nennt das wohl Besserwissen, und natürlich gehört so etwas unsterblich zur Jugend. Das läßt sich alles nach Plato, nach Hegel, nach Marx, nach Freud so erklären. Immer springt eine Weltformel heraus, und als ich da neulich im Kreis dieser netten Adorno-Schüler, die auch so herrlich jung sind, über Polanskis Filme diskutierte und einen Augenblick nicht mehr weiter wußte, sagte doch so ein blanker Soziologie-Jüngling in das Schweigen hinein: »Der Kapitalismus ist doch seinem System nach eine soziale Erkrankung. An dieser Krankheit leiden Polanskis Helden.« Natürlich mußte ich schallend lachen: Ich erkannte mich darin so präzis wieder. Haargenau so hätte ich auch mit Zwanzig argumentieren können. Das sind so die abstrakten Richtigkeiten der Jugend mit Zwanzig. Sie sind nur vollkommen leer.

Wird man älter, so vergeht einem der Mut zu so handlichen Lösungen. Man erlebt Einbrüche von Welt, das Konkrete verfärbt das Abstrakte, das System, das man sich aufgebaut hat, läuft voll mit Wirklichkeit, füllt sich an mit Realität und zerplatzt so langsam. Das Gerüst fällt zusammen; es ist einfach zu dürr, um die Wirklichkeit fassen zu können. Man wird also immer vorsichtiger, immer kritischer und skeptischer im Urteil über eine Sache. Man kennt ihre Haken und geheimen Fallgruben. Das ist so, aber es ist auch wieder anders. Man wiegt den Kopf, wägt ab, vorsichtig abschätzend. Man muß eine Sache drehen und wenden und von vielen Seiten besehen. Sie hat immer mehrere Aspekte, und es wird immer schwerer, ein einhelliges Urteil zu fällen. Das ist nicht Relativismus und Resignation. Es ist Einsicht in die Komplexität von Zusammenhängen.

Und daraus folgen wieder: Skepsis und Toleranz. Wenn ich zurückdenke: Was war ich mit Zwanzig doch intolerant. Von welcher abscheulichen kantischen Moralität und Heftigkeit des Verurteilens, wie Schiller. Gut und böse, wahr und falsch, schwarz und weiß, alles war klar geschieden, und natürlich durfte man nur gut und wahr und weiß sein; alles andere war streng zu verwerfen. Solche Savonarola-Gebärden verlieren sich Ende Vierzig. Sie wirken komisch Ende Vierzig — wie Abiturientenanzüge. Man lernt vielfache Mischungen kennen, Halbheiten hinnehmen, Brüche akzeptieren, mit Fehlern zu leben und anderen nachzusehen, und dies alles nicht aus Schwäche oder Müdigkeit, sondern aus ziemlich präziser Erfahrung der Wirklichkeit. Man kennt nun das Ganze, hat es erfahren, gesehen, wiederholt erfahren, kann vergleichen und weiß: So ist das, nicht schwarz und nicht weiß, sondern etwas dazwischen. Kein Platz für Fanatiker und Idealisten. Ironie wird wach. Mit Ironie läßt's sich leben.

Verwandlung der Welt, Metamorphosen der Seele, Phasen der Reifung, abscheulich. Ich bin auf dem besten

Weg, philiströs zu werden, Schulweisheiten auszuteilen, Sprüche zu klopfen — ist das ein Zeichen von Alter? Man kennt das, man kann das alles bei Goethe ja nachlesen. Aber nein, darunter liegt etwas anderes, etwas Lebendiges, Unruhiges, was das Älterwerden erst richtig zum Abenteuer macht. Es ist ein seltsamer, neuer und uralter Hunger nach Welt, der nun wieder aufbricht. Ich habe Hunger nach Welt — anders und neu. Es kommen bunte und lustige Postkarten von Freunden aus aller Welt. Sie liegen auf meinem Tisch und locken, und ich entziffere: Acapulco, Mexiko. Ich entziffere: Baalbeck, Libanon. Ich entziffere: Kalkutta, und einer schrieb mir sogar einmal aus Peking. Mein Gott, das alles ist da, das alles ist wirklich vorhanden, und du kennst es nicht. Dein Fehler, dein Versäumnis, deine weißen Flecken. Du müßtest das alles kennen. Du kennst viel zuwenig. Was weiß man schon von der Welt, wenn man in seinem Lande aufwuchs, mit den üblichen Reisen gen Süden und ein paar Metropolen dazu — ist das nicht Provinz? Man sollte nicht sterben, ohne das Land der Konquistadoren, die Osterinseln, die Reste der Pharaonen gesehen zu haben. War man sonst wirklich da? Kann man abtreten, sagend: Ich hab's gesehen? Es ist das uralte, neue Gefühl eines ungeheuren Ungenügens, einer wachsenden Unfertigkeit jetzt Ende Vierzig. Du müßtest noch Calderon und Leibniz und Philo lesen, Portugiesisch lernen, und natürlich müßte man auf den Spuren Alexanders wandern, um etwas vom Imperialismus erkennen zu können. Nicht einmal deinen Fontane hast du ganz zu Ende gelesen, sei ehrlich. Die Zeit wird so knapp.

Also auch das gehört zum Abenteuer des Älterwerdens: dieser ein wenig verrückte und juvenile Hunger nach Welt, dieser neue Einbruch der Weite, Lockung der Ferne, Ruf des Ganzen, das Wissen, daß die Welt wie ein Meer ist, das du austrinken mußt. Du wirst es nicht schaffen. Du müßtest lesen, reisen, arbeiten, schaffen, erfassen, verstehen, immer tiefer eindringen, immer vollkommener dich vermählen mit diesem Stoff der Welt, der die Schöpfung ist. Das ist es wohl: Leben heißt Welt aufnehmen, gelebt haben, in ihr ertrunken sein. Heißt dann vielleicht tot sein: wieder vollkommen Welt geworden sein?

(1965)

## Späte Bosheit

Mythen, Märchen und fromme Geschichten am Anfang — werden sie uns in der Kindheit erzählt, um uns mit dem Trauma des Geborenwerdens zu versöhnen? Es soll eine tiefe Erschütterung sein, so ungefragt in die Welt gestoßen zu werden, sagen die Psychoanalytiker. Am Anfang brauchen wir wirklich Zuspruch und Lebenshilfe. Je älter man wird, um so mehr kann man auf Tröstung verzichten. Man wird stabiler und widerstandsfähiger. Man kommt den Dingen näher. Verweinte Augen sehen ja nichts. Man muß mit so vielen Sprüchen aufräumen, wenn man duchkommen will im Leben. Immer weg, immer weg damit; leg es zu dem Übrigen. Die Wahrheit ist ziemlich bitter, wie Pflaumenkerne innen.

Völlig erwachsen, bekommt einem sogar ihr Gift. Es macht mündig und frei. Man kann dann die Märchenbücher zuklappen und sich interessiert mit Einzelheiten befassen. Fakten faszinieren. Das Ganze war doch immer ein Traum.

Ich möchte wieder eine Legende zerstören, die meine Jugend lange umstellte. Sie war so tröstlich und ist es noch immer in unserem Lande, bergauf, bergab. Das ist die Legende vom Alter, das schließlich weise wird. Man kennt diese Geschichten? Ein übles Thema in Deutschland. Greisentum und Güte sollen schließlich zusammenfließen. Das wird uns in vielen Schullesebüchern versichert. Der große Alte — nun seht ihn euch an: wie steht er schließlich wissend und groß über den Dingen, väterlich lächelnd; er weiß so viel. Ein Abglanz von Liebe, licht und verklärend, soll über dem Abend des Lebens liegen. Eine ehrwürdige und fromme Geschichte. Man kennt sie von Goethe bis Spranger. War auch das Leben wirr und wild wie bei Faust — am Ende sind Einsicht und Weitsicht und mildes Verzeihen herangereift.

Man kennt diese gräßlichen Albert-Schweitzer-Schlußlichter: Gott ist die Liebe, und alles ist gut, schließlich und endlich. Ein Orgelklang über Lambarene und schlohweißes Haar, das endlich alles mit allem verknüpft. Ein schlimmer Zopf wird das. Eine abscheuliche Ideologie für Hausfrauen, die abends Konzerte mit geschlossenen Augen hören. Tod und Verklärung: ein sehr deutsches Wort, das mich immer husten macht. Ich muß da protestieren.

Ich frage mich, ob man nicht umgekehrt weiterkommt? Ich behaupte es nicht; ich versuche nur. Ich überlege mir seit Jahren, ob nicht die einzige anständige und ehrliche Tugend fürs Alter — die Bosheit wäre. Ich stelle das einmal hart in den Raum, wie man in evangelischen Akademien sagt — wer stößt sich daran? Ich verknüpfe versuchsweise andersherum: eine ungewöhnliche und scheinbar frivole Mischung, eine freche Legierung. Wer weiß, was dabei herauskommt? Gottfried Benn hat den Altersmythos des Bürgertums schon ziemlich abgebaut, aber zum Schluß berief er sich doch auf die Kirchenväter: Non confundar in aeternum — auch ich werde nicht in Ewigkeit verworfen werden! Das war ein später Kniefall des bösen, alten Mannes. Seine vorletzte Rede in Stuttgart, voller guter Chirurgenschnitte und melancholischer Ernüchterungen. Der letzte Satz nahm alles wieder zurück. Warum? Warum, frage ich, wollte er nicht verworfen werden? Was ging's ihn an? Wo hing er noch tief im Ganzen, das er so sehr verwarf?

Mein Versuch setzt allerdings voraus, daß man die Bosheit nicht blind verketzere, sondern als eine sublime Verhaltensform intelligenter Naturen zu schätzen weiß. Was ist Bosheit? Die Gegenaufklärung hat viel ins Metaphysische hinunterverdunkelt: das Böse an sich, ein Prinzip des Teufels, der irgendwo in der Hölle sitzen soll. Vielleicht. Der Teufel soll ein Diabolos sein, ein Durcheinanderwerfer. Wäre dies eigentlich so schlimm? Durcheinanderwerfen ist gut und bekommt den Rang einer Tugend in einer Welt, die immer mehr von Funktionären und Programmierern beherrscht und plattgewalzt wird. Ordnung in unserem Lande zu unterhöhlen ist ein Akt purer Humanität. Das Establishment durch gezielte Schüsse aus dem Hintergrund in Frage zu stellen ist ein schöpferischer Impuls in einer Gesellschaft, die heute immer massiver zu der weltweiten Konformität glatter Jasager-Bataillone zusammenwächst. Die Alten sollen das auch noch gutheißen und segnen am Ende? Nicht doch — so alt sind sie nicht.

Geht man davon aus, daß Altern im Grunde heißt, dauernd soziale Bindungen zu verlieren, dann versteht man die belebende und schöpferische Funktion der Bosheit fürs Alter. Alte Männer werden einsam, ja. Die Liebschaften und Freundschaften, der Kreis der Arbeitskollegen im Betrieb, der ganze vielfältige Prozeß sozialer Verzahnungen wird locker und schwindet dahin. Rentner stehen immer draußen, sitzen im Grünen auf Bänken, sehen zu. Die Gesellschaft hat sie an die Wand gedrückt, und da sitzen und stehen sie nun untätig und allein — sollen sie nun mit Weisheit oder mit Bosheit verschwinden? Verschwinden müssen sie doch. das ist sicher. Jedermann weiß, daß Weisheit uns nur auf die Nerven geht. Wer will diese letzten Sinnsprüche hören, die doch nichts taugen, solange man im konkreten Gewirr der Gesellschaft lebt? Gute Ratschläge sind immer billig. Sie kommen von oben, aber wir fangen ganz unten an, immer wieder.

Es gibt nur eine Tugend fürs Alter, die standesgemäß ist und wieder zurückführt in die Gesellschaft, die sich nun entfernen will. Man muß ihr mit intelligenter und präziser Giftigkeit kommen. Man muß seine bösartigen

Pfeile genau und heimtückisch aus dem Hinterhalt anlegen und im richtigen Augenblick abschnellen lassen. Jeder Treffer muß gut in der Sache verletzen. Bosheit ist die Kunst, dem anderen eine Falle zu stellen, in die er dann selber hineintappt.

Böse sein ist dasselbe wie angeln gehen. Da wirft man einen Köder aus, und wenn der andere dann anbeißt, reißt er sich daran das Fleisch auf — ein bißchen. Bosheit arbeitet mit den fatalen Widerhaken der Wahrheit. Sie ist ein Muster später und souveräner Sozietät. Mit Güte verschwimmt doch alles. Liebe, die nicht mehr geteilt werden kann, macht einsam, ja, was schlimmer ist, lächerlich. Es ist einfach unschicklich, mit Achtzig noch um Liebe zu werben. Mit Achtzig muß man die Welt durch böse Fragen zur Sache in Furcht und Schrecken halten. Nur so hebt sich ein Ich noch einmal kräftig heraus und zeigt seine späte Autonomie. Man weiß doch nun etwas, hat manches hinter sich und kann das gelegentlich mit einem Räuspern, einer Frage, einer hinterhältigen Zustimmung, die mißtrauisch macht, zur Geltung bringen.

Ich sehe mir die wenigen alten Männer an, die ich akzeptiere: Was verbindet sie? Ihre infame und bravouröse Art, ihre Erben in Schrecken zu versetzen. Nur keine Synthesen, keine Rezepte, keine Sinnsprüche, über das Bett zu hängen, sondern detaillierte Wahrheiten von unten. Fakten verletzen. Was redet der Alte da wieder? Adenauer etwa, in seinem höchsten Alter, schon ausgebootet, konnte so von Cadenabbia aus die jungen Leute erzittern machen. Nach siebzehn Jahren Politik gegen

»den Osten« die Sowjetunion vor der versammelten CDU-Mannschaft für eine Friedensmacht erklären, daß Rainer Barzel blaß wird im Saal — das machte mir den Alten beinah sympathisch. Das zeigte seine feinere Art, mit Stil alt zu werden. Wer kann das in Deutschland?

Über das bösartige Schweigen des uralten Churchill hat noch niemand einen Essay geschrieben, obwohl es beredt genug war: Ein ganzes Weltreich ging darin zu Ende, zog sich schmerzhaft und spöttisch in sich selber zurück. Da verkriecht sich etwas, schluckt sich herunter, und wieviel Welt wehrte die Zigarre ab, die er, greisenhaft-infantil, stets im Mund behielt? Schließlich ein Franzose, ein Mann der Sprache: Paul Léautaud. Siebzigjährig schrieb er über den gefeierten Romain Rolland und seine *Reise nach Innen*: »Ich habe schon immer gefunden, daß aus seinen Büchern die Seele einer Modistin spricht.« Und über den berühmten Gide und dessen Bekenntniswut: »Würde man ihn fragen: Zur Errettung der Welt brauchen wir einen neuen Christus. Wollen Sie es sein? Er würde sofort die Arme ausstrecken: Auf der Stelle. Nehmen Sie mich.« Solche Sätze, abgemagert und gallig, sitzen. Sie stellen ganze Literaturgeschichten, die nur drumrum reden, ernsthaft in Frage. Von solchen Sätzen wird man noch lange reden müssen.

Es gibt von dem späten Einstein ein Foto, das sehr deutlich zeigt, was ich meine. Da hat der alte Mann von Princeton, der schließlich einiges bewegt hat in unserem Jahrhundert, seine Lippen zu einem frechen Oval zusammengezogen, um angriffsfreudig der Welt die Zunge herausstrecken zu können. Ein infantiler Reflex, wird man sagen, so rundet sich das Alter wieder zu den Gebärden der Kindheit. Nicht doch, das eben wäre das billige Mißverständnis der Psychologen. Seht doch nur etwas genauer hin. Bringt doch nur einen Augenblick den Mut auf, der Wahrheit seines Alters gerecht zu werden. Dieses von Erfahrungen verwitterte Gesicht mit der leisen Clownsgebärde des Künstlers, diese wütenden, weißen Haare, die in melancholischem Protest das Einverständnis der Welt anklagen. Kaiser-Wilhelm-Institut in Berlin, Hitler, Relativitätstheorie, die niemand versteht, der Nobelpreis, schließlich die Atombombe unter Roosevelt, und zum Schluß dann mit letzter Vitalität die Zunge der Welt so weit wie möglich herausgestreckt — das nenne ich eine kräftige und männliche Abschiedsszene, die nachdenklich macht. Das ist eine »Botschaft«, die nicht tröstet, aber klar und verläßlich ist. Brecht wußte schon in jüngeren Jahren darum: »In mir habt ihr einen, auf den könnt ihr nicht bauen.«

So also sollte man ehrlich alt werden. So stelle ich mir aufgeklärte und würdige Sterbeszenen heute vor. Nichts da von Trauer und Tränen, die alles verwischen. Verweinte Augen sehen ja nichts. Klarheit soll sein, mehr: Widerspruch. Da erhebt sich einer noch einmal. Sein Wort ist Protest. Es sagt nein zu dem rührenden Einverständnis seiner schwitzenden Erben. Ein rätselhaftes, bösartiges Wort zum Schluß. Nichts, was verklebt und weitergibt. Sicherheiten sind nicht zu vererben: nein, nein, nein. Das Jasagen lernen wir doch schon in der Schule. Um wirklich nein zu sagen, muß man sehr alt geworden sein. (1966)

# Kurzgefaßter Lebenslauf

Sehr lange wird das nun nicht mehr gehen. Wenn einer wie ich es so weit geschafft hat, schafft er auch noch den Rest. Das ist sehr wahrscheinlich. Alle Erfahrungen sprechen dafür. Ich bin also aus dem Gröbsten heraus, ich bin über den Berg, wie man so sagt. Es geht eigentlich schon wieder bergab. Bergab geht alles leichter, freier, fast freudig erregt. Nach unten ist immer ein Weg auszumachen. Ein Ende des Ganzen ist abzusehen. Gott sei Dank, ein richtiges Ende kommt langsam in Sicht. Man hat plötzlich ein Ziel — fürs Leben.

Eines Tages sieht man es einfach. Man sieht sich morgens beim Rasieren im Spiegel und weiß plötzlich, indem man den Schaum etwas bedächtiger, etwas aufmerksamer nach unten zieht: Das bist du also; sieh dir das an. Das bist du geworden, bitte: dein Gesicht, dein Werk, dein Bild. Es ist fertig, und so wirst du nun bleiben bis zum Ende. Nur immer etwas älter und überflüssiger. Du bist richtig fertig wie alle anderen — beinah. Und wie alle anderen wirst du eines Tages ganz ordentlich sterben: an einem Krebs, einer Lungenentzündung oder einfach nur so. Die alten Leute sterben heutzutage ja an den nebensächlichsten Sachen. Ich werde es auch. Ein spätes Gefühl. Ich hatte damit nicht gerechnet.

Früher war alles viel unsicherer. Ich täuschte mich immer, wie man das in der Jugend tut. Ich glitschte auf der Straße, fiel hin, ich rutschte über irgend etwas Weiches, eine Obstschale vielleicht, schlug auf den Hinterkopf, und in diesem dumpfen Aufschlag war noch so etwas wie eine verborgene Zustimmung: na gut, nur so liegenbleiben. Absätze trappelten an mir vorbei: hohe und spitze von Damen, breite, schmutzige von Männern. Eine neue und ungewöhnliche Perspektive, so auf der Straße zu liegen, zu spüren, daß es nun aus ist. Einmal muß es ja sein, warum nicht jetzt? Damals war ich knapp dreißig, und es muß wohl in Freiburg im Breisgau gewesen sein. Damals hatte ich immer die Hoffnung, die Sache irgendwie abbiegen, abbrechen, rückgängig machen zu können. Eine kindliche Hoffnung, das Ganze nicht durchstehen zu müssen. Das hofft man nur, wenn man sehr jung ist: auf einen Krieg, eine Feuersbrunst, eine Obstschale, die glitscht, oder sonst auf ein Wunder.

Einmal schossen sie mir auch in den Bauch. Ich muß damals sechsundzwanzig gewesen sein, und es war tatsächlich Krieg. Meine Hoffnung war eingetroffen; ich hatte sie mutig ergriffen. Es muß in Monte Cassino gewesen sein, und als der dumpfe Schlag mich traf und es mir so warm um den Bauch wurde, weil Blut immer warm ist, solange wir leben, hatte ich wieder das merkwürdige Gefühl: Gut, jetzt ist eigentlich alles in Ordnung. Du mußt jetzt nur noch umkippen, mußt etwas stöhnen und schreien wie alle Verwundeten — das macht man doch so? Dann wirst du hier ein recht ordentliches Ende finden. Es ist ja nicht ungewöhnlich, als Soldat an einem Bauchschuß im Felde zu sterben. Es ist auch nicht unehrenhaft: ein deutsches Ende. Man kennt das. Du bist also untergebracht in der Welt. Der Krieg hat dich hier wie eine große Mutter zugedeckt. Aber sie kam nicht, die große Mutter. Ich starb einfach nicht mit den Kugeln im Bauch. Man weiß ja: Im Kriege trifft es immer die Falschen, die, die eigentlich leben wollen.

Wenn ich es heute bedenke: Schon mit vierzehn begannen diese Täuschungen. Ich hatte damals eine besondere Vorliebe für Äther. Und als mich die Ärzte wegen einer Blinddarmsache einmal betäuben mußten, war natürlich meine Stunde gekommen. So dumm sind Kinder ja nicht, sie haben ihre eigene Art von Verschlagenheit. Ich atmete den Äther ein, aber nicht mehr aus. Wie das geht? Es ist ganz einfach; man muß es nur wollen, dann geht alles. Es ist ein wunderbares Erlebnis, mit Äther narkotisiert zu werden; heute kann man es auch mit Evipan haben. Man beginnt zu schweben, es riecht stark nach Arzt. Plötzlich wird alles leicht, weit, wolkig. Man zählt und zählt und zählt immer weiter und schwebt mit lauter Zahlen im Kopf so langsam hinüber. Die große Befreiung, sagt Buddha — wer gibt das schon her? Das will man behalten. Ich atmete das Zeug also nicht mehr aus, ich behielt es drei Tage im Leib und wäre beinah hinübergekommen. Es ist ja nicht ungewöhnlich, mit Vierzehn an einer verwickelten Blinddarmsache zu sterben, nur traurig, natürlich. Aber es gelang ihnen damals, mir einen freundlichen, älteren Herrn ans Bett zu setzen, der mir die Hand auflegte und mich überredete zurückzukommen. Es war fast wie in der Bibel. Als ich das befolgt hatte, mußte ich später katholisch werden, sicherheitshalber, und bekam, wenn sie mich wieder einmal operieren mußten, sicherheitshalber nur noch Lachgas in den Leib. Das behielt ich nicht. Mit Glauben und Lachgas wuchs ich heran.

Ich wiederhole: Aus solchen Illusionen bin ich heute heraus. Das ist ja das Gute am Älterwerden: Man wird immer reifer, klarer und angepaßter. Man kommt den Dingen mehr auf den Grund. Man ist auch einfach zu weit vorgeschritten, um sich jetzt noch umzudrehen. Warum denn? Es wäre töricht und unrentabel in jeder Hinsicht. Ich sage mir: Der kürzere Weg liegt jetzt vor dir. Es ist auch bequemer. Über schwierige Rückzüge brauchst du dir jetzt nicht mehr heimlich den Kopf zu zerbrechen. Du bist wie ein Läufer im Wettkampf kurz vor dem Zielband. Du mußt nur noch ein bißchen geradeaus laufen und dann um die Ecke — dann bist du da. Das eben ist der Vorteil des Alters: Man sieht alles so nahe.

Was sind denn schon diese zehn oder zwanzig Jahre, die man vielleicht noch hat, angesichts der langen Zeit, die man dann tot sein wird, nicht wahr? Wenn man es nüchtern sieht: eine Vorzimmerfrist, Sitzen in Wartezimmern; so etwas geht bald vorüber. So eine Handvoll Zeit sollte man nicht leichtfertig wegwerfen. Man sollte sie ernst nehmen, aufmerksam befühlen und abtasten, angesichts all der Ewigkeit, die dann auf einen wartet. Vielleicht bekommt man dabei was heraus? Vielleicht fällt einem etwas auf in Hinblick auf Zeit und Ewigkeit? Es könnte ja sein.

Leute, die sich in diesem Alter umbringen, verstehe ich nicht. Sie handeln in jeder Hinsicht unklug und gegen die Gesetze der Zeit. Wenn man bedenkt, wie kurz der Mensch lebt und wie lange er danach tot sein wird, so besteht doch kein Anlaß, sich um diese Ewigkeit auch noch zu reißen. Die kommt ohnehin, die wurde doch noch niemandem geschenkt — oder? Es handelt sich immer um Fälle von Voreiligkeit, also wieder um Fälle von Jugend. Das ist ja die Reifung: Schon mit Fünfzig weiß man, da kommt jeder dran. Zu dieser Kasse braucht sich doch niemand zu drängen.

Diese lange Zeit, die der Mensch dann tot sein wird; der Gedanke beunruhigt mich manchmal — an Sonntagen. Es sterben überall Menschen: in der U-Bahn, auf der Autobahn, in Altersheimen und Krankenhäusern, vor allem an Sonntagnachmittagen. Und dann all die Kriege, die halbe Völker verschlucken. Natürlich werden auch Menschen geboren, aber wenn man bedenkt, daß sie nur geboren werden, um wieder zu sterben, so vermehrt sich die Zahl der Toten mit jedem Geborenen unerbittlich. Wenn man weiter bedenkt, daß nun schon seit vielen hunderttausend Jahren mit großer Zuverlässigkeit überall gestorben wird, dann ist die Erde eigentlich ein einziger runder Friedhof, auf dem dauernd verscharrt, umgegraben und neu eingepflanzt wird, und der Mensch ihr Dünger: auch eine Alterseinsicht, barock. Man kennt das aus alten Kirchenliedern: Wir sind wie Gras, und alle Herrlichkeit des Menschen geht dahin. Früher sang man das noch stehend, mit andächtigen und starren Augen. Ich heute würde sagen: Die Toten haben eine Art, sich zu vermehren, wie Kaninchen — rasend. Für den, der alle bedenkt, sind es einfach zu viele. Sie lasten auf einem. Das ist ein beunruhigender Gedanke.

Es beunruhigt mich weiter der Gedanke, daß alles für

nichts war. Irgendwo möchte man das nicht. Es ist etwas in uns, das das nicht wahrhaben will. Natürlich war alles für nichts, schließlich und endlich. Bei einigen bleibt noch eine Weile ein Stück von Erinnern, ein Echo auf Zeit. Die Leute halten das für Unsterblichkeit, aber was soll dieses Getuschel hinter Kirchensäulen? All diese Marmorbüsten auf Rathaustreppen? Wer kennt diese steifen und langweiligen Gesichter der Marmorbüsten? Schon nach fünfzig Jahren wirken sie nur noch komisch; man ermüdet beim Hinblicken. All diese abscheulichen, verwitterten Siegesdenkmale auf Kleinstadtplätzen, an deren gußeisernen Sockeln Kinder spielen oder Katzen sich balgen. Zu etwas anderem taugen sie nicht mehr. Sie sind wie Verkehrsstörungen im Prozeß des Sterbens. Was erinnert werden soll, ist rasch vergessen. Das verläuft und verliert sich und taucht unter: gut. Im Grunde wird alles vergessen. Was war, sinkt dahin. Da ist dann kein Unterschied mehr zwischen einem Matrosen aus Karthago und einer Frau Emma Schuricke aus Berlin-Moabit, die 1904 verstarb. Schließlich ruhen alle in Frieden, und einmal wird alles vergessen werden. Gott sei Dank!

Zum Beispiel Mama. Ich greife sie heraus aus diesen unzähligen Toten, weil ich sie natürlich etwas besser kenne als all die Großen. Ich kann es bezeugen: Es war alles für nichts. Ich habe ihr Grab jetzt im November wiedergesehen. Seit ich älter geworden bin, mehren sich bei mir auch diese Züge familiärer Ordentlichkeit. Ich werde immer vernünftiger und realistischer in meinem Alter und fahre also, wie es sich gehört, zum Totensonntag manchmal nach Berlin und stehe dann wie alle anderen Leute eine Weile sinnend und stumm vor diesem Erdhaufen, den ich immer neu aufschütten, bepflanzen und im Winter mit Tannengrün belegen lasse, wozu eigentlich? Pietät? Zu meiner Beruhigung?

Ich wiederhole: Es war alles umsonst bei ihr. Drei Kinder geboren, zwei Weltkriege überstanden, zwei Häuser gebaut und wieder eingebrochen und all die Aufregung, wenn im Frieden einmal die Milch überkochte in unserer Küche — und nun? Von diesem ganzen Geschlingere eines mühseligen Frauenlebens mit all seinem Unterleibskram: Es ist nur dieser Erdhaufen am Wannsee geblieben. Ein brauner, verwitterter Stein, der auf eine hilflose Weise noch eine kleine Weile davon Kunde gibt, daß es einmal diese Bürgersfrau gab: geboren, gestorben, gut. Die Zahlen sind schon verwischt und schwer zu lesen. Wen interessiert das auch? Es ist in zwanzig Jahren hier kaum jemand hergekommen. Ein solcher Stein ist nicht ganz ohne traurige Lächerlichkeit. Na und? müßte man eigentlich heimlich des Nachts darauf schreiben. Es hat diese Fälle doch öfters gegeben. Na und und was soll's und wer will das eigentlich wissen — heute?

Es herrscht schon ziemliche Ruhe. Es ist Frieden — beinah. Es ist alles schon unter der Erde, bis auf mich. Ich bin der Letzte, der Rest, der noch blieb. Das missing link unter Tage, das noch fehlt. Nur ich fehle noch. Ich bin der letzte Mund, der noch reden könnte, obwohl niemand mehr zuhören will: natürlich, eine alte Geschichte. Ach, diese vollkommen flache Landschaft am

Ende: Mama und Papa, die kleine Ruth und die Ursula — alles liegt längst wieder flach. Alle Häuser sind wieder eingestürzt, alle Gärten verwildert, alles Geschirr aus der Küche zerbrochen, alle Scherben längst eingeebnet im Trümmerberg Teufelssee: Monte Scherbellino, sagt man. So ist das Leben. Alles Blut ist versickert — horizontal. Diese endlosen, weiten Ebenen zum Schluß, wie die Steppen in Rußland: nur Horizont, es ist weit zu sehen.

Ich bin der Letzte in dieser ganzen Geschichte, die einmal aufrecht stand und herumging und Familie hieß und sich manchmal aufbäumte in Haß. Man nennt das Familie. Mit mir wird das alles zur Ruhe kommen. Es wird aus sein mit mir. Aus, aus, aus. Es soll aus sein — zum Schluß. Jedes Stück hat einmal sein Ende. Jede Oper ihr großes Finale. Dann kann man gehen, nicht wahr? Man hat seine Karte abgesessen, das Stück ist aus, die Leichen liegen wild herum im vierten Akt, wie das so sein muß. Dann kann man doch gehen, nicht wahr? Es muß ja nicht immer neu gezeugt und neu umarmt werden. Wieder eine neue Generation, um die man die Arme schlingen soll: Das muß doch nicht sein? Einer muß doch auch einmal die Arme ins Leere halten, muß das Ganze überschauen, muß sagen: Gar nichts, das liebe ich. Zum Schluß kommt doch immer nichts. Noch zehn oder zwanzig Jahre, sage ich mir, dann ist es soweit. Dann werde ich sein wie Mama am Wannsee — nichts.

Einstweilen habe ich gute Zeit zu erinnern. Das bleibt mir noch. Es bleiben diese Weite und Fläche und Fernsicht und dieser Sack voll Erinnerungen in mir. Das bin ich: ein Sack voll Erinnerungen, der jetzt lockerer und oben zugänglicher wird, manchmal des Abends vorm Schlafengehen. Vieles fällt mir dann ein. Zeit kommt zurück. Vielleicht sollte man den Sack öffnen, reinfassen, fühlen, gucken, prüfen, durchmustern — alles herausnehmen? Es liegt manches darin, das aufhebenswert wäre eine Weile. Und natürlich wird alles leichter, wenn man Stück für Stück herausholt und alles vor sich ausbreitet: wie zu Weihnachten. Welch eine Bescherung! Es ist eine Art später Verdauung, ein Fest des Verstehens. Man geht dann leichter. Ich meine, von der Welt.

Nein, es wird keine düstere Geschichte werden. Ich werde keine schwarze Kreide aus dem Sack holen und drohende Zeichen an die Wand malen. Ich nicht. Es soll Licht über dem Ende sein. Es fing dunkel an, als Kind war ich manchmal verwirrt, und davon hat es einige Sprünge in diesem Teller gegeben und gewisse Beschädigungen, die blieben — trotzdem. Es war schon recht. Es hat sich alles gelohnt, wie man sagt. Es rundet sich alles zum Schluß, und nichts geht verloren auf dieser Welt, kein Haar, wie es geschrieben steht. Ich meine: wie gut alles war und schließlich gesegnet.

Ich werde einmal eine Geschichte schreiben, die heißt: Trotzdem und Obwohl. Sie heißt: Happy-End oder Wie sich schließlich alles zum Guten wendet. Ich möchte die versunkene und verachtete Wahrheit aus alten Erbauungsbüchern erneuern, daß Gott oder sonstwer doch endlich alles zum Rechten wendet, daß jeder Hans seine Gretel und jeder Schmerz sein Vergessen kriegt. Jede gute Geschichte muß schließlich glücklich enden. Vorher soll man einfach nicht anfangen zu erzählen. Man muß es ja nicht. Man kann ja auch schweigen.

In den Sack hineingreifen, Geschichten herausholen: Das sagt sich so leicht. Dieses ganze Alphabet, das sich Leben nennt, noch einmal durchbuchstabieren, ein schlimmes Geschäft, das stottern macht. Man möchte eine Geschichte erzählen, aber man kann nur ins Stottern geraten dabei. Diese rasende Lust zu erkennen zum Schluß, aber man kann doch nur Fetzen hochziehen. Wie und warum und weshalb? Das wüßte man gern. Warum lauter Sackgassen und wie viele Schritte muß man eigentlich vom Wege gehen, bis man ankommt im Niemandsland? Wo liegt denn der Anfang vom Ende? Das wüßte man gern.

Es soll Helligkeit über dem Ende sein, aber man hat doch nur ein paar Streichhölzer in der Hand, die aufflackern, rasch verglimmen und einem die Finger verbrennen, wenn man sie zu lange hält. Ich frage mich also: Wo nimmt man das Licht her für solche Geschichten?

(1968)

## Todesnachricht

Seine Todesart war von jener ironischen Zweideutigkeit, die auch sein Schreiben in seinen (wenigen) besten Stükken kennzeichnen konnte. Etwas flirrt da. Sein Tod läßt, wie man heute sagt, Fragen offen. Er hatte wiederholt im Freundeskreis angekündigt, daß er einmal sehr modern, sehr zeitgenössisch, also unauffällig, dahinscheiden werde: wahrscheinlich auf der Autobahn, im Streckenabschnitt zwischen Darmstadt und Mannheim. An solchen präzisen Lokaldaten lag ihm.

Am vergangenen Samstag, ein langer Samstag, also verkaufsoffen, geriet sein Wagen kurz vor Lorsch auf noch ungeklärte Weise ins Schleudern, prallte frontal gegen einen Brückenpfeiler und zerschellte — total. Der Tod muß nach Angaben der Verkehrswacht sofort eingetreten sein. Wie die Polizei weiter mitteilte, wurde aus dem Handschuhfach ein Whiskyfläschchen, unzerstört, aber leergetrunken, geborgen. Es wurde sichergestellt. Da andere Personen in den Unfall nicht verwickelt waren, wurde von einer Blutprobe Abstand genommen.

Für die wenigen Kenner und Freunde seiner Publikationen mag der lakonische Hinweis der Polizei auf das Whiskyfläschchen, das unzerstört, aber leergetrunken, sichergestellt wurde, nicht ohne tiefere Bedeutung sein. Tatsächlich kennzeichnete sein Schreiben jene heimliche, um nicht zu sagen einsame Aufsässigkeit aller Whiskytrinker. Obwohl äußerlich von jovialer, ja betonter Bürgerlichkeit, war er im Tiefsten — ein Wort, das er nie verwendet hätte, er haßte die deutsche Tiefe — von einer Aggressivität, die etwas Selbstzerstörerisches hatte. Im Grunde war er sein bester Feind. Er bekämpfte sich nachhaltig und mit Erfolg. So hat er wenig zustande gebracht.

Menschen, die nicht wußten, daß er schrieb, erschien er ganz anders. Sie hätten in ihm einen etwas schrägen Bankdirektor, ein Mitglied des Aufsichtsrates, vielleicht auch einen Filmproduzenten jüdischer Herkunft vermuten können. Tatsächlich ging von ihm jene Aura etablierten Wohlstandes aus, die Prostituierte beiderlei Geschlechts immer in helles Entzücken versetzt: Alle meinten, da ist was drin, da ist was zu erben. Die Testamentseröffnung ergab aber nur einen bescheidenen Kontostand. Nach der Abwicklung der noch fälligen Verbindlichkeiten und der Feuerbestattung wird sich sein Erbe in Nichts auflösen. Er hat eigentlich nichts hinterlassen. Nicht einmal trauernde Angehörige.

Und doch: Wenn man ihn so mit Pelz, Schirmstock und einem dunkelblauen Homburg, etwas zu schief auf den weißhaarigen Kopf gesetzt, durch das Frankfurter Bankviertel schlendern sah, merkwürdig abwesend, von der anderen Aufmerksamkeit der Träumer und etwas zu langsam gehend, um wirklich eilig, also beschäftigt, zu sein — dann hätte man in ihm einen letzten, etwas dekadenten Sproß finanzstarker Bourgeois vermuten müssen. Er wirkte gut betucht, war aber im Grunde nur dünnhäutig. Establishment schien da mitzugehen, obwohl es heute kaum einen Autor geben dürfte, der ungesicherter, freier, auch einsamer lebte als er. Er hatte schon vor einem Jahrzehnt alle Ämter niedergelegt, begann in einem Augenblick, wo sich auch unsere Kultur total institutionalisierte, ein Leben später und hemmungsloser Privatheit. Irgendwie war er gegen den Strich der Zeit gebürstet und verweigerte sich, je älter er wurde, jedweder sozialer Nützlichkeit; er verweigerte sich, obwohl publizistisch leidenschaftlich interessiert, immer mehr dem Betrieb, der Grass'schen Bürgerinitiative, den Zahlungen an die Ortskrankenkasse. Vor Podiumsdiskussionen hatte er Angst. Unnötig zu sagen, daß er zu jeglicher Art von Ehe untauglich war. Je älter er wurde, desto ausschließlicher wollte er nur noch schreiben. Er hatte seine Sache zum Schluß auf nichts gestellt und wollte in einer merkwürdigen Rückläufigkeit zur sozialen Gegenwartskonstellation nur noch zu Hause schreiben. Wörter machen, sagte er manchmal etwas verschmitzt, wie auf einem gewissen Örtchen, nur Wörter machen, das ist es, was mich noch interessiert. Er war also auf eine hoffnunslose Weise unmodern, wenn man bedenkt, daß heute alles auf die Revolution und die klassenverändernde Tat ankommt. Er wollte nur noch schreiben — und war doch höchstens ein Talent.

Immerhin sind ihm aus dieser exklusiven Spannung zwischen bürgerlicher Wohlanständigkeit und privater Aufsässigkeit, um nicht zu sagen Verkorkstheit, einige Stücke von ironischer Eleganz und sinnlicher Transparenz (wenn diese Verkürzungen erlaubt sind) gelungen. Seiner Natur nach war er ganz auf das Hinfällige, Momentane, den Augenblick, die Gegenwart hier und heute fixiert und konnte aus dem ausgelaugten, längst totgesagten Fach »Gesellschaftskritik« noch einige Funken herausschlagen, die man nicht mehr erwartet hätte. Er war eben ein letzter in seinem Fach. Er beherrschte manchmal die Kunst, so altmodische Formen wie das bürgerliche Feuilleton, den Reise-Essay, das intime Journal, das politisch-moralische Tagebuch ein letztes Mal zu beleben. Orte waren seine Leidenschaft. Er legte in seiner hemmungslos subjektiven Manier mitunter

Porträts aus unserer Zeit vor, die Kenner der Branche an Tucholsky oder Polgar erinnerten.

Dem Verfasser dieser Zeilen bekannte er einmal im vorgerückten Gespräch (und bat zugleich um Diskretion, die nun hinfällig geworden ist), daß er gern ein »linker Sieburg« geworden wäre. Leider fehlte ihm auch dazu etwas. Er bewunderte dessen sprachliche Eleganz und haßte dessen politische Position. Er träumte wohl manchmal davon, der deutschen Linken ihr volles Heimatrecht in der deutschen Sprache wieder zu erobern. Er hätte gern die deutsche Sprache im Dienst kritischer Aufklärung so reich, so lebendig, so gut werden lassen, wie sie nur die rechten Dunkelmänner von Jünger bis Heidegger beherrschten. Er wollte Stil mit politischer Moral verbinden — in Deutschland. Er ist auch da auf der Strecke geblieben.

Dieser Traum, natürlich, ist ausgeträumt. Er ist auf eine etwas flirrende Weise zerschellt an einem Brükkenpfeiler bald hinter Darmstadt. Ganz der Zeitlichkeit, dem Augenblick, der Sekunde verfallen, wird nichts von ihm bleiben. Was er schrieb, ist schon zerflattert. Keine nachgelassenen Werke, keine trauernde Witwe hat man ihm nachgeworfen ins Feuer. Er lebte und starb mit der Zeit und ist schon dahin. Nur einige Redakteure werden ihm nachtrauern — an Wochenenden. Sie werden sagen: Er war ein sonderbarer Zeitgenosse. Schade. Schade um mein Feuilleton.

(1972)